中国新型城镇化发展丛书

CHENGZHEN HUA
JINCHENG ZHONG
FUWU YE FAZHAN WENTI
YANJIU

王国惠○著

城镇化进程中
服务业发展问题研究

本书是在2015年度山西省哲学社会科学基金课题“山西新型城镇化路径选择研究——从服务业发展角度探讨”的研究成果基础上扩展形成的。

山西出版传媒集团
山西经济出版社

图书在版编目(CIP)数据

城镇化进程中服务业发展问题研究 / 王国惠著. —太原：山西经济出版社，2019.7

ISBN 978-7-5577-0391-2

Ⅰ. ①城… Ⅱ. ①王… Ⅲ. ①服务业—经济发展—研究—中国 Ⅳ. ①F726.9

中国版本图书馆CIP数据核字（2018）第242353号

城镇化进程中服务业发展问题研究

著　　者：王国惠
出 版 人：张宝东
责任编辑：解荣慧
装帧设计：赵　娜

出 版 者：山西出版传媒集团·山西经济出版社
地　　址：太原市建设南路21号
邮　　编：030012
电　　话：0351-4922133（市场部）
0351-4922085（总编室）
E-mail：scb@sxjjcb.com（市场部）
zbs@sxjjcb.com（总编室）
网　　址：www.sxjjcb.com

经 销 者：山西出版传媒集团·山西经济出版社
承 印 者：山西出版传媒集团·山西人民印刷有限责任公司

开　　本：787mm×1092mm　1/16
印　　张：15.75
字　　数：226千字
版　　次：2019年7月　第1版
印　　次：2019年7月　第1次印刷
书　　号：ISBN 978-7-5577-0391-2
定　　价：59.00元

前　言

笔者从教以来一直对“城镇化发展”及服务业发展颇感兴趣。光阴似箭，转眼十几年过去了，虽然广泛涉猎过多个领域，但笔者始终在关注城镇化方面的研究，并且多年来围绕城镇化发展深入研究了生态环境、乡村旅游、教育均衡发展、农民工就业和扶贫等与城镇化发展之间的关系，由此也对城镇化及其相关理论与实践的认识逐渐清晰和深刻。

城镇化是衡量一个国家或地区经济发展水平和现代化程度的重要标志。党的十八大把推进城镇化作为我国推进经济结构战略性调整的四大重点之一，并强调要明显提高城镇化质量。随后，《国家新型城镇化规划（2014—2020）》明确提出走以人为本、四化同步、优化布局、生态文明、文化传承的中国特色新型城镇化道路。在转型发展的大背景下，山西省委、省政府高度重视城镇化工作，把市域城镇化作为全省转型跨越发展的四大任务之一，把加快推进城镇群建设作为提升山西省核心竞争力的重要途径，把全面推进城镇化发展作为着力推进“六大发展”重要举措之一。山西省正处于工业化和城镇化转型发展的新阶段，加快推进城镇化对促进山西省经济发展方式转变，实现富民强省、实现全面建设小康社会，具有重要的现实意义。但工业化和城镇化发展对生态环境既有正面的影响，也有负面的影响，要使城镇化和生态环境相互促进协调发展，就应该研究城镇化与生态环境之间的关系及城镇化进程对城市资源的消耗情况。当前背景下旅游业已成为服务业的龙头，在社会经济运行中其与城镇化发展之间的关系越发密切，同时城镇化发展不断加快，人们的物质生活水平日益提高，也为旅游业的发展带来新的契机，可见非常有必要探讨城镇化进程中旅游业的发展。特别是在精准扶贫的社会背景下，着重以旅游业为主导的城镇化发展模式可以提高城镇化水平，加快脱贫步伐。同时，随着工业化和城镇化进程不断加快，越来越多的农民到城镇企业务工，他们已成为城市建设中不可或缺的重要力量。但由于受户籍制度、农民工受教育水平和传统观念等因素影响，农民工在工作种类、工资待遇、失业率等方面存在诸多问题，例如，农民工仍然集中在制造业和服务业，享受不到较好的社会福利，没有健全的培训体系等。随着新型城镇化的不断推进，怎样解决农民工就业问题已是我们必须面对的，也是实现全省经济全面发展的重要一环。

城镇化的进程经历了从重视“物”的传统城镇化到重视“人”的新型城镇化，这种转变不仅是表现形式的变化，更是从“量”到“质”的升华。新型城镇化要求人具有较高的城镇生活意识和文化水平，这就对教育提出了更高的要求。但由于城乡存在二元结构等，城乡之间的教育水平存在较大差距，而教育的差距又导致了社会弱势群体发展的不公平，并进一步拉大了城乡人民的经济差距。因此，我们非常有必要探讨导致城乡教育不均衡发展的原因，并以此深入分析如何打破二元结构，促进城乡教育均衡发展。

目前在我国，新型城镇化在理论和实践方面仍处于发展和探索阶段。因此，本书难免会存在许多不足，甚至不当之处，请同行给予批评指正，以便在以后的研究中能够进行补充和完善。

另外，在写作过程中得到了许多人的帮助。在此，要感谢同事和学生在资料收集方面给予的帮助，还要特别感谢山西煤炭运销集团有限公司的刘强在资料和文献收集上给予的帮助。

王国惠

2018年12月

内容提要

本书从理论与实务相结合的角度，力求将城镇化发展进程中所涉及的问题从理论和实践两个方面进行较为详细的分析和论证，并以山西省各县（市）为主，其他省、市为辅，举实例阐述各相关问题的发展现状及解决建议。以期对新型城镇化的推进贡献绵薄之力，为山西省的经济和社会发展提供有益帮助。

本书共分八章。第一章介绍了城镇化概况及发展过程中存在的问题，并重点分析了不同区域城镇化产生差异的原因及建议。其后的三章重点对服务业与城镇化的关系做论述。第二章详细介绍了国内和国外城镇化进程中服务业发展成功和失败的案例，为本书的研究提供了借鉴。第三章以山西省为例结合大量数据分析了服务业发展与城镇化之间的动态关系，并进一步分析了服务业集聚对城镇化质量的影响。第四章就新型城镇化非常重视的生态环境保护展开论述，以具体数据及实例实证分析了城市资源消耗及生态环境保护与新型城镇化的关系。第五至第八章分别从乡村旅游发展、教育均衡发展、农民工就业和扶贫几个具体问题出发，详细剖析了它们和城镇化进程的关系，并举不同地区的实例以说明。

城镇化发展水平是衡量一个国家或地区经济发展水平的重要指标。在新型城镇化的概念提出后，其对生态环境及城市发展和人的发展有了更高的要求，同时山西省委、省政府也在2016年提出深入贯彻落实《国务院关于深入推进新型城镇化建设的若干意见》的实施意见。因此，希望本书能够让人们对城镇化及新型城镇化在发展过程中可能遇到的问题有一个大致的了解，在此基础上能深入了解各种问题与城镇化发展之间的动态关系及相互依存的关系，也希望对山西省新型城镇化的发展提供一些有益的帮助。

目 录
CONTENTS

第一章　城镇化及城镇化分析

第一节　山西省城镇化发展概况

一、城镇化概念及山西省城镇化

城镇化是指反映人口从农村向城镇集聚的现象，是劳动力、生产要素和产业等向城镇集中的趋势。自改革开放以来，我国城镇化发展的进程明显加快，为了促进城镇化的健康、持续发展，我国提出了以“人”为核心的、注重质量提升的新型城镇化发展思路。山西省的城镇化发展迅速，自“十二五”以来，山西大力推进主要城市的扩大和质量的提升、建设大县城和百镇、构建城镇群，使山西省城镇化呈现出良好的发展势头。其中遇到了种种问题，如城镇化水平低、城镇群发展滞后、城市规模小、功能不完善等。基于此背景，将现代服务业与城镇化相互结合并加以研究，从而找出现代服务业转型升级对山西省的新型城镇化进程的影响和作用。

当前，山西省进入新型城镇化发展建设的关键时刻。山西省新型城镇化发展有其特点，城镇化在山西省一直发展得比较缓慢，在发展过程中结构比较失衡。以服务业为主导的第三产业有限制其发展的因素：政府垄断是关键问题，且其内部结构混乱。确定服务业在山西省发展的状况，是发展山西省新型城镇化和早日实现新型城镇化的第一步。

二、山西省城镇化发展的现状

从2015年全国的抽样调查结果来看，到2015年末山西省的常住人口为3664万人，同比增加了16万人。从2015年山西省城乡人口结构来看（图1-1），农村的常住人口为1648万人，与上年相比减少了38万人，城镇的常住人口为2016万人，同比增加了54万人，城镇化率为55.03%，同比上升了1.24个百分点。

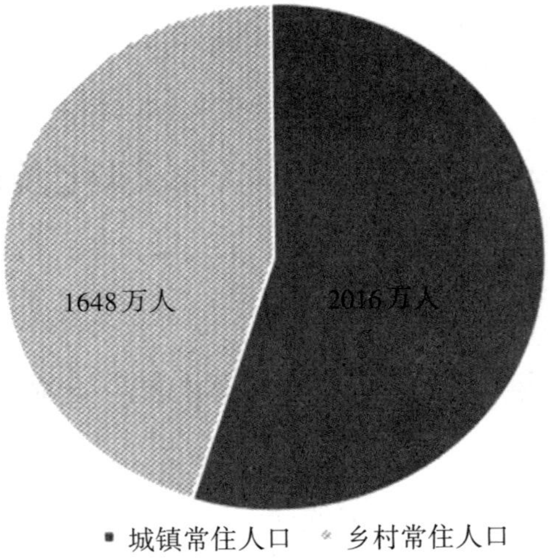

图1-1　2015年山西省城乡人口结构

2015年，山西省的居民人均可支配收入为17854元，同比增长了8%。从城乡人民生活水平来看，城镇居民的人均可支配收入为25828元，比上年增长了7.3%；农村居民的人均可支配收入为9454元，同比增长了7.3%。从表1-1可知，2011—2015年，城镇人口不断增加，农村人口不断减少，农村人口转向城市。2011—2015年，山西省城镇居民的人均可支配收入提高了42.5%，农村居民的人均可支配收入提高了68.8%，城乡居民人均可支配收入均有了大幅度的提升。

表1-1　山西省2011—2015年城乡人民生活水平及城镇化

项　目	2011年	2012年	2013年	2014年	2015年
城镇居民人均可支配收入/元	18124	20412	22450	24069	25828
农村居民人均可支配收入/元	5601	6357	7100	8809	9454
全省常住人口/万人	3593.28	3610.83	3629.8	3648	3664
城镇常住人口/万人	1785.31	1851.08	1907.92	1962	2016
乡村常住人口/万人	1807.97	1759.75	1721.88	1686	1648
城镇化率	49.68%	51.26%	52.56%	53.79%	55.03%

由图1-2我们可以直观地看到，山西省2011—2015年城镇化率稳步上升，年均增长率为1.34%，正逐年与全国城镇化率缩小差距，但仍旧低于全国的城镇化率。

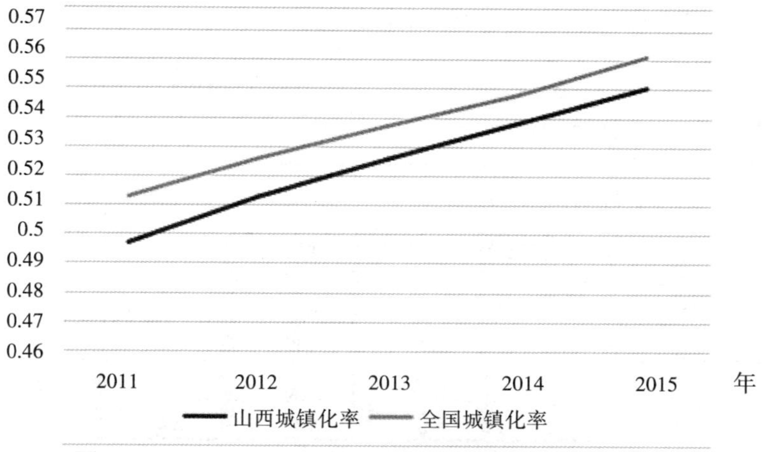

图1-2　2011—2015年山西省与全国城镇化趋势

从2015年的人口普查数据可知，全国城镇化水平前五的省份分别有：广东68.71%、辽宁67.35%、浙江65.80%、江苏66.52%和福建62.59%，山西与这些省份相比分别低13.68%、12.32%、10.77%、11.45%和7.52%。由此可见，山西省的城镇化水平不仅仅低于全国的平均水平，而且与我国经济发达的地区相比仍有较大差距。

表1-2　2012年山西和全国的城镇数量及城镇平均人口

地区	城市		县城		建制镇	
	数量/个	平均人口/万人	数量/个	平均人口/万人	数量/个	平均人口/万人
全国	657	60.07	1461	953	16774	0.99
山西	22	46.60	85	687	470	0.66

在2012年末，山西省的常住人口为3610.83万人，城镇的人口为1851.08万人，农村的人口为1759.75万人，城镇化率达到了51.26%。因此2012年是山西省城镇化率首次突破50%的一年。这意味着山西已基本实现了以乡村为主向城市为主的社会大转变。从城镇化发展的以往经验来看，城镇化率超过30%时，城镇化就会进入快速发展的时期；达到50%后，则进入发展的强盛期。按照这一规律，2012年山西省迈进城镇化发展的强盛时期。2012年末，省会太原市的城镇化率仍稳居榜首，高达83.8%，与发达城市水平相接近。同时，山西城镇化率最高与最低的市之间的差距，相比上一年缩小了1.4个百分点。忻州、运城和吕梁虽然城镇化的水平比较低，但就其增速而言，分别高于全省的平均水平0.17%、0.32%和0.27%，

山西省城镇化发展的整体水平有了稳步提升（见表1-1、图1-3）。

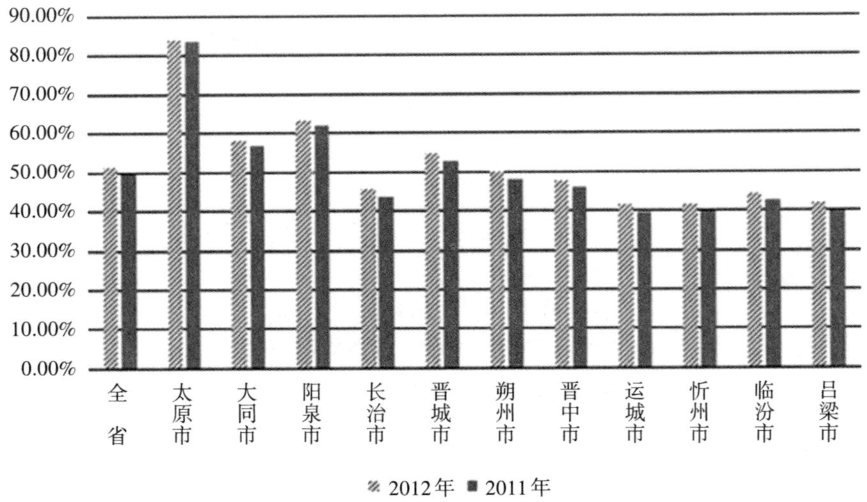

图1-3　2011年、2012年山西省各地级市城镇化率

三、山西省城镇化进程中存在的问题

山西省城镇化发展起步较晚，经过几十年的发展，目前的形势和问题主要表现在两点。其中较严重的表现为城镇化与工业化进程较缓慢，城镇化相对滞后十分严重，还有一个突出的特点是三个主要的产业行业结构失衡严重存在，服务业也没有得到改善，更谈不上突飞猛进。

1.城市化进程缓慢

山西省城镇化发展的进程缓慢，城镇化的审查是全方位的，首先是大量人口往城镇聚集，造成数量众多的农业人口向非农业人口转移。城镇化在山西省发展的现状表现为滞后于工业化。其接纳农村劳动力的水平不高，而且没有根本地解决问题，因此限制了城镇化进程的发展速度。

当前，山西省正处于城镇化建设快速进行的阶段，进一步提高城镇化建设发展水平乃是当务之急，山西省仍然滞后于我国其他省市的城镇化程度，发展水平低。服务业与工业化也落后于其他省、市；人口城市化水平严重落后于土地城市化的速度；城市的户籍建设速度也滞后于城市化的常住人口增加速度；城市管理水平滞后于城市建设水平。要解决这些问题，我们必须努力打破资金、土地和制约人才发展的瓶颈，积极稳妥地推进城镇化。城镇化与全省3600多万人的切身利益之间存在着重要关系，与全省的总体发展也有重要的关系。要推进新型城镇化发展，实现大规模发展，完成全面建设小康社会的总体规划，加快改造、革新思路、健全制度、强化协调十分必要，在此基础上依靠规划为新型城镇化建设提供有力保障。同时，要加强监管，认真落实城镇化建设目标和城市化建设的任务。农村剩余劳动力过少也是山西省城市化水平较低的一个重要原因。这种情况直接导致农村劳动力在城市中供大于求，在计划经济时代，这种经济发展的模式和状态是隐性的；在改革开放以后，农业生产体制产生了巨大的改变，自20世纪末以来农业产业必须直面劳动力数量下降的问题。现在农村劳动力供大于求就是当下社会和经济发展的重要矛盾之一，也成为制约城镇化建设发展的原因之一。

2. 产业结构失衡

城镇化建设发展的产业结构失衡严重，其中主要是第二产业与第三产业的发展水平相差太多。多年来，山西省经济发展的中心一直是工业的发展。这样不仅造成了结构性失衡，也造成了各种环境污染和生态破坏问题。山西经济是目前“三叠加”的特殊阶段。在这个阶段突出表现为结构失衡的问题，需要迫切升级。以已有的经验来预测，第三产业的发展，对城镇化建设发展有不小的推动作用。加快经济发展模式在此阶段的转型，推进服务业的进步有非常重要的作用。从另一个角度来看，服务业将成为推动经济发展的主要力量。在城镇化发展建设中它已成为主导动力，所以合理优化城镇化发展的产业结构十分重要。在城镇化的新型发展模式下，要实现发展模式的转变，必须大力发展集约高效、绿色低碳的模式，加快服务业转型。

第二节　山西省新型城镇化进程中的区域差异研究

传统城镇化是指人口向城镇集聚、农村人口转变为城镇人口的过程。我国城镇化率1978年为17.92%，2015年上升为56.10%，由此可见城镇化发展水平取得了重大进展。但传统城镇化片面追求城市空间规模的扩大，导致社会发展暴露出一些严重的问题，比如生态环境遭到破坏、资源日益短缺、城乡区域发展不平衡状况严重、交通拥堵等“城市病”问题突出，居民生活质量不高等。这些问题制约着社会的进步和经济的发展，提高城镇化质量迫在眉睫。2012年11月，中国共产党第十八次全国代表大会明确提出坚持走中国特色新型城镇化道路，核心是以人为本，强调城乡统筹、生态文明、社会和谐等等，以全面提高城镇化质量、水平。2014年3月《国家新型城镇化规划（2014—2020年）》的正式颁布，为建设新型城镇化、全面建成小康社会、实现共同富裕指明了道路，明确了方向。山西作为一个正在转型的省份，新型城镇化的建设对其发展至关重要。因此研究山西省各市新型城镇化区域差异能够对山西省及各市的城镇化发展状况有一个综合的评价，并针对发展现状提出合理的对策，从而有利于山西省的经济发展和社会进步。

一、城镇化发展水平指标体系的构建

新型城镇化内涵极为丰富，涵盖了生活的方方面面。与传统城镇化片面追求城市空间规模的扩大不同，它遵循科学发展观的要求，强调以人为本、城乡统筹、生态文明、文化传承、人民幸福。新型城镇化的建设有利于全面提高城镇化的质量和水平，推动经济平稳较快发展，为构建社会主义和谐社会提供源源不断的动力支持。

（一）新型城镇化指标体系的构建

根据新型城镇化的内涵并结合山西省的实际发展情况，本书借鉴马瑶和代合治学者研究山东省新型城镇化水平区域差异，以及金善女和李椏研究河北省新型城镇化水平时所采用的指标体系，选取了五个方面来评价新型城镇化发展水平，分别是：人口城镇化、经济城镇化、基础设施、居民生活、生态环境（表1-3），以此对山西省11个地市的城镇化发展状况进行综合评价。

表1-3　新型城镇化指标体系

目标层	准则层	子准则层
山西省新型城镇化发展水平	人口城镇化	全市常住人口城镇化率
		全市非农业人口比重
	经济城镇化	全市人均国内生产总值/元
		全市第三产业占国内生产总值比重

续表

目标层	准则层	子准则层
	基础设施	全市人均用水量/吨 人均城镇道路面积/（平方米/人）
	居民生活	城镇居民人均可支配收入/元 农村居民人均纯收入/元
	生态环境	市区建成区绿化覆盖面积/公顷 公园绿地面积/公顷

（二）山西省新型城镇化发展水平测定

1.资料来源及说明

根据《山西统计年鉴》和山西省11个市的统计公报，收集了2006—2013年各市指标体系数据，其中有些数据通过年鉴提供的数据计算获得。计算获得的数据包括全市非农业人口比重、全市人均国内生产总值（GDP）、全市第三产业占GDP比重。计算公式如下：

全市非农业人口比重=全市当年非农业人口/全市当年总人口

全市人均GDP=全市当年总GDP/全市当年总人口

全市第三产业占GDP比重=全市当年第三产业产值/全市当年生产总值

2.测定方法

为了得出山西省各市新型城镇化发展水平的综合指数，将通过三个步骤进行测定：①对数据进行标准化处理；②计算各指标的权重；③根据标准化后的数值与指标权重的乘积，对新型城镇化进行综合测评。

（1）数据标准化。由于各个指标的计量单位不同，首先要消除变量间的量纲关系，再进行数据间的比较。常见的标准化处理方法有极差变换法、比例变换法、标准样本变换法、归一化法、价值评估法和向量归一化法等等，因为极差变换法操作简单、易于理解且对正向指标和逆向指标都适用，所以采用此方法进行标准化。极差变换法公式表述如下：

正向指标：$X_i^*=[X_i-\min(X_i)]/[\max(X_i)-\min(X_i)]$

逆向指标：$X_i^*=[\max(X_i)-X_i]/[\max(X_i)-\min(X_i)]$

正向指标是指与新型城镇化发展呈正相关的指标，逆向指标是指与新型城镇化发展呈负相关的指标。本研究采用的全部为正向指标。经过标准化的处理，原始数据转换为无量纲化的数值，因此可以进行综合测评分析。(标准化后的数据见本章末附录)

(2)计算各指标的权重。在新型城镇化的各指标体系中，每个指标对城镇化发展的贡献率是不同的，所以只有通过计算11个市每个指标的权重，才能更加客观、科学地研究新型城镇化综合发展水平。在统计学中，计算各指标的方法有三种，分别是层次分析法、网络分析法、熵值法。因为熵值法计算简便、易于理解，所以本研究采用熵值法来确定权重。利用Excel表计算各市2006—2013年标准化后数据的熵值，再求出差异系数，最后得出各自的权重。可以了解到的是指标效用越大，指标的权重越大。具体计算各指标权重的方法如下。

①计算第j个指标下第i个项目的指标值的概率。公式如下：

$$p_{ij} = X_{ij}^{*} / \sum_{i=1}^{10} X_{ij}^{*}$$

其中10代表10个指标。

②计算各指标的熵值。公式如下：

$$s_i = -r / \sum_{j=1}^{8} (p_{ij} \ln p_{ij})$$

其中r=1/ln8，8代表8年。

③计算各指标的差异系数。公式如下：

$$g_i = 1 - s_i$$

④计算各指标的权重。公式如下：

$$w_i = \frac{g_i}{\sum_{i=1}^{10} g_i}$$

山西省各市指标的权重如表1-4所示：

表 1-4　山西省各市指标的权重

项　目	太原市	大同市	阳泉市	长治市	晋城市	朔州市	晋中市	运城市	忻州市	临汾市	吕梁市
全市常住人口城镇化率	0.096788	0.101057	0.102804	0.106152	0.12199	0.112195	0.12342	0.074	0.088135	0.09348	0.116772
全市非农业人口比重	0.03627	0.068865	0.171639	0.152655	0.05015	0.108585	0.059381	0.0838	0.026127	0.032043	0.056539
全市人均GDP	0.078995	0.084661	0.109313	0.088728	0.120001	0.085218	0.099178	0.089345	0.071698	0.10002	0.106181
全市第三产业占GDP比重	0.095232	0.137893	0.132927	0.091686	0.078445	0.114605	0.086345	0.118097	0.11265	0.070448	0.113404
人均用水量	0.067082	0.088623	0.088896	0.021878	0.055631	0.162847	0.119548	0.127043	0.080998	0.130477	0.113604
人均城镇道路面积	0.113827	0.087176	0.048998	0.09219	0.094073	0.030086	0.090881	0.055796	0.080694	0.036216	0.057957
城镇居民人均可支配收入	0.103283	0.081247	0.107248	0.077531	0.109189	0.091972	0.117624	0.083247	0.085106	0.130111	0.103679
农村居民人均纯收入	0.118339	0.116206	0.119146	0.112839	0.145375	0.109061	0.132642	0.097345	0.090906	0.122834	0.135342
市区建成区绿化覆盖面积	0.136668	0.087806	0.054946	0.117577	0.120381	0.101656	0.0787	0.044494	0.130672	0.102929	0.127541
公园绿地面积	0.153516	0.144687	0.064082	0.138764	0.104765	0.083775	0.092281	0.226832	0.233013	0.181441	0.068981

注：表中数据是应用上述公式对原始数据计算所得。

（3）计算山西省各市新型城镇化发展水平的综合指数。所谓综合指数，是指在确定合理的经济效益指标体系的基础上，对各项经济效益指标进行标准化处理，使指标值标准化，并通过一定的方法，计算出的一个综合指数，以准确地评价工作的综合水平。常用的方法有熵值法、因子分析法、主成分分析法、层次分析法、数据包络分析法和模糊综合评价方法等，本研究采用熵值法计算新型城镇化的综合指数，公式如下所示：

各指标综合指数=标准值×各指标权重

各市综合指数=各指标综合指数得分相加

2013年山西省11个市新型城镇化发展水平综合指数及排名如表1-5、表1-6所示：

表1-5　2013年山西省各市新型城镇化发展水平综合指数得分

城市	人口城镇化	经济城镇化	基础设施	居民生活	生态环境	综合得分
太原	0.095615	0.134665	0.148361	0.230992	0.329269	0.938901
大同	0.101471	0.115070	0.082151	0.196126	0.245225	0.740044
阳泉	0.113576	0.180223	0.027767	0.237382	0.085319	0.644267
长治	0.282777	0.117242	0.089007	0.186445	0.217255	0.892726
晋城	0.133552	0.197708	0.118387	0.280449	0.237076	0.967172
朔州	0.170133	0.158639	−0.00043	0.201486	0.167742	0.697572
晋中	0.134371	0.161115	0.113091	0.273770	0.157412	0.839760
运城	0.102825	0.144075	0.040600	0.173151	0.298674	0.759325
忻州	0.081317	0.086852	0.073011	0.166465	0.428835	0.836480
临汾	0.093451	0.142623	0.087043	0.274568	0.227695	0.825380
吕梁	0.138045	0.140353	0.028871	0.256880	0.193896	0.758044

注：表中数据是应用上述公式（各指标综合指数=标准值×各指标权重）对原始数据计算所得。

表1-6　2013年山西省各市新型城镇化发展水平排名

城市	人口城镇化	经济城镇化	基础设施	居民生活	生态环境	综合排名
太原	9	8	1	6	2	2
大同	8	10	6	8	4	9
阳泉	6	2	10	5	11	11
长治	1	9	4	9	7	3
晋城	5	1	2	1	5	1

续表

城市	人口城镇化	经济城镇化	基础设施	居民生活	生态环境	综合排名
朔州	2	4	11	7	9	10
晋中	4	3	3	3	10	4
运城	7	5	8	10	3	7
忻州	11	11	7	11	1	5
临汾	10	6	5	2	6	6
吕梁	3	7	9	4	8	8

根据表1-5、表1-6可以看出，得分越高，排名越靠前，新型城镇化发展水平越高；得分越低，排名越靠后，新型城镇化发展水平越低。

人口城镇化发展水平得分最高的是长治市，得分为0.282777分，说明该地区人口城镇化发展水平最高；其次是朔州市、吕梁市、晋中市、晋城市、阳泉市、运城市、大同市，得分在0.1以上；较差的为太原市、临汾市、忻州市，得分在0.1分以下，其中忻州市人口城镇化发展水平最低，得分仅为0.081317。

经济城镇化发展水平得分最高的为晋城市，得分为0.197708分；发展较好的有阳泉市、晋中市、朔州市，得分在0.15以上；其次为运城市、临汾市、吕梁市、太原市、长治市、大同市，得分在0.1分以上；忻州市经济城镇化发展水平最低，得分仅为0.086852分。

基础设施方面发展水平最高的地区为太原市，得分为0.148361；发展较高的有晋城市、晋中市，得分在0.1分以上；其次为长治市、临汾市、大同市、忻州市、运城市、吕梁市、阳泉市；最低的为朔州市，得分仅为-0.00043，表明该地区基础设施发展水平低于山西省11个地市的平均水平。

居民生活水平方面发展水平最高的地市（区）为晋城市，得分为0.280449分；水平较高的有临汾市、晋中市、吕梁市、阳泉市、太原市、朔州市，得分全部在0.2分以上；其次为大同市、长治市、运城市、忻州市，其中忻州市居民生活发展水平最低，得分仅为0.166465。

生态环境方面发展水平最高的地区为忻州市，得分为0.428835分；水平较高者有太原市、运城市、大同市、晋城市、临汾市、长治市，得分在0.2分以上；其次为吕梁市、朔州市、晋中市、阳泉市，其中阳泉市得分最低，仅为0.085319。

二、新型城镇化发展水平分析

山西省各个地区地理位置、资源禀赋、经济发展历史水平等不同，造成各地区发展具有鲜明的个性特征，新型城镇化发展程度当然也会不同。这种不同会直接影响到各市未来的发展以及整个山西省今后的发展状况。通过对山西省11个市新型城镇化发展水平的综合分析，可以了解到各地区的发展现状，并通过现状找到发展程度不同的原因，制定相应的发展战略，以提高各市新型城镇化的质量和水平，推动城镇的建设，为山西省在转型时期的新一轮发展提供动力支持。本研究将新型城镇化发展程度分为四类：综合发展程度最高地区、综合发展程度较高地区、综合发展程度中等地区、综合发展程度较低地区。

第一类：新型城镇化综合发展程度最高的地区。属于该类的地区有晋城市和太原市。晋城市以0.967172分位居新型城镇化发展水平的榜首，其中晋城市的经济城镇化和居民生活水平同样居于首位，基础设施发展较好，人口城镇化和生态环境也排名不过半。因而，晋城市在以后的发展过程中要继续发展经济、提高人民的生活水平，重视对生态环境的保护，各个方面齐头并进，持续提升新型城镇化的水平。太原市作为山西省的省会城市，是山西经济、政治、文化、科技中心，经济实力雄厚，发展潜力巨大。太原市的新型城镇化水平仅次于晋城，位居山西省第二，得分为0.938901。其中太原市的基础设施和生态环境发展水平较高，居民生活和经济城镇化位于中等水平，所以太原市要继续加强经济的转型，大力发展生产力，发展高新技术产业和现代服务业，提高人民的生活水平和人口城镇化率，注重民生，继续加强对生态环境的保护，从而带动整个山西省的发展。然而，太原市的人口城镇化却不尽如人意，这也许与太原市的人口城镇化体制有关，所以今后太原市尤其要注重人口城镇化的发展，更应提高人口城镇化率，实现该地区又好又快发展。

第二类：新型城镇化综合发展程度较高的地区。属于该类的地区有长治市、晋中市、忻州市、临汾市，综合得分在0.8分以上。长治市人口城镇化水平名列前茅，但是经济城镇化、居民生活水平、生态环境发展程度不高，所以该市应大力发展经济，推动经济结构的转型升级，从而提高居民的收入水平，并在发展经济的同时要注意对生态环境的保护，实现人与自然的和谐发展。晋中市人口城镇化、经济城镇化、基础设施和居民生活发展程度都较高，但生态环境水平较差。自然是我们人类生活的载体，它给予我们生活所需要的资源，提供给人类能量，人类理应当回报大自然。所以我们在追求一切现代化的生活、追求经济的高速发展的同时，更应该重视对生态环境的保护、对资源的节约，这也是对我们人类后代的贡献。忻州市生态环境全省排名第一，基础设施水平较高，但是人口城镇化、经济城镇化、居民生活水平却较低，均是山西省最后一名。很显然，这就要求忻州市努力发展经济，提高经济实力，转变传统的经济增长方式，加大科技的投入，实现经济的转型升级，推动社会的又好又快发展，从而增加居民的可支配收入，提升人民的幸福感，促进新型城镇化质量的全面提升。同样可以看出，临汾市人口城镇化发展水平较低，居民生活水平发展较高，其他方面发展状况良好，这就要求该市应注重提升人口城镇化率，改变发展格局，推动新型城镇化的发展。

第三类：新型城镇化综合发展程度中等地区。属于该类的地区有运城市、吕梁市、大同市，综合得分在0.7分以上。其中运城市在生态环境方面发展状况良好，但在居民生活水平、基础设施、人口城镇化方面发展程度较差。居民生活发展水平较低的根本原因是经济发展程度低和国民分配不合理。这就要求该市努力发展经济，提高经济水平，逐渐增加居民收入，提高居民的生活水平，并增加对基础设施的财政补贴，加大公共设施的建设。在人口城镇化方面也要提高对其的关注力度。吕梁市在人口城镇化和居民生活水平方面发展状况良好，但在经济城镇化、基础设施、生态环境方面发展状况不尽如人意，面对这种情况吕梁市要继续发展经济，促进经济改革，将更多资金投入基础设施建设，为人民提供更多的公共服务，与此同时要注重生态环境的保护，促进人与自然的和谐发展。大同市在基础设施、生态环境方面发展良好，但在人口城镇化、经济城镇化和居民生活水平方面排名较靠后。因而，大同市要根据自己的特点，因地制宜地制定发展对策，提升人口城镇化和经济城镇化的质量水平，努力发展经济，增加居民的人均可支配收入，促进新型城镇化的科学发展。

第四类：新型城镇化综合发展程度较低的地区。属于该类的地区有朔州市和阳泉市，得分均在0.7分以下，其中阳泉市排名最后，得分仅为

0.644267分。从表1-6可以看出，朔州市在基础设施、居民生活和生态环境方面发展水平较低，其他方面发展状况良好。因此，在发展新型城镇化的过程中要着重克服这些方面的弱点，增加对公共基础设施的财政投入，改善生态环境，提高居民的生活质量和水平，促进社会的全面发展。阳泉市同样在基础设施和生态环境方面发展落后，这就要求政府应加大对基础设施的建设力度，提供更多的公共服务，并在发展经济的过程中注意对生态环境的保护，节约能源，造福于当代人和后代子孙，根据现状制定合理的发展战略，促进新型城镇化质量的提高。

三、山西省城镇化区域差异现状分析

（一）山西省各市新型城镇化发展水平差异较大

根据山西省新型城镇化发展水平的综合得分和排名显示，山西省新型城镇化发展水平最高的地区晋城市综合得分0.967172，发展水平最低的地区阳泉市得分0.644267，二者之间相差0.322905，可见差距是如此之大。由此可以推出山西省11个市新型城镇化发展水平差异较大，山西省整体新型城镇化发展水平较差。当区域之间的差距越来越大时，必定会影响山西省整体的经济发展和转型升级。

（二）山西省各地市内部新型城镇化发展水平差异明显

通过对表1-5和表1-6的分析可以看出，山西省新型城镇化发展水平排名第二的太原市基础设施发展程度位于全山西省第一，而人口城镇化却位于全省第九；综合发展程度较高地区之一的忻州市，生态环境排名第一，而居民生活和人口城镇化却排名最后；新型城镇化综合发展水平最低的阳泉市，经济城镇化发展水平山西省第二，生态环境建设方面却位于全省最后。由此可以看出，不论位于新型城镇化发展程度的哪一类，这些地区都会有各自发展的弱项，并且弱项与强项之间差距较大。这种差距会制约地区的发展，必须引起足够的重视。

山西省11个市在发展的过程中有自己的发展特点，新型城镇化的质量、水平各不相同，弱点不同，因此需要解决的问题也不同。所以各市的政府应该针对各自地区的发展实际情况，因地制宜地制定有利于发展新型城镇化的战略措施。对山西省11个市新型城镇化发展水平的综合分析可以看出，不仅每个市之间的综合发展水平差距较大，而且在同一市内部人口城镇化、经济城镇化、基础设施、居民生活、生态环境这五个方面的差距也不小，有的方面发展水平高，有的方面却不尽如人意，这就应该注重新型城镇化发展过程中的全面性。而且就山西省整体来看，新型城镇化综合发展水平的差距还是比较明显的，所以应该采取合理的措施缩小各市发展中不平衡状况。

四、缩小区域差异的建议措施

（一）树立新型城镇化的建设理念

与传统城镇化片面追求城市空间规模的扩大不同，新型城镇化遵循科学发展观的要求，坚持全面、客观、科学的理念，强调以人为本、城乡统筹、生态文明、文化传承、人民幸福，只发展某一方面是不能提高新型城镇化的质量和水平的。大力建设新型城镇化有利于不断扩大内需，推动山西省经济的科学持续发展，为全面建成小康社会提供不竭的动力源泉和强大的引擎力量。推动新型城镇化的建设也有利于统筹城乡发展，缩小城乡区域的发展差距，形成以工促农、以城带乡的良好发展机制，从而增加农民的收入，改善人民的生活，促进农村、城镇经济的共同进步和社会的健康持续发展。所以山西省以及各个地市在今后的发展过程中应该秉持新型城镇化的思想，并将其运用到实际的建设当中。这样，将会产生事半功倍的效果，社会发展会越来越好。

（二）统筹发展，全面建设新型城镇化

从表1-5、表1-6对山西省新型城镇化综合发展水平的分析来看，直观的问题有两个：一是山西省11个市的新型城镇化综合发展水平差距较大；二是同一市内部新型城镇化发展过程中人口城镇化、经济城镇化、基础设施、居民生活、生态环境这五个方面发展不平衡、不协调。这种发展不平衡的问题一直制约着新型城镇化质量、水平的提高，解决此类问题已是迫在眉睫。因此，一方面，山西省各市在树立新型城镇化理念之后，在建设新型城镇化的过程中要坚持全面发展，不能只着力谋求某一方面的发展，或者顾此失彼，这样只会让城镇化的发展越来越畸形，最终制约经济、政治、社会的进步。在建设新型城镇化的过程中更应该坚持统筹发

展、兼顾平衡，缩小每一方面的差距，努力实现齐头并进，促进社会的和谐发展。另一方面，由于山西省各市的新型城镇化发展水平差距明显，各市在因地制宜地克服自身新型城镇化发展水平的弱点的同时，可由山西省政府组织一个经验交谈会，通过定期举行会议，加强彼此之间的交流，互相借鉴经验或交流解决方案，提供一些解决问题过程中所实施的经济、政治、法律政策或规章制度，或者是所运用到的科学技术等。通过各市之间相互交流经验，缩小区域之间的差距，促进山西省整体新型城镇化建设的飞跃发展。

（三）发挥政府的领导作用，省、市、县共同致力于建设新型城镇化

新型城镇化的内涵极为丰富，建设新型城镇化必然会涉及多方面内容。想要缩小新型城镇化发展水平的差距，就要集中山西省各市、各县的力量，形成统一有序的发展格局。山西省也应该制定和形成有利于建设新型城镇化发展的政策和环境，加快体制改革，对于试点的地区提供有效的政策扶持，并在试点的过程中逐渐完善建设新型城镇化的方法，等到时机成熟时进行推广，推动各市形成有特色的建设方式，促进山西省整体新型城镇化健康有序地推进。

山西省作为一个正在面临经济转型的省份，建设好新型城镇化对于其经济改革有重大意义，要借鉴前人的相关研究建立符合山西省实际状况的新型城镇化指标体系，并对山西省各市的新型城镇化发展水平进行综合评价。从综合分析来看，山西省新型城镇化发展水平分为四类，暴露的主要问题有两点，针对存在的问题提出建议措施，有助于提高城镇化质量，促进经济增长。本研究也存在一些缺漏，由于新型城镇化内涵极为丰富，所以指标体系的选择不够全面；由于获取数据的局限，所以本书研究山西省新型城镇化区域差异只是2013年的结果；而且本章只获取了8年的数据，时间跨度不够长，导致最后评价结果多少会有些误差，因此本研究的结果可以进一步完善和优化，以使对新型城镇化的研究更加深入。

附录：2006—2013年山西省各市标准化后的数据

附表1　2006—2013年太原市标准化后的各项数据

年份	全市常住人口城镇化率	全市非农业人口比重	全市人均GDP	全市第三产业占GDP比重	人均用水量	人均城镇道路面积	城镇居民人均收入	农村居民人均纯收入	市区建成区绿化覆盖面积	公园绿地面积
2013	1	0.025286	1	0.695238	0.540404	1	1	1	1	1
2012	0.882353	0	0.922385	0.580952	0.066779	0.5997	0.884738	0.810234	0.880074	1
2011	0.748366	0.913305	0.728574	0.504762	0.556678	0.502249	0.685863	0.623293	0.749262	0.774977
2010	0.48366	0.95304	0.472683	0.628571	0	0.541229	0.450037	0.422854	0.261439	0.30153
2009	0.379085	0.975316	0.436027	0.647619	0.868687	0.221889	0.314789	0.299953	0.217159	0.105311
2008	0.30719	0.984949	0.474884	0.057143	0.854658	0.221889	0.284607	0.22571	0.166974	0.050405
2007	0.156863	0.990367	0.254694	0	1	0	0.163472	0.101083	0.050369	0.032403
2006	0	1	0	1	0.812009	0.292354	0	0	0	0

附表2　2006—2013年大同市标准化后的各项数据

年份	全市常住人口城镇化率	全市非农业人口比重	全市人均GDP	全市第三产业占GDP比重	人均用水量	人均城镇道路面积	城镇居民人均收入	农村居民人均纯收入	市区建成区绿化覆盖面积	公园绿地面积
2013	1	0	1	0.222222	0	1	0.995562	1	1	1
2012	0.891348	1	0.940983	0.407407	0.418571	0.981771	1	0.804806	0.943367	1
2011	0.744467	0.996774	0.781743	0.333333	0.154286	0.872396	0.780917	0.614201	0.766837	0.774977
2010	0.585513	0.703226	0.531918	0.796296	0.047143	0.811198	0.540923	0.37851	0.709694	0.30153

续表

年份	全市常住人口城镇化率	全市非农业人口比重	全市人均GDP	全市第三产业占GDP比重	人均用水量	人均城镇道路面积	城镇居民人均收入	农村居民人均纯收入	市区建成区绿化覆盖面积	公园绿地面积
2009	0.287726	0.444086	0.363613	1	0.744286	0.576823	0.411368	0.25054	0.65102	0.105311
2008	0.202213	0.453763	0.30954	0.037037	1	0.317708	0.340787	0.187095	0.134694	0.050405
2007	0.104628	0.448387	0.143962	0.092593	0.714286	0.020833	0.148622	0.100702	0.112755	0.032403
2006	0	0.437634	0	0	0.682857	0	0	0	0	0

附表3 2006—2013年阳泉市标准化后的各项数据

年份	全市常住人口城镇化率	全市非农业人口比重	全市人均GDP	全市第三产业占GDP比重	人均用水量	人均城镇道路面积	城镇居民人均收入	农村居民人均纯收入	市区建成区绿化覆盖面积	公园绿地面积
2013	1	0.047674	1	0.457143	0	1	1	1	1	1
2012	0.875641	0	0.979741	0.171429	0.380056	0.989637	0.897377	0.81096	0.942266	0.987013
2011	0.692308	0.295349	0.779342	0	0.596316	0.963731	0.772415	0.631382	0.918301	0.987013
2010	0.485897	0.256977	0.535357	0	0.414497	0.950777	0.530787	0.431989	0.820261	0.848485
2009	0.370513	0.216279	0.31443	0.657143	0.502203	0.80829	0.313968	0.296501	0.764706	0.753247
2008	0.291026	1	0.207382	0.057143	1	0.256477	0.242757	0.229739	0.696078	0.645022
2007	0.15	0.103488	0.1016	0.885714	0.653584	0	0.118481	0.104248	0.211329	0.103896
2006	0	0.040698	0	1	0.452944	0.468912	0	0	0	0

附表4　2006—2013年长治市标准化后的各项数据

年份	全市常住人口城镇化率	全市非农业人口比重	全市人均GDP	全市第三产业占GDP比重	人均用水量	人均城镇道路面积	城镇居民人均收入	农村居民人均纯收入	市区建成区绿化覆盖面积	公园绿地面积
2013	1	1	0.998065	0.376812	0	1	1	1	0.805623	0.755411
2012	0.81362	0.124519	1	0.072464	0.634214	0.598972	0.979902	0.80895	0.782396	0.742424
2011	0.589008	0.540436	0.877675	0	0.653772	0.475578	0.788666	0.612354	0.775061	0.74026
2010	0.399044	0.17715	0.530877	0.304348	0.94928	0.388175	0.550716	0.395869	1	1
2009	0.303465	0.035944	0.36962	0.666667	0.766387	0.421594	0.421925	0.276726	0.167482	0.080087
2008	0.232975	0.181001	0.261549	0.536232	1	0.300771	0.326347	0.200994	0.111247	0.045455
2007	0.132616	0.326059	0.106215	0.942029	0.48012	0.316195	0.178676	0.099445	0.055012	0.032468
2006	0	0	0	1	0.471524	0	0	0	0	0

附表5　2006—2013年晋城市标准化后的各项数据

年份	全市常住人口城镇化率	全市非农业人口比重	全市人均GDP	全市第三产业占GDP比重	人均用水量	人均城镇道路面积	城镇居民人均收入	农村居民人均纯收入	市区建成区绿化覆盖面积	公园绿地面积
2013	1	0.042605	1	1	0.784389	1	1	1	1	1
2012	0.921922	0	0.974201	0.34375	0.748841	0.967437	0.947782	0.805583	0.84949	0.997462
2011	0.792042	0.994123	0.798425	0	0.871329	0.909664	0.76193	0.610183	0.627551	0.609137
2010	0.663664	0.988737	0.556747	0.621875	1	0.496849	0.550465	0.385296	0.627551	0.479695
2009	0.36036	1	0.394327	0.73125	0.711747	0.514706	0.383366	0.258699	0.410714	0

续表

年份	全市常住人口城镇化率	全市非农业人口比重	全市人均GDP	全市第三产业占GDP比重	人均用水量	人均城镇道路面积	城镇居民人均收入	农村居民人均纯收入	市区建成区绿化覆盖面积	公园绿地面积
2008	0.227477	0.614104	0.252715	0.634375	0.658037	0.192227	0.305992	0.180263	0.181122	0
2007	0.075075	0.989226	0.080278	0.44375	0.594281	0	0.173197	0.097503	0.170918	0.527919
2006	0	0.863369	0	0.234375	0	0.245798	0	0	0	0.510152

附表6　2006—2013年朔州市标准化后的各项数据

年份	全市常住人口城镇化率	全市非农业人口比重	全市人均GDP	全市第三产业占GDP比重	人均用水量	人均城镇道路面积	城镇居民人均收入	农村居民人均纯收入	市区建成区绿化覆盖面积	公园绿地面积
2013	1	0.468085	1	0.660305	0	0.740693	1	1	1	0.85259
2012	0.868773	0.285106	0.981711	0.49313	0.05788	1	0.936511	0.815636	0.845389	0.804781
2011	0.611179	0.119149	0.786606	0.539695	0.056718	0.979889	0.736864	0.642617	0.818264	0.390438
2010	0.414338	1	0.589852	0.618321	0.06834	0.725717	0.54412	0.44384	0.517179	0.239044
2009	0.283111	0.829787	0.483166	1	0.087634	0.756098	0.398785	0.305797	0.324593	0.211155
2008	0.245443	0.570213	0.277038	0.175573	0.148303	0.683355	0.292655	0.236306	0	0
2007	0.115431	0.182979	0.144982	0.061069	1	0	0.136017	0.13253	0.205244	1
2006	0	0	0	0	0.63761	0.560976	0	0	0.110307	0.665339

附表7　2006—2013年晋中市标准化后的各项数据

年份	全市常住人口城镇化率	全市非农业人口比重	全市人均GDP	全市第三产业占GDP比重	人均用水量	人均城镇道路面积	城镇居民人均收入	农村居民人均纯收入	市区建成区绿化覆盖面积	公园绿地面积
2013	1	0	1	0.779412	0.205726	1	1	1	1	1
2012	0.823458	0.280255	0.952002	0.420588	0.163116	0.666522	0.841323	0.802549	0.948133	1
2011	0.621524	0.624204	0.801948	0.405882	0	0.450564	0.669884	0.610994	0.844398	0.893372
2010	0.425635	1	0.638258	0.361765	0.694407	0.44536	0.495057	0.404409	0.625519	0.498559
2009	0.348247	1	0.425054	1	0.624501	0.421509	0.374518	0.289326	0.58195	0.651297
2008	0.25393	0.961783	0.310552	0	0.049933	0.420642	0.26498	0.211301	0.513485	0.334294
2007	0.120919	0.847134	0.145076	0.5	1	0	0.115273	0.104583	0.200207	0.138329
2006	0	0.082803	0	0.264706	0.51731	0.232003	0	0	0	0

附表8　2006—2013年运城市标准化后的各项数据

年份	全市常住人口城镇化率	全市非农业人口比重	全市人均GDP	全市第三产业占GDP比重	人均用水量	人均城镇道路面积	城镇居民人均收入	农村居民人均纯收入	市区建成区绿化覆盖面积	公园绿地面积
2013	1	0.5	1	0.470386	0.012749	1	1	1	1	1
2012	0.843602	0.25	0.881975	0.418026	0	0.688263	0.799244	0.803119	0.959391	0.362934
2011	0.663507	0.133333	0.799572	0.233476	0.006219	0.532864	0.611397	0.6201	0.69797	0.019305
2010	0.478673	0.85	0.295852	1	0.3125	0.506103	0.470493	0.394195	0.623519	0.011583
2009	0.387678	0.691667	0.214472	0.240343	0.527052	0.379812	0.344716	0.255701	0.538917	0

续表

年份	全市常住人口城镇化率	全市非农业人口比重	全市人均GDP	全市第三产业占GDP比重	人均用水量	人均城镇道路面积	城镇居民人均收入	农村居民人均纯收入	市区建成区绿化覆盖面积	公园绿地面积
2008	0.25782	1	0.235119	0.103004	0.308147	0.369484	0.233661	0.180874	0.513536	0.003861
2007	0.131754	0.466667	0.118304	0.145923	0.267413	0	0.105706	0.081746	0.183587	0
2006	0	0	0	0	1	0.502347	0	0	0	0

附表9　2006—2013年忻州市标准化后的各项数据

年份	全市常住人口城镇化率	全市非农业人口比重	全市人均GDP	全市第三产业占GDP比重	人均用水量	人均城镇道路面积	城镇居民人均收入	农村居民人均纯收入	市区建成区绿化覆盖面积	公园绿地面积
2013	1	0.639535	1	0.22449	0	1	1	1	1	1
2012	0.809242	0.616279	0.933543	0.112245	0.068223	0.843056	0.835696	0.805338	0.72846	0.362934
2011	0.616114	1	0.79561	0.040816	0.219928	0.406944	0.639678	0.613371	0.471279	0.019305
2010	0.385071	0.96124	0.539151	0.642857	0.170557	0.40463	0.456086	0.407029	0.37859	0.011583
2009	0.345972	0.732558	0.393789	1	0.895871	0.243519	0.334215	0.281847	0.125326	0
2008	0.248815	0.674419	0.265493	0	1	0.249074	0.252267	0.222672	0.096606	0.003861
2007	0.118483	0.569767	0.125284	0.163265	0.270197	0	0.113595	0.128543	0.049608	0
2006	0	0	0	0.591837	0.316876	0.271296	0	0	0	0

附表10　2006—2013年临汾市标准化后的各项数据

年份	全市常住人口城镇化率	全市非农业人口比重	全市人均GDP	全市第三产业占GDP比重	人均用水量	人均城镇道路面积	城镇居民人均收入	农村居民人均纯收入	市区建成区绿化覆盖面积	公园绿地面积
2013	1	0.614108	0.994456	0.73913	0.537879	1	1	1	1	0.57554
2012	0.86661	0.854772	1	0.352174	0.334711	0.929085	0.708782	0.801557	0.973103	0.57554
2011	0.721325	1	0.867231	0.169565	0.36157	0.845838	0.542421	0.615458	0.648415	1
2010	0.584537	0.979253	0.476364	0.978261	0.257576	0.849949	0.380494	0.433445	0.551393	0.392086
2009	0.369584	0.875519	0.278378	0.847826	0.223829	0.786228	0.259421	0.310589	0.161383	0.061151
2008	0.300765	0.821577	0.262693	0	0.21281	0.795478	0.179622	0.229522	0.661864	0
2007	0	0.622407	0.110155	1	0	0	0.065994	0	0.053794	0
2006	0.158029	0	0	0.630435	1	0.447071	0	0.04775	0	0

附表11　2006—2013年吕梁市标准化后的各项数据

年份	全市常住人口城镇化率	全市非农业人口比重	全市人均GDP	全市第三产业占GDP比重	人均用水量	人均城镇道路面积	城镇居民人均收入	农村居民人均纯收入	市区建成区绿化覆盖面积	公园绿地面积
2013	1	0.371025	0.989686	0.271605	0	0.745723	1	1	1	0.981132
2012	0.848638	0.130742	1	0.037037	0.281407	0.794712	0.987265	0.804971	0.88391	0.716981
2011	0.67003	0	0.886597	0	0.297739	1	0.751065	0.632692	0.822811	0.716981
2010	0.475277	0.997644	0.576644	0.407407	0.565327	0.583981	0.55409	0.396049	0.423625	0.622642
2009	0.346115	1	0.280564	1	0.565327	0.597201	0.418235	0.267325	0.382892	0.245283

续表

年份	全市常住人口城镇化率	全市非农业人口比重	全市人均GDP	全市第三产业占GDP比重	人均用水量	人均城镇道路面积	城镇居民人均收入	农村居民人均纯收入	市区建成区绿化覆盖面积	公园绿地面积
2008	0.262361	0.971731	0.308356	0.37037	0.351759	0.622084	0.324522	0.204627	0.136456	1
2007	0.152371	0.954064	0.147492	0.493827	1	0	0.137936	0.087555	0.07943	0.735849
2006	0	0.840989	0	0.740741	0.15201	0.524883	0	0	0	0

第二章　国内外城镇化进程与服务业关系比较研究

第一节　城镇化进程中国内外发展高端服务业的案例

广泛收集国内外相关资料，运用比较研究的方法分析对比国外和我国典型城市城镇化过程与服务业发展关系的理论和经验。

随着工业化的发展，世界各国都经历了城镇化的过程。城镇化进入快速发展时期，必然伴随着大力发展高端服务业，国内外在此方面有许多典型案例和成功的经验。从国内来讲，深圳在城镇化方面走在全国前列。深圳已消灭了农村人口，所属行政区域人口全部市民化。同时，深圳高新技术的引领、高端服务业的发展，极大地加快了高端人才的就业速度。2010—2015年，5年来累计新增就业人口47.38万人，应届毕业生就业率92%以上，城市等级失业率控制在2.5%以内。5年来，深圳累计认定高层次专业人才4620人，累计引进留学人员6万人，建立了24个留学人员创业园，设立创新实践基地228家。全市技能人才总量已达269万人。同时，深圳这座一向被认为缺少大学的城市，将发展成为全国范围内中外合作大学数量最多、水平最高、世界级的高等教育集聚区。计划筹建十所世界级顶尖大学，数万名学生入学，以国内外著名高校、科研机构与企业为举办主体，以生物、互联网、新能源、新材料、文化创意、新一代信息技术等为重点领域，形成一个国际大学园。这里有深圳香港中文大学、深圳北理工莫斯科大学、深圳吉大昆士兰大学等，还将引进美国麻省大学医学院、国际太空学院、华盛顿大学、墨尔本大学、华南师范大学分校、同济大学分校、暨南大学分校。同时，还将与哈尔滨工业大学、中国航天员科研训练中心等合作办学。深圳在城市化过程中，以“高端引领”为目标、以“创新发展”为驱动，积极发展高等教育，走出一条转型升级、跨越发展之路。

国外城镇化进程中，大力发展高端服务业，解决大学生就业问题也有很多典型做法。国外从20世纪90年代开始，高端服务业快速发展。在全球国家统计的GDP中，2006年，高端服务业已占全球GDP的35%，2011年已经达到40%，其中发达国家则达到45%。高端产业为发达国家的经济增长和就业发挥了重要作用。以德国为例可见一斑，德国在城镇化发展过程中，鲁尔产业经济由低端向中高端转型对我国就有很大的启示。德国从20世纪80年代开始对鲁尔工业区实施“结构转型”的地区经济调整。主要是将钢铁工厂进行联合兼并，形成具有国际竞争力的大型钢铁公司，发展具有德国特色的机械设备业、自动控制技术以及环保型工业，并鼓励服务行业大力发展。在产业结构调整中，鲁尔区在欧盟、德联邦及州政府的基金援助下，产业结构向多样化方向发展，其中高中端服务业主要以贸易、银行、保险为主，且比重持续增长。到1993年，服务部门的从业人口已经上升了55.5%，其中大部分服务业从业者受过高等教育或专业培训，这又为鲁尔区的可持续发展奠定了人才优势。截至2011年11月，德国的青年失业率为8.1%，为全欧盟最低水平。

国内许多城市在产业转型、吸纳人才方面取得了宝贵的经验。如北京市一直致力于建立国际大都市，着力发展高端制造业，延伸制造业产业链，促进工业化和信息化融合发展，增强产业配套能力，提高集群发展水平，吸引国内外大型企业总部或分支机构落户北京，实施重大项目带动战略，促进研发、制造、总部一体化发展。天津围绕北方国际航运中心和国际物流中心地位，即坚持以建设先进制造业聚集地为目标，延伸产业链，实现集群发展。发展金融、航运、物流、总部经济、服务外包等现代服务业。2013年，应届毕业生就业率最高的十大城市中，天津为91%、深圳为92%，分别高于全国其他省、市。《2014年应届生就业研究报告》显示，2014年，应届毕业生十大就业城市分别为：广州、北京、成都、深圳、上海、郑州、重庆、杭州、南京、西安。因此，发达省、市城镇化发展中，产业结构的优化，产生了人才的漏斗效应。北京市将建立“未就业高校毕业生信息库”，对入库者，凡是需要就业信息服务的，至少提供三次基本符合其条件的就业信息。城镇化进程中高端服务业的发展，对吸纳大学生就业也有着巨大的作用。

美国、日本等发达国家以及我国江浙粤地区的城镇化进程也表明，以智能化、资本化、专业化为核心的高端服务业发展，如媒介、信息、设计、会展、咨询、休闲旅游、医疗保健、文化娱乐，可以带动高素质、高水准人才充分就业。以美国纽约为例，首先，纽约是一个服务业特别是高端服务业占优势的城市。其服务业发展水平不仅高于中国，也高于美国其他城市。纽约高端服务业发展的特点是：大力发展总部经济。2010年美国《财富》杂志公布的世界500强企业中，有42家总部在纽约。其次，纽约是国际金融贸易中心。2009年，就是在金融危机之后，金融与保险业产值还占GDP的15%。纽约证券交易所按交易金额和市值总值这两项在世界排名为第一和第二。最后，纽约还是重要的文化创意中心，这里不仅有众多的大学和研究机构，也拥有发达的教育、新闻、影视和出版业。日本，高端服务业虽然落后于欧美，但也有一定的特色。

目前，日本第三产业占日本GDP的63%以上。日本东京更是形成现代服务业“一核”独大的格局。东京GDP占日本GDP的30%左右，日本近一半的上市公司集聚于此；信息发布占全国的1/3以上；网络服务的集中度为80%；同时，也是世界第三大金融和管理中心。东京服务业总收入不但在日本城市中排名第一，服务业就业人数为全日本的16.87%，劳动力报酬总额为日本全国的22.13%，薪酬水平达到全国服务业平均值的1.31倍。高端服务业的发展又能为城镇化构建起高水准的全产业链，提升城镇化的水平和质量。广东省2015年将制定《云计算中长期发展规划和应用指南》，支持建设云计算资源门户网站，大力发展高技术类型的高端服务业。到2015年，云计算相关产业规模力争比2012年翻一番，达到1000亿元。其面向生产管理信息消费领域，支持建设工业、交通、物流、政务等云计算服务平台；对于生活信息消费领域，则实施社会保障、医疗、教育、文化、娱乐等云计算应用服务示范工程。同时，还要开展粤港云计算产业合作，实施粤港信息科技共享计划。

第二节　美国城镇化进程中服务业发展的经验

一、美国的服务业发展

从就业结构看，美国服务业就业人数不断增加，从业人员在总劳动力中的比重不断上升，并最终居于首位。美国在1900年服务业就业人口比例为28.2%，到1950年，服务业就业人口比例达到47.8%。20世纪50年代，美国正式成为世界上第一个"服务经济"国家，即第一个50%以上就业人口不从事食物、衣着、房屋、汽车或其他实物生产的国家。到2010年，其服务业就业人口比例更是高达81.2%（见表2–1）。

表2–1　1900—2010年美国城镇化与三次产业从业人员变化

年 份	人均GDP/美元	城镇人口比例	农业就业人员比例	工业就业人员比例	服务业就业人员比例
1900	270	39.6%	33.7%	38.1%	28.2%
1950	1940	64.0%	11.7%	40.5%	47.8%
1960	2918	69.9%	6.3%	38.8%	54.9%
2000	35082	79.1%	2.6%	23.2%	74.3%
2010	46616	82.1%	1.6%	16.7%	81.2%

从产业构成来看，美国服务业的产值比重不断上升，对信息、技术和知识等要素的依赖程度不断加深，服务业产值占GDP的比重不断提高，从1900年的51.1%上升到2010年的79.0%（见表2–2）。

表2–2　1900—2010年美国城镇化与三次产业产值结构变化

年 份	人均GDP/美元	城镇人口比例	第一产业比重	第二产业比重	服务业比重
1900	270	39.6%	20.9%	28.1%	51.1%
1950	1940	64.0%	7.4%	37.7%	54.9%
1960	2918	69.9%	4.1%	36.7%	59.2%
2000	35082	79.1%	1.2%	23.4%	75.4%
2010	46616	82.1%	1.2%	19.8%	79.0%

从服务业内部结构看，美国在1900—2010年服务业增长最快的部门是金融、保险、房地产租赁业，其次是服务业（科技服务业，公司企业管理，行政和废物管理服务，教育服务业，卫生保健和社会援助业，艺术、娱乐业，住宿、餐饮业和其他服务业）；增长最慢的部门是批发零售业，其次是交通运输通信业（见表2–3）。

在服务业发展的同时，美国的城镇人口也经历了快速的增长，城镇化率从1900年的39.6%增长到2010年的82.1%。1900—1920年，美国的城镇化率提高了16个百分点，工业就业人口百分比一直处于上升过程中，并维

表2-3　美国1900—2010年服务业内部结构变化

单位：百万美元

年份	交通运输通信业	批发零售业	服务业	金融保险业
1900	1626	2720	1774	233
1930	7012	10628	7889	2963
1950	16700	40900	21800	22000
1980	311236	435365	378764	420066
2000	719219	1303879	2453959	1997687
2010	1034821	1674984	3952812	3021790

持在40%左右的水平。这一时期，工业化对于城镇化的拉动作用十分明显。但是，1929年经济“大萧条”对制造业带来的冲击远非常人所想象。大萧条过后，美国经济经历了长达数十年的恢复期，在这一过程中，服务业的发展对制造业产值的下滑起到了平衡作用，减轻了经济危机的破坏性，在一定程度上起到了缓和社会矛盾的作用。服务业就业人员比重也在1930年以后超过工业就业人员比重，成为美国城镇化健康快速发展过程中吸纳农村剩余劳动力转移的主力军。

二、美国服务业发展过程与我国的比较

从美国与我国三次产业发展的进程对比看，我国与美国的情况既存在相同之处，又有差异。

（1）从产业结构看，美国在1900年，城镇化率达到40%左右，已经完成了产业结构从“二、三、一”向“三、二、一”转化，而中国在2017年，城镇化率达到58.52%，三次产业结构为7.9：40.5：51.6，第三产业比重仍然较低，产业结构需优化。

（2）从就业结构看，1920年美国城镇化率达到51.2%，三次产业从业人员比为24.9：41.5：33.7，第二产业就业人员比重仍然大于第三产业就业人员比重。经历过经济“大萧条”，1930年美国城镇化率为56.2%，三次产业从业人员比为23.2：33.7：43.1，第三产业从业人员比重开始超过第二产业。我国在1995年城镇化率达29.04%后，1995年第三产业从业人员超过第二产业，三次产业就业比为52.2：23.0：24.8，2011年我国城镇化率51.3%，三次产业就业比为34.8：29.5：35.7。可以看出，我国第三产业对

就业的贡献在城镇化加速发展的初期已经大于第二产业对就业的贡献，这与我国的产业内部结构不合理有很大的关系。

（3）从第三产业内部结构演变看，美国在1900—2010年，第三产业中增长最快的是金融、保险、房地产租赁业，其次是服务业（科技服务业，公司企业管理，行政和废物管理服务，教育服务业，卫生保健和社会援助业，艺术、娱乐业，住宿、餐饮业和其他服务业）；增长最慢的部门是批发零售业。目前，我国传统服务业仍然占据主要地位，新兴服务业尤其是生产性服务业的发展明显滞后。

3.美国服务业发展对当前中国的启示

（1）分析美国服务业发展，是要让我们充分认识到在我国实现工业化和城镇化健康快速发展的过程中，服务业所扮演的重要角色。随着分工网络的发展，原来融合于工业内部的服务业独立出来，并直接反映工业化的客观要求，同时，随着国民收入的不断提高，服务业的发展可以满足人民群众不断扩大的多样化生活的需要。在工业化进程中，服务业与工业一起对国民经济的发展做出重要贡献，在后工业化时代，服务业成为国民经济发展的主导力量。在城镇化的进程中，服务业始终是农业剩余劳动力转移的主要领域。在经济危机来临之时，服务业又成为降低危机冲击，缓和社会矛盾的润滑剂。

（2）美国在经历过1929年经济大萧条之后，服务业从业人员比重超过工业从业人员比重，成为世界上第一个服务经济国家。当前，我国正处在次贷危机后，工业化和城镇化加速发展的进程之中，国家从战略层面提出要促进产业结构升级，实现产业结构转型。转型期的中国，更应重视服务业的发展，把推动服务业大发展作为产业结构优化升级的战略重点，营造有利于服务业发展的政策和体制环境，充分发挥其对我国新型工业化和城镇化的推进作用。

（3）改革开放以来，我国三次产业结构发生了较大变化，但尚未从根本上改变三次产业结构的基本形式，服务业整体上仍处于较低水平，发展服务业的任务还相当重。为了充分发挥服务业对经济发展的推动作用，满足人民群众日益增长的社会需求，引导中国服务业健康发展，有必要依照产业结构演化的规律，借鉴美国产业结构演进的规律，制定出适合中国国情的服务业发展战略。

（4）在服务业发展的过程中，要不断拓展新领域，发展新业态，培育新热点，推进服务业规模化、品牌化、网络化经营，不断提高服务业比重和水平。社会的进步源于社会分工，重视服务业创新，营造有利于服务业发展的政策和体制环境，促进我国服务业繁荣发展，有助于我国经济结构转型和新型城镇化的顺利实现。

第三章　城镇化与服务业发展之间的关系

第一节　城镇化与山西省服务业发展之间的关系

一、理论分析

（一）山西现代服务业各行业的分析

通过对2011—2015年《山西统计年鉴》的数据进行分析与比较，研究了山西省服务业内部结构的特征，对山西省现代服务业总体发展水平进行了分析，并考察了这5年来山西省现代服务业中各个行业的发展变化情况。

从这5年产业增加值发展变化的角度来看，2012年，山西省现代服务业的增加值为3340.69亿元，比上年增长了19.78%，占第三产业增加值的71.34%，占全省GDP的27.58%。其中房地产业，公共管理、社会保障和社会组织工作，租赁和商务服务业位于现代服务业增加值的前三名。在山西经济快速发展的同时，现代服务业扮演的角色举足轻重。

表3–1　2011—2015年山西现代服务业各行业投资额

单位：亿元

行　业	2015年	2014年	2013年	2012年	2011年
信息传输、软件和信息技术服务业	5517	4187	3216	2834	2161
金融业	1367	1360	1250	932	628
房地产业	126674	123690	1111424	92357	75685
租赁和商务服务业	9436	7970	5922	4645	3374
科学研究和技术服务业	4752	4205	3149	2176	1650
教育	7723	6678	5486	4679	3882
卫生和社会工作	5175	3983	3184	2645	2331
文化、体育和娱乐业	6724	6192	5251	4299	3148
公共管理、社会保障和社会组织工作	7851	6652	5908	6363	5766

续表

行业	2015年	2014年	2013年	2012年	2011年
现代服务业增加值	—	—	3673.91	3340.69	2788.97
第三产业增加值	6790.18	5628.00	5148.30	4682.95	3960.87
第三产业占GDP比重	0.5304	0.441	0.409	0.387	0.352

在现代服务业中，各行业对社会总产出的作用位居前五位的分别是：计算机服务和软件业、保险业、商务服务业、科学研究事业、租赁业，其分别为256.47亿元、233.02亿元、231.45亿元、230.10亿元和224.80亿元。数据表明，对GDP拉动居前五位的分别是房地产业、教育事业、社会保障和社会福利业、金融业和信息传输服务业。值得注意的是，这五个行业对社会总产出增量的贡献都不大，但对GDP增加量的贡献比较高。经过计算：房地产业、教育事业、社会保障和社会福利业、金融业和信息传输服务业每增加100亿元的投入，所带动的山西总产出增量分别居于各行业的第十七位、第十五位、第十四位、第十三位和第十二位，而带动GDP的增量则居于前五名，将这五个行业对GDP的贡献与其对社会总产出的贡献相比，在一定程度上说明当前山西省现代服务业中的这五个行业投入低且效益好。

（二）现代服务业对山西省经济的影响分析

（1）发展现代服务业可以促进山西省经济的快速增长。就目前山西省服务业的内部而言，传统的服务业经过长期的发展，增长潜力已达上限。依托电子信息技术和现代管理理念发展起来的现代服务业则属于朝阳产业，在未来有广阔的发展空间，这也将在很大程度上带动整个山西经济的发展。

（2）发展现代服务业能减轻就业的压力，维护社会的安定有序。从经济的发展规律来看：随着经济和科学技术的发展，社会的进步，越来越多的劳动力将由第一产业向第二、第三产业转移，服务业成了解决就业的主要渠道。而服务业中的现代服务业对就业的促进一方面表现在可以吸收劳动力，另一方面在于现代服务业可以通过自身的发展来带动与之相关产业的就业。这也意味着通过发展现代服务业，能创造对劳动力的需求。而传统服务业只能吸收其他产业转移过来的劳动力，因而现代服务业比传统服务业有更大的就业优势。

（3）现代服务业的发展可以改善居民的生活质量，可以提高城乡居民对物质文化的需要水平。在解决温饱问题且人民生活水平总体进入小康后，山西省的城乡居民收入水平得到提升，对服务业的消费支出有了大幅度提高，服务业支出占总支出的比重上升。这种消费支出结构发生的转变使得居民对教育、房地产、通信、旅游、文化、医疗保健和体育休闲等现代服务行业产生了巨大的需求。因此，要更好地满足人们的消费需要，改善居民的生活质量，我们必须大力发展现代服务业。

（4）发展现代服务业是实现绿色GDP的需要。近10年来，山西省的煤炭资源过度开采、水资源浪费严重、环境出现污染。这使工业、农业的生产不得不减少对不可再生能源的消耗，而现代服务业融入工业、农业的生产中，能有效地缓解经济的增长与资源、环境的约束之间的矛盾。

（5）发展现代服务业可以提高市场的竞争力。由于山西省的现代服务业开放程度不够，地方保护主义严重，竞争力较弱，故面对激烈的国内外竞争，只有提高自身的竞争力，才能在国际立足。同时，如果现代服务业能够成功转型升级，这将会增强第一、第二产业的有效竞争力。

二、实证分析

（一）回归分析

本研究根据用《山西统计年鉴》2005—2013年数据，运用Eviews6.0软件，建立多元回归模型，选取GDP、第三产业增加值和现代服务业产值做自变量，城镇化率为因变量，进行回归分析。通过研究这三个自变量与因变量之间的关系，来研究现代服务业的发展水平与城镇化之间的相关性。

表3-2　各变量2005—2013年数据

单位：亿元

年份	城镇化率(Y)	GDP(X_1)	第三产业增加值(X_2)	现代服务业(X_3)
2005	0.4211	4230.53	1611.07	1004.39
2006	0.4301	4878.61	1846.18	1121.55
2007	0.4403	6024.45	2257.99	1322.55
2008	0.4511	7315.40	2759.46	1563.19
2009	0.4599	7358.31	2886.92	2038.01

续表

年份	城镇化率(Y)	GDP(X_1)	第三产业增加值(X_2)	现代服务业(X_3)
2010	0.4805	9200.86	3412.38	2388.97
2011	0.4968	11237.55	3960.87	2788.97
2012	0.5126	1211.283	468.295	334.069
2013	0.5256	126.022	514.830	367.391

表3-3　回归分析结果

Dependent Variadle: Y				
Method Least Squares				
Date:05/03/16 Time:10:44				
Sample:2005 2013				
Included observations:9				
Variable	Coefficient	Std. Error	t-Statistic	Prob.
C	0.377594	0.004371	86.38895	0.0000
X_1	3.42E-06	2.89E-06	1.181170	0.2907
X_2	0.000167	6.78E-05	2.460324	0.0572
X_3	0.000167	8.58E-05	1.945151	0.1093
R-squared	0.996605	Mean dependent var		0.468667
Adjusted R-squared	0.994568	S. D. dependent var		0.037154
S.E. of regression	0.002738	Akaile info criterion		-8.661821
Sum squared resid	3.75E-05	Schwarz criterion		-8.574166
Log likelihood	42.97820	Hannan-Quinn criter.		-8.850981
F-statistic	489.2343	Durbin-Watson stat		2.333568
Prob(F-statistic)	0.000001			

R-squared为样本可决系数，是对模型拟合优度的度量，反映了回归模型中现代服务业变化与城镇化关系的解释程度。根据上述多元回归模型的结果可知，可决系数R=0.9966，调整后的可决系数R^2=0.9946，拟合度相对比较高，这表明解释变量对被解释变量的解释程度较强。

由Eviews6.0软件得出的结果可以列出城镇化率对三个变量的线性回归方程：

$$Y=0.377594+0.00000342X_1+0.000167X_2+0.000167X_3$$

(86.38895)(1.18117)(2.460324)(1.945151)

（二）研究结果分析

GDP的回归系数为0.00000342，回归系数t检验的t值为1.18117，在给定的显著水平为0.25的情况下，通过显著检验。因此，认为GDP对城镇化率的影响是显著的。第三产业增加值和现代服务业增加值回归系数都为0.000167，回归系数t检验的t值分别为2.460324和1.945151，通过显著检验。由此认为GDP、第三产业增加值、现代服务业增加值与山西省城镇化率成正相关。

F检验中，在给定显著性水平α=0.01的情况下，通过在F分布表中查出自由度为k−1=2和n−k=6的临界值为F（2，6）=10.92。由OLS回归分析表得到F=10.92，由于F=489.234＞F（2，6）=10.92，这说明回归方程是显著的，即“GDP”“第三产业增加值”“现代服务业增加值”等变量联合起来确实对“城镇化率”有显著影响。

DW=2.333568大于1.8，小于2.4，不存在残差序列相关。

从经济学角度分析，当GDP增长1个百分点时，山西省的城镇化率增长0.000342个百分点；当第三产业增加值或者现代服务业增加值增长1个百分点时，山西省城镇化率增长0.0167个百分点。

由以上回归数据以及相关检验，我们得出了三个变量与山西省城镇化率增长的变动关系。因而，第三产业和现代服务业对经济增长的贡献率最高，其次是GDP。

而现代服务业属于第三产业中的一部分，其与第三产业增加值对城镇化贡献率相同，由此可知现代服务业对城镇化影响起主导作用。这说明，对于山西来说，加强现代服务业的转型升级对提高城镇化率有显著作用。

（三）小结

根据理论和实证分析得出的结论，简单地对山西省的服务业提出了改进方案。就目前而言，山西省服务业发展的突出问题是服务业结构的不合理，传统服务业仍是“主角”。从2011—2015年山西服务业各行业的增加值分布情况来看，我们发现，以交通运输、仓储邮政业和批发零售业为主的传统服务业占第三产业的比重始终超过60%；而现代服务业不仅总量上存在不足，而且结构不合理。山西现代服务业当中各行各业的发展，无论是从增加值的情况看，还是从就业的情况看，属于知识密集型的新兴服务行业（如调查、中介、旅游、营销、广告、策划、咨询、会展等）的发展都有明显的滞后。这表明，在山西省现代服务业的发展过程中，导致山西省经济水平落后的主要因素是现代服务业的发展滞后。通过实证分析可知现代服务业对城镇化的影响最大，要进一步提高山西省城镇化水平，走新型城镇化道路，实现现代化，必须要提高现代服务业发展水平，促进城镇化发展。

第二节　城镇化与山西省生产性服务业发展之间的关系

一、生产性服务业的内涵

生产性服务业（Producer Services）的概念是马克卢普（1962）最早提出的，他认为生产性服务业必须是产出知识的产业[①]。目前关于生产性服务业还找不到公认的或者统一的定义，较为统一的概念是指那些市场化的中间投入服务，即为商品、生产活动的生产者用作中间投入的服务[②]。那么，生产性服务业就可以理解为提供生产性服务的企业的集合体。综合国内外学者的观点，生产性服务业的范围有两种：狭义生产性服务业[③]（包括金融、保险、法律工商服务业、经纪等）和更宽泛的一大部分的分配性服务业[④]（包括商业、运输、通信、仓储等）。相对于其他产业来说，生产性服务业具有如下三个主要特征：第一，它的无形产出体现为“产业结构的软化”；第二，它的产出是中间服务，是最终服务中核心生产成本；第三，它是人力资本、知识技术密集型的服务行业，高度依赖于人才和知识[⑤]。

①MACHLUP, F.The production and distribution of knowledge in the united states [M]. New Lersey: Princeton University Press, 1962.

②格鲁伯、沃克，1993年提出。

③布朗宁和辛格曼，1975年提出。

④薛立敏等，1993年提出。

⑤刘志彪.论现代生产者服务业发展的基本规律[J].中国经济问题，2006(01):3-9.

在服务性经济的大背景下，服务业位于经济的核心地带①，逐渐成为促进经济增长和产业升级的主导产业。而就服务业内部而言，生产性服务业由于具有知识智力密集度高、产出附加值大、资源消耗低、环境污染少等特性，在服务业中扮演着越来越重要的角色，成为现代服务业的重中之重和发展的突破口，也引起了国内外学者的广泛关注。就山西省来说，生产性服务业的发展，将使得对能源矿产资源的依赖程度大大降低，并能为山西省制造业提供知识与技术支持，有助于提升制造业的效率与竞争力。

《国民经济和社会发展的第十一个五年规划纲要》中将生产性服务业分为交通运输业、现代物流业、金融服务业、信息服务业、中介和商务服务业等。本章结合山西的省情，并出于采集数据的考虑，将生产性服务业按年鉴分为交通运输、仓储和邮政业，信息传输、计算机服务业和软件业，金融业，租赁和商务服务业，科学研究、技术服务和地质勘查，水利、环境和公共设施管理业六大类别，为了便于说明，后文将其分别表示为表3-4中的①②③④⑤⑥。

二、山西省生产性服务业发展情况分析

（一）山西生产性服务业发展情况

1.山西生产性服务业的发展规模

近年来，山西省生产性服务业的增加值逐步提高，就业规模（表3-4）逐步扩大。生产性服务业的增加值由2008年的941.28亿元增至2010年的1466.69亿元，增长率为55.82%，高于同期第三产业的增长速度43.95%。与此同时，生产性服务业的就业人数从2008年的142.9万人增长到2010年的143.1万人，增幅不大。

表3-4　山西省生产性服务业的增加值及就业情况

行　业	增加值/万元			就业情况/万人		
	2008年	2009年	2010年	2008年	2009年	2010年
交通运输、仓储和邮政业①	4765300	5233800	6540800	91.5	86.9	88.6
信息传输、计算机服务业和软件业②	1314600	1706700	2038200	10.0	11.2	12.7
金融业③	1897700	3616400	4483000	14.0	14.2	14.4

①RIDDLE D.Service-led growth: the role of the service sector in world development[M]. New York: Praeger Publishers, 1986: 128.

续表

行　业	增加值/万元			就业情况/万人		
	2008年	2009年	2010年	2008年	2009年	2010年
租赁和商务服务业④	836700	722800	858200	13.3	15.9	12.3
科研、技术服务和地质勘查⑤	435300	499600	504800	8.3	9.4	8.3
水利、环境和公共设施管理业⑥	163200	236700	241900	5.8	6.3	6.8
生产性服务业合计	9412800	12016000	14666900	142.9	143.9	143.1
占第三产业比重	39.708%	41.622%	42.981%	26.18%	25.43%	23.66%

资料来源：《山西统计年鉴》（2009—2011）。

2. 山西省生产性服务业发展的结构特征

我们计算了2008—2010年各生产性服务部门产值占服务业产值和GDP的占比情况（表3-5）。就产值比例而言，⑤和⑥的占比较小，①和③的占比较大，其中，①对生产性服务业的产值贡献率在20%左右，而③对生产性服务业的产值贡献率增速明显，由2008年的8.005%增长到13.14%。

表3-5　2008—2010年山西省生产性服务业主要行业构成

行　业	2008年			2009年			2010年		
	增加值/万元	占三产比重	占GDP比重	增加值/万元	占三产比重	占GDP比重	增加值/万元	占三产比重	占GDP比重
交通运输、仓储和邮政业①	4765300	20.102%	6.754%	5233800	18.129%	7.113%	6540800	19.168%	7.109%
信息传输、计算机服务业和软件业②	1314600	5.546%	1.863%	1706700	5.912%	2.319%	2038200	5.970%	2.215%
金融业③	1897700	8.005%	2.689%	3616400	12.527%	4.915%	4483000	13.14%	4.872%
租赁和商务服务业④	836700	3.529%	1.186%	722800	2.504%	0.982%	858200	2.520%	0.933%
科研、技术服务和地质勘查⑤	435300	1.836%	0.616%	499600	1.731%	0.679%	504800	1.480%	0.549%
水利、环境和公共设施管理业⑥	163200	0.688%	0.231%	236700	0.820%	0.322%	241900	0.710%	0.263%
合　计	9412800	39.708%	13.340%	12016000	41.622%	16.329%	14666900	42.980%	15.941%

资料来源：《山西统计年鉴2009》《山西统计年鉴2010》《山西统计年鉴2011》。

从表3-4和表3-5可以看出，2010年山西省的生产性服务业对第三产业的经济贡献率达42.980%。整体而言，山西省的生产性服务业在国民经济中已占有一席之地。其中①的发展最为明显，而⑤和⑥的发展水平则较低。从就业情况看，2010年山西生产性服务业的从业人数占第三产业的23.66%，仍有上升空间。

3.山西生产性服务业的固定资产投资情况

从表3-6看出，2010年山西生产性服务业的固定投资额为1780.25亿元，约占全省总投资额6352.6亿元的28%，这一投资力度与2009年和2008年比起来，有一定增长，也说明政府对生产性服务业逐渐重视。从生产性服务业内部各行业来看，对其投资力度最大的是①，其他的行业投资均不大。

表3-6　2008—2010年山西省生产性服务业固定资产投资情况

行　业	2008年		2009年		2010年	
	投资额/万元	占总投资额的比重	投资额/万元	占总投资额的比重	投资额/万元	占总投资额的比重
交通运输、仓储和邮政业①	3958593	10.890%	7864949	15.630%	11851976	18.660%
信息传输、计算机服务业和软件业②	685385	1.890%	881004	1.750%	417344	0.660%
金融业③	7464	0.021%	18677	0.037%	25983	0.041%
租赁和商务服务业④	37821	0.104%	143123	0.284%	342152	0.539%
科研、技术服务和地质勘查⑤	47145	0.130%	92195	0.183%	270242	0.425%
水利、环境和公共设施管理业⑥	3073380	8.450%	4693732	9.320%	4894796	7.710%
合　计	7809788	21.480%	13693680	27.200%	17802493	28.020%

资料来源：《山西统计年鉴2011》。

4.与中部三省份的比较[①]

对表3-4、表3-5、表3-6分析可以看出，随着山西经济的总体发展以及对生产性服务业认识的提高，生产性服务业得到了快速发展，体现在规模上、发展速度上，以及增加值和吸纳劳动力就业等方面。但是与中部其他省份相比，并不总处于前列。从表3-7看出，山西省在传统生产性服务业方面（①②③）高于安徽省，而在现代生产性服务业方面（④⑤⑥）

①由于收集的数据有限，故只列安徽、河南、湖南三省与山西省的比较。

却是这几个省份中最低的，与湖南省差距较大。从生产性服务业总增加值看，山西省排名倒数第一。但从占第三产业比重看，山西省高于安徽、河南和湖南三省，从占GDP的比重看，山西也高于它们。

表3-7　2010年中部三省和山西省生产性服务业增加值比较

省 份	①	②	③	④	⑤	⑥	合计	占第三产业比重	占GDP比重
安 徽	527.00	180.30	396.20	245.20	94.90	71.50	1515.10	36.13%	12.260%
河 南	873.30	263.23	697.68	195.97	148.32	61.10	2239.60	33.89%	9.698%
湖 南	832.28	329.15	463.16	251.57	152.86	63.69	2092.71	32.86%	13.049%
山 西	654.08	203.82	448.30	85.82	50.48	24.19	1466.69	42.98%	15.941%

资料来源：相关各省统计年鉴。

从生产性服务业的从业人数分析看，虽然山西省从业人数绝对数量低于安徽、河南和湖南，但生产性服务业从业人数占第三产业从业人数比重为23.65%，仅仅比湖南（25.54%）低一点，生产性服务业从业人数占总从业人数比重为8.49%，也仅落后于湖南（8.8%）（图3-1）。这说明山西生产性服务业的快速发展为社会增加了就业机会。

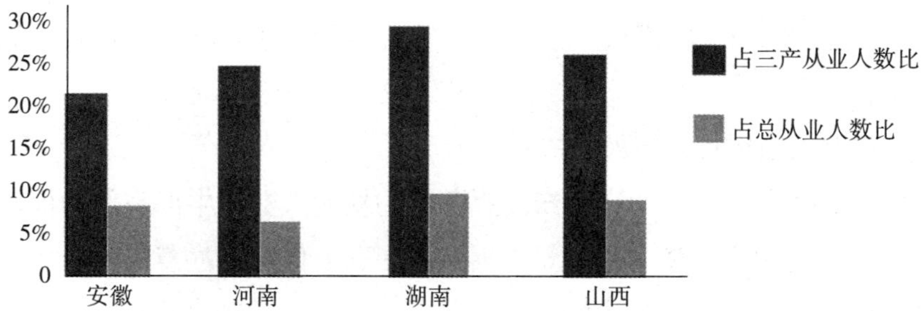

图3-1　2010年安徽、河南、湖南、山西生产性服务业从业人数占第三产业和总从业人数的比重

资料来源：根据2010年相关省份的统计年鉴资料整理而得。

（二）山西生产性服务业发展情况分析

1.总体规模有所提高，但仍显不足

统计数据显示，2010年末山西生产性服务业增加值较2008年，绝对值增加了525.41亿元，就业人数小幅增加，从总体规模看，保持增长的态势，但与中部其他省份比较，山西生产性服务业的总体规模仍显不足。从生产性服务业占三产的比重来看，2008年到2010年，从39.71%提高到

42.98%（表3-5），同中部省份相比，处于首位，但与发达国家生产性服务业占三产的比重相比还有一定差距①。与国务院《关于加快发展服务业的若干意见》中提出的目标②还有一定的差距。

2.内部层次有所改善，但仍待优化

我们可以看出，金融业占全省生产总值的比重由2008年的2.689%增加到2010年的4.872%（表3-5），有明显提高。这说明山西经济的发展带动了现代生产性服务业的发展。但同时我们也可以看到2010年交通运输、仓储和邮政业占7.109%，高于金融业等现代生产性服务业。这表明山西生产性服务业整体结构还需进一步优化和升级。

3.投资数额逐年提高，但扶持力度仍不够

根据2008—2010年固定资产投资来看：山西对生产性服务业的投资净额占总投资的比重逐年提高，由21.48%提高到28.02%。这说明，山西省政府已经注意到大力发展生产性服务业已经成为实现经济结构转型与升级的关键，在“十二五”期间理应把发展生产性服务业作为重中之重。但从山西省生产性服务业发展的整体情况来看，仍然在总量增长和内部结构优化方面存在不足，也说明山西省政府还需利用山西转型综合示范区的契机，从财税、信贷、土地和价格等方面进一步完善促进生产性服务业发展的政策体系。

4.就业人数增加，但人力资源仍不足

如图3-1所示，山西省生产性服务业的从业人数在中部省份中仅仅低于湖南省，可见人力资源在总量上得到了提升，但需要注意的是，生产性服务业的发展不仅需要相应的从业人员，更需要层次较高的研究型人才和懂技术、会操作的实用型人才。山西省要实实在在促进其发展，要想办法留住人才、培养人才、引进人才。

生产性服务业不仅可以改变传统服务业的生产与经营方式，而且能够带动传统经济结构的升级和改造，在产业转型升级过程中起着关键性作用，但从山西省目前的状况看，生产性服务业仍需大力发展。因此，明晰

①“发达国家生产性服务业占整个服务业的比重约为70%，占GDP的比重约为30%”，王子先.“十一五”时期我国生产性服务业的发展趋势与商机[J].经济前沿，2006(9):4—7.

②到2020年，基本实现经济结构向以服务经济为主的转变，服务业增加值占国内生产总值的比重超过50%。

和识别生产性服务业发展的影响因素，能为山西省制定合理的产业政策、有效促进区域经济发展提供依据。

三、影响山西省生产性服务业发展的因素研究

国内外学者对生产性服务业发展的影响因素做了大量的前期研究，但由于不同国家及地区在社会制度、经济体制以及经济发展环境等方面存在着差异，即使是同一地区在不同的发展阶段，服务业发展所面临的技术水平、市场环境以及经济形势等外部条件也不尽相同，本节利用因子分析法试图找出影响山西省生产性服务业发展的关键因素。

（一）样本数据说明

样本数据主要采用国家统计局及各省统计局公布的统计数据。关于数据，需要强调的是：①数据从2004—2010年共计七年；之所以从2004年开始选取数据，是因为从这年起，第三产业内部行业的划分发生了变化，考虑到统计口径的变化；②本研究使用的原始数据均来自相关年度国家统计年鉴、山西统计年鉴以及相关省份统计年鉴，以确保数据的真实性。

（二）影响因素指标描述

影响生产性服务业发展的因素有很多，在前人研究成果的基础上，结合山西省实际情况，选取如下指标：

（1）$pgdp_t$，人均GDP，表示区域经济发展水平。

（2）ind_t，第t期第二产业增加值占地区GDP的份额，反映工业化进程情况。

（3）ter_t，第t期第三产业增加值占地区GDP比重，反映第三产业的发展情况。

（4）pro_t，第t期非国有固定投资占总投资的份额，度量非国有产权的发展情况。

（5）$ftdd_t$，第t期进出口总额占该地区GDP的比重，反映地区对外开放程度。

（6）inv_t，第t期第三产业投资占总投资额比重，反映政府对生产性服务业的投资比重。

（7）por_t，城镇就业人口/地区就业总人口，衡量城市化水平。

（8）$hacp_t$，t时期该地区高等学校的人数占该地区总人数的比重，反映t时期的人才供给情况。

（三）因子分析

用SPSS13.0软件，进行数据的因子分析。

从表3–8看出，如果累积贡献率大于或等于85%，取主成分的个数为3就可以了，于是我们得出3个因子，用X_1—X_3表示。

表3–8　Total Variance Explained

Com-pone-nt	Initial Eigenvalues			Extraction Sums of Squared Loadings			Rotation Sums of Squared Loadings		
	Total	%of Variance	Cumulative%	Total	%of Variance	Cumulative%	Total	%of Variance	Cumula-tive%
1	4.384	54.804	54.804	4.384	54.804	54.804	3.815	47.681	47.681
2	2.379	29.743	84.548	2.379	29.743	84.548	2.585	32.311	79.992
3	.881	11.012	95.560	0.881	11.012	95.560	1.245	15.567	95.560
4	.305	3.815	99.374						
5	.043	.533	99.908						
6	.007	.092	100.000						
7	7.447E–17	9.309E–16	100.000						
8	–2.452E–16	–3.065E–15	100.000						

表3–9　RotatedComponentMatrixa

	Component		
	1	2	3
VAR00001	.910	–.280	–.177
VAR00002	–.060	–.979	–.159
VAR00003	–.013	.978	–.196
VAR00004	–.919	–.126	.263
VAR00005	–.256	.044	.961
VAR00006	.936	.143	–.146
VAR00007	–.534	.715	.363
VAR00008	.955	–.209	–.063

本研究采用方差最大法对因子载荷矩阵实施正交旋转，以使因子具有命名的可解释性。

（四）因子解释

1.因子1，政府影响因子

这是三个因子中最重要的影响因子。它在$pgdp_t$（人均GDP）、pro_t（非国有产权）、inv_t（第三产业投资占比）及$hacp_t$（人才供给）指标的载荷较大。这些因素都从一定程度上突出了政府对生产性服务业的影响。

人均GDP指标和非国有产权指标都反映着该地区的经济发展状况，而生产性服务业作为现代经济发展水平的一个重要标志产业，是经济发展阶段的产物。国际经验表明，不同经济发展阶段，生产性服务业的发展特点以及所起作用有所不同。当经济发展到一定程度，就会呈现工业经济向服务性经济发展的趋势，对服务业就有着越来越大的需求，反之，对其发展也起着越来越大的促进作用。

政府对第三产业的投资比重指标反映了政府对服务业的扶持力度。生产性服务业是新兴的产业，过去因为高度依赖煤炭资源，政府对服务业的重视程度不够，投资也不够。现在全球都面临转型的问题，山西省政府对第三产业投资的力度，必将影响生产性服务业的发展。

人才供给指标反映人力资本对生产性服务业的影响程度。生产性服务业是以人力资本和知识资本为重要因素的行业，人才供给直接影响生产性服务业的发展潜力，而地区高素质人才的引进和培养，与政府的职能紧密相连。

这些因素都不同程度地受政府的影响，故归结为“政府影响因子”。

生产性服务业的发展不仅对地区经济增长有拉动作用，还能促进地区产业结构优化升级。目前，山西省正处于经济转型、实现可持续发展的关键时期，政府处在极其重要的位置，其所起的作用不容忽视。

2.因子2，产业互动因子

它在ind_t、ter_t（第t期第二产业增加值占地区GDP的份额、第t期第三产业增加值占地区GDP比重指标）的载荷较大。生产性服务业与其他产业具有强关联性的特点，与相关产业是共同发展的，因而定名为产业互动因子。国内外一些学者也对此影响因素进行了实证研究，肖文等人[①]认为工

①肖文，樊文静.产业关联下生产性服务业的发展——基于需求规模和需求结构的研究[J].经济学家，2011(6).

业、服务业的发展与生产性服务业的发展呈正相关关系，而且服务业发展对生产性服务业的发展起着更大的作用。

就生产性服务业与工业两者的关系而言：一方面，生产性服务业是从工业内部分离出来的新兴产业，正是工业的逐步发展使得生产性服务业兴起；另一方面，地区工业是生产性服务业最大的需求主体。山西省工业增长长期以来一直延续传统模式，以资源高消耗、高投入为依托，实现经济的增长。其生产过程中的生产性服务环节一般由企业内部提供，这直接缩小了生产性服务业的现实需求，不利于生产性服务业的发展。同时，由于生产性服务业发展缓慢，又造成了工业增长方式难以改变的局面，这样无形中限制了生产性服务潜在需求的转化，最终由于成本的提高导致生产性服务业逐步萎缩的恶性循环。生产性服务业要发展，首要的问题是要有市场，而市场主要存在于制造业企业内部，因此工业发展水平、生产方式是影响生产性服务有效需求的首要因素。

生产性服务业本身隶属于服务业，第三产业的发展必然会影响到生产性服务业的发展。服务业整体的发展必然会带来专业化程度的提高，必然导致对生产性服务的更大需求。目前，山西省服务业整体发展层次较低，这种状况使得对生产性服务业的需求刺激不足。因此，服务业的发展水平也是生产性服务业发展的制约因素。

3. 因子3，对外开放因子

它在 $ftdd_t$，第 t 期进出口总额占该地区 GDP 比重的指标上载荷最大。因为该指标是反映地区对外开放程度的，故命名为对外开放因子。

随着全球经济结构的调整，服务业在世界每个国家所起的作用越来越大，地位也越来越高。同时，由于经济全球化和国际分工的细化，一个国家也不需要在所有服务方面自给自足，这导致了国际服务贸易的发展。当然，对服务业中的生力军——生产性服务业的需求也大大增加，为其发展提供了可能和前提。

然而，从因子分析来看，对外开放因子对于山西省生产性服务业影响很小，说明山西省服务业的对外开放对生产性服务业的发展所起的作用很小，这可能是由于山西省对外开放程度低造成的。

第三节　服务业集聚对城镇化质量的影响

一、相关理论概述

（一）服务业集聚的含义及重要性

服务业集聚是指经济活动在该地区的集群现象，是大量的服务企业由于追求比较优势在特定区域集聚的过程，服务业发展到某种特定的程度必然会产生集聚的现象。服务业集聚也是城镇化质量提升的重要标志。在20世纪下半叶，许多经济学家意识到了产品服务的重要性，并指出它们促进了外部城市和服务行业的出现、发展或服务产业集群集聚的形成，导致了区域经济性能的差异。

对于一个国家来说，城镇化的质量提升影响是非常重大的。对于城镇化提升来说，服务业集聚是不可或缺的。城镇化质量的提升是社会进步的最直接标志。1980年初，发达国家平均城镇化率达到了70.9%，而在发展中国家，城镇化率仅为30.1%。我国城镇化质量的提升被注意到，是在改革开放以后，那时国家大力推进城镇化进程，经过40多年的努力，我国城镇化发展取得了突飞猛进的成就，这些成就必然离不开服务业集聚。但是需要注意的是，我国城镇化的水平相对于发达国家来说还是很低的，并且区域差异明显，是我国要全面建设小康社会的瓶颈，同时也是一个很关键的因素。传统因素对于城镇化建设依旧有影响，但是我国已步入工业化时代，因此城镇化发展对于传统因素的依赖程度越来越低。此外，国内外学者关于服务业集聚对城镇化质量影响的研究在理论和实践方面都获得了一定的成就，但是还是缺乏现实意义。所以，更深一层次地探讨这些问题，有助于推进我国城镇化发展和城镇化质量的提高。

（二）服务业集聚与城镇化质量的相互作用

1. 人口城镇化与服务业集聚

从往期的研究不难发现，人口密度的提升和劳动力的集聚可以促进服务业集聚，推动城镇化转变的进程。因为服务业的提升会使人口密度增加，自然造就了就业弹性较高的现状，所以大力发展服务业可以保持劳动力的存在，不至于使城市中多余的劳动力回流到农村，从而可以保证服务业集聚带来的城镇化的积极影响，同时可以更进一步利用农村剩余劳动力的迁移来促进城镇化的发展。

2.服务业集聚推动城镇化经济发展

大部分学者认为，集聚具有独特的外部性，可以增强文化交流，带动经济发展。克里斯塔勒在1933年指出，城市的形成，开始是形成商品和服务的集聚，服务业集聚出现在城市群逐步形成以后，集聚效应就会成为城市经济建设发展中的主要动力。

3.服务业集聚改善城镇化空间

迄今为止，大部分的研究结果表明，服务行业的集聚形态能够从很大程度上改变一个城市的空间结构，早在1998年就已经有学者研究了服务业集聚与城镇化质量的关系。帕克和纳姆分析了首尔关于城镇化质量与服务业集聚的关系，研究结果表明：城市空间结构的改变很大一部分原因取决于服务业，不仅如此，同时还成功地检验了服务业集聚与当地企业之间多面性的关系。

4.服务业集聚加快社会城镇化步伐

过去对社会城镇化的研究课题比较缺乏，对关于服务业集聚和城镇化质量的关系研究几乎没有。近几年，对关于服务业集聚和城镇化质量的关系研究的总结，以及大量的服务企业集聚于地区的积极效果，使各界开始关注这个重要的研究题目。研究表明集聚区域内的政府和企业由于基于博弈论的理论，其系统、设施往往会得到更快的发展进步。服务业集聚不但能够使城市的城镇化质量提升，也可以使人们的城镇化意识提高。它改变了人们对城市的认识，改变了人们的生活方式。除此之外，还加快了经济发展。因此，城镇化质量的提升可以从两个方面来讲：第一，城镇化质量的提高可以提高社会经济水平，从而改变城镇的环境，提高城镇的基础建设水平；第二，服务业集聚在促进城镇化质量提升的同时，可以促进城镇居民思想意识的提高，从根本上加快城镇化的步伐。

二、广东省与山西省的服务业与城镇化质量关系对比分析

（一）广东省城镇化与服务业现状

广东省是我国的经济大省，位于沿海发达地区，是我国城镇化质量较高的省份之一，该地区有54个中等城市、1000多个镇，每平方公里分布有100个乡镇，而且大量没有通过统计的流动人口实际在该地区工作和生活。改革开放以来，广东省服务业快速崛起，2015年仅珠三角地区的服务业总产值就占到了广东省生产总值的一半，远远高于全国服务业的平均水准。不仅仅是整个服务业的产值高于全国水平，就单从服务业中的某单个行业来对比，广东省的产值也高于全国的平均水平。正是因为这样的对比结果，本节选择了以广东省与山西省做对比来分析服务业集聚与城镇化质量的关系。

1.传统服务业比重过大

广东省是服务业大省，从得到的数据来看，广东省的服务行业不管是哪一行，都以很快的速度发展着，并且具有很大的发展潜力。以这种态势发展下去，广东省服务行业将持续占据全国第一的位置，并且广东省服务行业中各业基本都是在全国排名靠前的，从表3-10可知，用2005年和2015年做比较，2005年在广东省服务业产值排行中，排行首位的是批发零售及餐饮服务业，这是传统服务业；排行最后的是金融保险业。在2015年批发零售业仍然占据产值的首位，但金融业2015年排到广东省服务业产值的第三，这说明广东省在10年的时间内城镇化质量已经得到了提升。人们的思想观念发生了改变，同时伴随着各行各业的迅速发展，带动着服务业集聚的形成。

表3-10　2005年、2015年广东省服务业各行业产值排名

年份	第一	第二	第三	第四	第五
2005	批发零售及餐饮服务业	交通运输仓储邮政通信业	房地产业	社会服务业	金融保险业
2015	批发零售业	房地产业	金融业	交通运输仓储邮政业	租赁商务服务业

资料来源：根据相关年份广东统计年鉴整理而得。

2.广东各地服务业发展差异明显

从表3-11中不难看出广东省各区域的服务业发展存在明显差距。2015

年，在珠三角地区，服务业产值普遍高于其他地区，最高的金融业达到了整个广东省金融业总产值的93.14%，最低的住宿餐饮业的产值也达到整个广东省住宿餐饮业总产值的76.88%，而广东省其他大部分地区服务业的产值都没有什么太大的差距。广东的东翼、西翼乃至粤北山区，服务业产值的比重相差不大，而珠三角地区是广东省城镇化质量最高的地区，根据此数据可以看出，服务业与城镇化质量是息息相关、密不可分的。

表3-11 2015年广东省各地区服务业占广东省各行业的比重

项　目	珠三角地区	东翼地区	西翼地区	粤北山区
总　体	83.15%	4.49%	5.59%	5.09%
交通运输、仓储、邮政业	78.69%	7.30%	7.00%	4.38%
批发零售业	80.51%	2.82%	7.84%	6.56%
住宿餐饮业	76.88%	5.14%	7.64%	7.28%
金融业	93.14%	1.98%	1.78%	2.80%
房地产业	86.56%	3.86%	3.64%	4.84%
其他服务业	82.92%	4.04%	5.70%	5.61%

资料来源：根据《广东统计年鉴2015》整理而得。

3.小结

广东省服务业集聚和城镇化的趋势可以总结为以下两点：第一，整个广东省的服务业水平高于全国服务业平均水平，其中广东省传统服务业占服务业的比重较大，说明了传统服务业对于城镇化的影响仍然存在；第二，广东省服务业集聚的状态在区域的对比下也是有差异的，珠三角地区的服务业集聚明显高于其他地区，虽然广东省服务业发展的区域差异明显，但除了深圳、珠海、广州等中心城市外，其他城市也都逐步产生了集聚现象。因此，由服务业集聚可以看到每个地方的城镇化都不一致，其中珠三角的服务业集聚最为显著且城镇化程度最高、质量最好，也说明了服务业集聚的程度高有利于推进城镇化的建设。

（二）山西省城镇化与服务业现状

1.服务业持续增加

“十一五”期间，山西省服务业的整体发展改进明显，显示出了一定的规模及合理的结构，且布局逐步优化，发展趋势趋于稳定，增加值快速增长。在国际金融危机的影响下，大多数服务行业仍然保持了相对稳定的经济增长点，扩大了国内需求，在调整经济产业结构中发挥了不可取代的积极作用。2006年，服务业投资占全省固定资产总投资的37.8%，2007年为40.2%，2008年为44.5%，2009年为57.9%，2010年为53.6%。近年来，随着山西力求经济转型发展，服务业的投资比重占全省投资的比重逐年稳步增加，甚至保持在50%以上的投资水平。服务业集聚是山西城镇化质量提升最不可或缺的一个步骤，也是支撑服务业各行各业发展最主要的力量。

2.服务业协调发展

就山西省服务业行业内部来说，山西省物流、仓储、零售业、文化旅游餐饮等传统产业虽然大，但都不是特别强，新的文化转型才刚刚开始，国内外服务行业的发展状况代表着未来经济发展趋势。山西省的经济发展目前来说主要还是靠重工业，且山西省的现代服务业仍处于水平较低的状态，服务产业虽然持续增加，但是增速不快，属于发展较为缓慢的状态，想要形成服务业集聚的状态还是有一定距离的。同时，传统服务业占据整个山西省服务业较大的份额，现代新兴服务业较少，更是对于服务业集聚有一定的阻碍作用。

（三）广东省与山西省对比分析

总体看，广东省各区域服务行业发展集聚度越高，意味着该区域经济发展水平也会同步越高。城镇化首先是人口的城镇化，城市对于劳动力的吸引力就是人口城镇化的前提。经济发展中尤其是在服务行业发展中，服务业集聚在提供了大量工作岗位的同时，必然会吸引周边大量农村劳动力向城市聚集，使其从农业人口转变为非农业人口。同时也将会有大量的中小企业参与，周边省份的企业为了获得企业规模发展，而迅速在该区域聚集，增加产能，在扩大生产的同时，带来各个领域的专业性知识人才及普通劳动力的岗位需求。在逐步形成规模性劳动力市场后，大量的劳动力会涌入市场并在市场内快速流动，必将使劳动力的整体素质得到迅速提高，企业就能降低对优秀人才的搜寻成本，逐步形成外部规模经济。产业集聚对于人口的巨大集聚效果是必然的，这为城镇化进程得以快速发展注入了持续不竭的新鲜动力，加快了城市规模的迅速扩张。服务产业集聚带动人口的集聚，带来了生产的规模经济和消费的规模经济，生产者和消费者为了追求各自利益的最大化，会开始选择往产业集聚的地区迁移，使得这一区域中非中心城区的工业、商业等经济活动开始活跃起来，扩大的生产和需求激发城市经济不断发展，从而促进城市规模不断扩大。此外，产业集聚还有利于增强城市竞争力。产业集群内的企业相互竞争和合作，促进了知识和技术的进步、创新，有助于该区域产业整体影响力的提升，而提升产业竞争力是每个发展中的城市的必经之路。产业竞争力的提升使城市影响力扩大，经济魅力得以最大化释放，因此能够吸引更多的外来资本、专业技术人才流入该地区，推动该区域城镇化健康稳步发展。广东省正是在其特殊的地理位置和政策、历史等因素的综合影响下，走出了这样的发展道路，成为我国城镇化发展最快最好的地区之一。

从山西省的实际情况看，山西省的城镇化进程最早的时间段内，服务业没有起到提升城镇化质量的作用，反而一直是靠工业提升城镇化质量。随着现代服务业的发展，服务业对城镇化质量的提高越来越发挥着不可替代的作用。目前，山西省产业化进程中的城镇化质量起着决定性的作用，在提升的过程中，山西服务业的现状依然薄弱，没有发挥出对城镇化该有的巨大作用，城镇化处于滞后阶段。由于国内外经济不景气，山西省传导效应仍在继续，服务业发展面临的困难和压力有所增大。服务业内部的结构不是很合理，传统服务业占比较大，现代服务业占比较小，生产性服务业占比较低，生活性服务业占比较高。生产性服务业规模比较小、层次较低，对新型工业化、城镇化的支撑还是较弱。目前，国内外经济形势不佳，对于山西的服务业发展也是一个不小的挑战。比如，汽车、大宗家用电器等销售增速出现回落，2015年前三个季度社会消费品零售总额增速比第一季度回落0.6%，比2014年同期降低2.3%，但总的来看，随着山西省服务产业的集聚以及服务业质量的上升，服务业在促进劳动力聚集，促进人口就业方面得到了质的改变，服务业对城镇化质量提升的影响力也在逐步提升，发挥着应有的作用，这将成为山西省城镇化进程中必不可少的重要力量。

三、山西省服务业集聚对城镇化影响存在的问题

通过上述对于广东省和山西省的对比分析可以看出，山西省的服务业

集聚对城镇化的影响还远远落后于广东省，并且这个差距并不是一两天就可以解决的。欣喜的是，服务业的集聚对城镇化过程的作用是不言而喻的。产业集聚推动人口集聚，同时也会吸引其他的产业。产业集聚会促进经济生产和消费的发展，生产者和消费者为了获得自己的规模经济效益会选择转移，从而一些非中心城市的工业和商业活动将会增加。因此，生产和需求将会增加，促进了城市经济的发展，推动了城市的规模不断扩大。而由于客观条件的影响，广东省服务业比山西服务业更能提高城市的竞争力，因而广东省的城镇化质量远远高于山西省。城镇化提升了区域竞争力，就能够吸引更多的资本、技术、人员和其他有利于发展的因素进入该区域，从而推动该区域城镇化加速发展。

根据广东省的发展条件和经验，结合山西省自身的实际情况，可以分析出山西省在当前发展中存在的几个亟待解决的问题。

（一）低层次服务业集聚不能提升城镇化质量

传统的服务业集聚或者说低层次的服务业集聚并不能推动城镇化质量的提升。城镇化质量的提升不仅只是提升城镇化质量，同时也应该提高城市居民的质量或者思想意识水平。城镇化质量的提升最主要的目的是让城市变得更好，更适于人们的生产和生活，因此城镇化质量的提升旨在提高人们意识。同时应形成和发展服务业集聚和地方文化、制度、社会关系网络之间很强的根植性。山西地处内陆地区，与广东省相比较封闭，缺乏品牌效应、缺少技术支持，自主创新还达不到国外大企业的要求，与国外大公司合作的可能性很小，所以“低端服务”更能促进小城镇的形成和发展，并努力推动更多的聚集经济效应，助力城市的形成和发展。山西省服务业主要分布在纺织、服装鞋类、建材、硬件和其他劳动密集型产业，如电子科技与其他服务行业，这显然是低层次的服务业，导致其各城市区域的经济实力与大中型城市发展水平相比来说普遍落后。

（二）服务业繁荣发展的市场环境有待完善

现如今，山西服务业的市场化程度不高，一些地区仍然保留福利型服务业和国家垄断型服务业，强劲的政府领导和公共福利的色彩、单一的资本结构，使得扩张的力量有限。缺乏竞争意识和面向市场的操作，会导致服务行业没有产生有效竞争的结果。山西省服务行业存在垄断现象，其中国有企业占大多数，国有投资在经济市场有着主导地位，服务行业里除了私人服务业，像金融服务业、房地产销售服务等服务业的市场程度较高，国有企业依然占最大的比例。这样的现象将会导致私人资本无法进入市场，即使服务业集聚也不能有效地提高城镇化的质量。此外，还有一些地区缺乏主导产业的支持，行业竞争结构松散，整体竞争力的提升受到阻碍；服务业发展的环境不健全，外资和省外资金在服务业中占的比例很少。

（三）区域间发展不平衡成为城镇化质量提升的瓶颈

山西省服务业发展还存在一个很大的问题，即服务业集聚发展不平衡，集聚程度参差不齐。由于受资源条件等各个方面的因素的影响，整个山西省服务业存在明显差异，从各地市服务业增加值占全省服务产业增加值的比重来看，相比于山西省的其他城市，山西的省会城市太原处于领先地位，其余城市的服务业集聚占山西省整体服务业集聚的比重较小，同时太原的城镇化质量也要比其他城市的高很多，但是仅太原一个城市不能代替整个山西省。虽然广东省也存在区域发展不平衡的状况，但整体上差异较小，发展水平都很高。因此，山西省要在总体稳步发展的前提下更加注重平衡发展和全面发展，对于一个省份来说仅一个城市城镇化质量在提高并不能带动整个省份的提高。区域间的发展不平衡对于城镇化质量的提升也会造成不小的阻碍。

四、促进山西省城镇化与服务集聚良性互动的战略选择

鉴于山西省服务业集聚与城镇化发展的现状，以及制约二者互动发展的障碍，又通过与广东省发展状况的对比研究，吸取优点和经验并结合山西的实际情况，可采取以下措施进一步推动山西省的城镇化与服务业集聚良性互动机制的建立：

（一）加快产业结构调整并淘汰低层次服务业集群

从目前关于山西省产业集聚的研究中不难发现，山西省的产业集聚附加值低，产业集聚基本没有什么效果，山西省城镇化的质量很难提升。我们必须加快调整产业结构，把发展高新技术产业作为重中之重。山西省应

鼓励企业建立专业、特色的产业，向资本和技术密集型产业转变，逐步降低并最终解除对劳动密集型产业的依赖。山西省应坚持走新型工业化道路，以信息化促进工业化，推动高附加值行业和知识及技术的发展，大力发展第二产业，并以此来带动第三产业的发展，为农村剩余劳动力制造就业岗位，加大农村劳动力转移力度，加快服务业集聚脚步，从而推动城镇化质量提升。

（二）加强企业竞争力、增强资源共享来提升城镇化质量

广东省高校的数量和质量都远远高于山西省，且由于其特殊的地理位置，便于吸引各方高科技人才和国内外的新兴技术。山西省的企业要充分地利用现有的资源来提升品牌的自主创新能力，尽量用自主研发的技术和产品，摆脱对技术进口的依赖，掌握核心技术，创建具有自主知识产权的品牌；要充分利用现有的资源优势，加大教育、科研和技术投入，加强创新人才队伍建设，坚持引进、吸收、消化先进技术的同时不断培育自主创新能力。通过龙头企业的带领和规模领先的技术优势来增强服务业集群的竞争力。此外，政府要积极为企业提供良好的发展环境，具体表现为建设和培育创新文化氛围，加大科研机构的投入和政策支持力度，鼓励高校与企业之间的技术合作等。

（三）推动区域经济整体发展，带动服务业与城镇化共同发展

城镇化质量提升与服务业集聚的互动机制研究表明，两者关系密切，互为发展的基础和条件，而且城镇化和服务业又能受到相互影响进而得以提高。再结合广东省的发展经验来看，山西省要想使区域经济得到快速发展，应当做好以下两点：一是政府主管部门应加大对未来公共服务业基础资金的投入，优化服务业整体的吸引力；二是完善和提高自身在服务业发展中的特性和魅力，对现代服务业发展进行良好引导，规划好、引导好服务行业发展方向，优化服务业的内部结构，实现服务业的良性循环发展和可持续发展。只有这样，才能推动区域经济的整体发展，区域间才能产生相互促进的积极作用，实现服务业集聚与城镇化质量提高相互推动、共同提升的最终目标。

第四章 城镇化与服务业发展过程中生态环境保护研究

第一节 山西省城镇化过程与城市资源消耗间关系研究

一、文献回顾

城镇化是以人口由农村向城镇流动为特征，以产业结构由农业经济向知识经济、服务经济和产业经济转变为主体，以社会结构由农业社会向城镇社会演变为导向的一个复杂过程。城镇化作为一种必然的社会历史现象，一方面是物质文明进步的体现，另一方面是精神文明前进的动力。因此，城镇化不只取决于农村人口转化为城镇人口的规模，还取决于城市整体功能的完善，以及该地区社会经济的发展状况。但是，随着城镇化进程的发展，资源短缺现象越来越严重，因而探究城镇化水平与资源消耗之间的关系，对实现资源的高效利用和实现经济的可持续发展具有重要的意义。

国内外有关该领域的研究得出了基本一致的结论：城镇化水平与资源消耗呈现倒U形关系。即在城镇化发展初期，资源使用在逐年增加。当城镇化发展到一定阶段，资源消耗水平反而呈现下降趋势。在美国，卡夫最早利用1947—1974年的数据研究了能源消耗与国民生产总值之间的关系。金（Jin）等人随后通过研究美国1974—1990年的相关数据，发现长期来看能源消耗与国民生产总值之间并不存太大相关性。约翰运用多元回归以及随机响应系数模型，探究了59个发展中国家的城镇化水平与能源使用情况之间的关系。梁普明在《中国城镇化进程的特殊性及测度方法研究》一文中提出了用综合指标的方法更为全面地测度一个国家或地区的城镇化水平。杨芳、卫海燕等人，利用这一方法，以西安市为例，探究了城市资源压力与城镇化水平之间的关系，并得出了二者之间存在正相关关系。刘耀彬等人探究了山东省能源消耗与城市化的相互作用。本节利用主成分分析法，测度了太原市的城镇化水平与资源消耗水平，并利用测度结果，探测了二者之间的相关性。

二、太原市城镇化水平测度

一个国家或地区的城镇化水平靠单一的人口指标已无法反映。本节采用综合指标法从全面性、主导性、层次性和可操作性这四方面出发，共选取了18项具体指标，对太原市的城镇化水平进行综合测度，得出了太原市的综合城镇化水平。

（一）变量指标的选取

表4-1即为从四个方面选取的18项指标。

表4-1 变量指标的选取

人口类	X_1，第三产业从业人数占总人口的比重；X_2，非农人口占总人口的比重；X_3，万人拥有高等学历人数；X_4，城市人口密度
经济类	X_5，人均GDP；X_6，第三产业产值占总产值比重；X_7，在岗职工人均工资；X_8，城镇居民消费水平；X_9固定资产投资总额
社会类	X_{10}，固定电话用户数；X_{11}，人均用水量；X_{12}，万人拥有公共交通车辆数；X_{13}，万人拥有医院数；X_{14}，医生数；X_{15}，人均社会消费品零售总额
空间类	X_{16}，每万人拥有绿地面积；X_{17}，每人拥有铺装道路面积；X_{18}，人均住宅使用面积

（二）测度过程

通过查阅山西省2003—2012年的统计年鉴，得到了2003—2012年18项指标的具体数值（结果略）。并借用吴璞周、卫海燕等人的研究办法，利用SPSS19.0，采用主成分分析法，剔除了18个变量之间的相关性。通过分析，共提取出了三个主因子（主成分）F_1、F_2、F_3，三个主因子的累计方差贡献率高达92.52%，基本可以代表影响城镇化水平的18个具体变量，具体结果如表4-2所示。

表4-2 主因子方差累计贡献率

变量	初始特征值			提取平方和载入		
	合计	方差的%	累积%	合计	方差的%	累积 %
X_1	12.765	70.914	70.914	12.765	70.914	70.914
X_2	3.028	16.822	87.736	3.028	16.822	87.736
X_3	0.861	4.785	92.520	0.861	4.785	92.520
X_4	0.443	2.459	94.979			
X_5	0.323	1.795	96.775			
X_6	0.262	1.455	98.229			
X_7	0.191	1.059	99.289			
X_8	0.055	0.305	99.594			
X_9	0.040	0.224	99.817			
X_{10}	0.022	0.121	99.939			
X_{11}	0.011	0.061	100.000			
X_{12}	0.043	0.024	100.000			
X_{13}	0.023	0.013	100.000			
X_{14}	0.010	0.057	100.000			
X_{15}	0.0073	0.041	100.000			
X_{16}	−0.0114	−0.063	100.000			
X_{17}	−0.019	−0.011	100.000			
X_{18}	−0.034	−0.019	100.000			

其中，成分矩阵（见表4-3）反映了各变量与主成分之间的相关程度。第一主成分的贡献率为70.914%，其与X_3、X_4、X_5、X_6、X_7、X_8、X_9、X_{12}、X_{14}、X_{15}、X_{16}、X_{17}、X_{18}等变量之间有较强相关性，由于这几个变量反映了城市化进程中的人口和经济总量的变化，故将其命名为城镇化发展因子；第二主成分的贡献率为16.822%，其与X_2、X_3、X_{10}、X_{13}等反映人口结构和公共设施建设的变量之间存在较强相关性，故将其命名为城镇化基础建设因子；第三主成分与X_{11}等反映生活用水的变量之间存在较强相关性，故将其命名为城镇生活水质量因子。将表4-2中三个主成分的贡献率作为权重，即可计算出太原市每年的城镇化综合水平，计算公式：

$$F=0.70914\times F_1+0.16822\times F_2+0.04785\times F_3$$

表4–3　成分矩阵[a]

指标名称	成分		
	1	2	3
第三产从业人数占总人数比重	−0.904	0.353	0.092
非农人口占总人口的比重	−0.194	0.908	0.315
万人拥有高等学历人数比重	0.743	0.649	0.103
城市人口密度	0.889	−0.411	−0.107
人均GDP	0.957	0.183	0.198
第三产业产值占总产值比重	0.802	0.148	−0.200
在岗职工人均工资	0.986	−0.028	0.142
城镇居民消费水平	0.965	0.087	0.185
固定资产投资总额	0.990	0.063	0.097
固定电话用户数	0.496	0.783	−0.199
人均用水量	−0.827	−0.199	0.442
万人拥有公共交通车辆数	0.915	−0.204	−0.004
万人拥有医院数	−0.206	0.822	−0.275
医生数	0.946	−0.113	0.098
人均社会消费品零售总额	0.974	0.121	0.179
每万人拥有绿地面积	0.916	−0.096	0.146
每人拥有铺装道路面积	0.867	−0.069	−0.447
人均住宅使用面积	0.940	−0.100	0.124

注：提取方法——主成分。a.已提取的3个成分为−0.904、−0.194、0.743。

表4−4即为根据公式$F=0.70914\times F_1+0.16822\times F_2+0.04785\times F_3$算得的太原市2003—2012年的城镇化水平综合得分。

表4–4　太原市2003—2012年城镇化水平综合得分

年份	F_1	F_2	F_3	F
2003	−13.3043	−1.9528	−0.5157	−9.7878
2004	−6.8291	0.3983	−1.1711	−4.8318
2005	−3.7489	3.9252	−1.4059	−2.0655
2006	−1.8493	2.6369	−0.3848	−0.8862
2007	−3.2962	3.7412	0.9786	−1.6613
2008	2.2760	3.0100	1.1408	2.1749

续表

年份	F_1	F_2	F_3	F
2009	4.8182	3.2410	0.9373	4.0068
2010	13.4907	−1.9035	−0.9844	9.1995
2011	18.0816	−3.0587	0.3127	12.3228
2012	24.2846	−2.5401	0.0480	16.7962

三、太原市资源消耗情况

本节利用景彩娥、张福平等在测度太原市资源压力指数的办法对太原市2003—2012年的资源使用情况进行评估，使用资源压力指数来代表太原市的资源消耗情况。本节共选取了5个资源压力指数指标，即土地资源压力指数指标（LRPI）、人力资源压力指数指标（HRPI）、水资源压力指数指标（WRPI）、电资源压力指数指标（ERPI）、煤炭资源压力指数指标（CRPI）。

其中，土地资源压力指数用城市人口密度表示；人力资源压力指数用第三产业从业人员除以第二产业从业人员所得的数值来表示；水资源压力指数用人均生活用水量来表示；电资源压力指数用人均生活用电量来反映；煤炭资源压力指数用人均煤炭收入量表示。采用最大值归一化（将每组数据的值除以该组数据的最大值）的办法，将有量纲的数据化为无量纲数据，并且所有数据都将在0到1之间，为了方便观察，再将所有的数据结果乘以100。

利用公式：$Y_{ij}=（X_{ij}/\max X_j）\times 100$（$i$=1，2，…，n；$j$=1，2，…，5）

其中 Y_{ij} 表示的是第 i 年的第 j 个压力指数指标，而 X_{ij} 则表示第 i 年的第 j 个压力指数指标的原值，$\max X_j$ 表示全部第 j 个指标的最大值。计算结果如表4-5：

表4-5　太原市资源压力总指数

年份	LRPI	HRPI	WRPI	ERPI	CRPI
2003	79.0685	67.3454	64.5053	41.5788	31.5421
2004	79.6834	95.2291	82.8842	46.9571	37.8636
2005	80.0660	94.8739	62.0000	55.6930	68.6490
2006	79.0798	64.0915	94.5895	59.7713	71.9704
2007	79.8818	62.8456	94.0632	66.2804	93.5193

续表

年份	LRPI	HRPI	WRPI	ERPI	CRPI
2008	80.6611	96.5176	99.5158	72.7714	100.0000
2009	81.5906	100.0000	92.4632	82.8847	60.9209
2010	98.3478	86.0042	89.8105	83.3323	59.3585
2011	99.0201	89.5545	85.0526	92.2502	48.6032
2012	100.0000	96.2883	100.0000	100.0000	43.4101

为了剔除五个变量之间的相关性，同样采取主成分分析的方法抽取了三个主因子M_1、M_2、M_3。表4-6反映了三个主因子的累计贡献率。可以看出，提取的三个主因子的累计贡献率达93.79%，足以代表影响资源消耗的其他因素。

表4-6　主因子方差累计贡献率

变量	初始特征值			提取平方和载入		
	合计	方差的%	累积%	合计	方差的%	累积%
X_1	2.845	56.906	56.906	2.845	56.906	56.906
X_2	1.071	21.416	78.322	1.071	21.416	78.322
X_3	0.773	15.468	93.790	0.773	15.468	93.790
X_4	0.267	5.339	99.129			
X_5	0.044	0.871	100.000			

表4-7反映了五个变量与资源消耗之间的相关程度。其数值越大，说明五个变量与资源消耗之间的相关程度越高。

表4-7　成分矩阵[a]

指数名称	成分		
	1	2	3
土地资源压力指数	0.943	−0.023	−0.285
人力资源压力指数	0.574	0.122	0.809
水资源压力指数	−0.903	0.120	0.128
电资源压力指数	0.837	0.439	−0.123
煤炭资源压力指数	−0.333	0.921	−0.072

注：提取方法——主成分。a.已提取了3个成分。

由表4-6、4-7可以看出，第一主成分的贡献率为56.906%，其与LRPI和ERPI的相关度较高，而土地和电资源在生产中最为重要，故将M_1命名为生产资源消耗因子；第二主成分的贡献率为21.416%，其与CRPI和WRPI相关度较高，又由于煤炭和水资源都属于自然资源，故将M_2命名为自然资源消耗因子；第三主成分贡献率为15.468%，其与HRPI相关度较高，故将M_3命名为人力资源使用因子。

将表4-6中三个主成分的贡献率作为权重，即可计算出太原市每年的城市资源总消耗情况，计算公式：

$$M=M_1\times0.56906+M_2\times0.21416+M_3\times0.15468$$

计算结果如表4-8所示。

表4-8 太原市2003—2012年城市资源总消耗情况

年份	生产资源消耗因子	自然资源消耗因子	人力资源使用因子	城市资源总消耗情况
2003	70.8231	−10.4296	34.1859	43.3569
2004	109.8516	−7.5110	52.1687	68.9731
2005	123.4900	22.0711	51.5020	82.9663
2006	105.1138	30.1835	28.7958	70.7343
2007	111.5248	50.7054	27.8681	78.6340
2008	147.1270	52.5966	51.2324	102.9128
2009	147.2058	15.7079	52.3254	95.2267
2010	181.1364	11.1959	32.3766	110.4832
2011	170.5655	0.1995	36.5091	102.7520
2012	197.8485	−4.5633	37.8834	117.4702

四、城镇化水平与资源消耗关系探究

将表4-4和表4-8中得到的数据综合起来即可得到太原市2003—2012年城镇化总水平与资源总消耗情况的对比表（表略）。结果显示，随着太原市城镇化水平的推进，资源压力指数也呈现出上升的趋势，即太原市城镇化水平与资源消耗之间可能存在相关性，为此进一步做相关性分析。

（一）相关分析

1.模型的设定

本节研究的是城镇化水平与资源消耗之间的关系，选取城镇化水平为自变量，资源消耗水平为因变量，将模型设定为

$$Y=\beta_0+\beta_1 X+\mu$$

该模型中，各因素表示如下：

项　目	Y	X
均　值	87.35095	2.52676

X：自变量——城镇化水平。

Y：因变量——资源消耗水平。

μ：随机扰动项。

β_1：待估参数。

β_0：截距项。

2. 相关性描述

利用Eviews软件，从统计描述（表4-9）和趋势图（图4-1）两方面对数据做一个概括性的分析总结，得到太原市资源消耗水平（Y）与城镇化水平（X）之间宏观的相关性。

（1）统计描述。图4-1中的两条曲线分别反映了自变量X和因变量Y随着年份变化而呈现出的变化趋势。从表4-9和图4-1的结果均可以看出，城镇化水平与资源消耗水平呈现一定正相关关系。

表4-9　变量统计值

项　目	Y	X
均　值	87.35095	2.52676
中　值	89.09650	0.64435
最大值	117.47020	16.79620
最小值	43.35690	−9.78780
标准差	22.67697	8.181910
偏　度	−0.492927	0.357069
峰　度	2.413863	2.189361
雅克–贝拉统计量	0.548111	0.486303
概率值	0.760290	0.784153
总　和	873.5095	25.2676
总的离差平方和	4628.2060	602.4929
观察值	10	10

（2）趋势图。

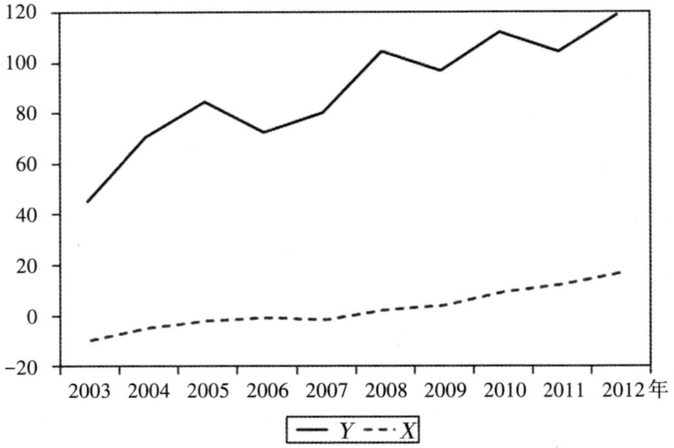

图4-1　城镇化与资源使用情况趋势图

（二）回归分析

1.回归结果

将表4-8中的数据输入到Eviews的数据框中，利用回归分析，得到了表4-10的回归结果。

表4-10　模型回归结果

因变量:Y				
方法:最小二乘法				
样本:2003、2012				
观察值数:10				
变量	系数	标准误差	T统计量	概率值
C	80.92788	3.187622	25.38817	0.0000
X	2.542016	0.390499	6.509669	0.0002
拟合优度	0.841194	被解释变量均值		87.35095
可调整的拟合优度	0.821343	被解释变量标准差		22.67697
回归标准差	9.585073	赤池信息准则		7.535148
残差平方和	734.9890	施瓦兹准则		7.595665
对数似然函数值	-35.67574	汉南-奎因准则		7.468761
*F*统计量	42.37579	德宾-沃森统计量		1.594136
*F*统计量概率值	0.000186			

根据表4-10，建立的回归模型为：

$\hat{Y}$=80.92788+2.542016X

（3.187622）（0.390499）

t=（25.38817）（6.509669）

r^2=0.841194　　$\bar{r}^2$=0.821343　　F=42.37579　　DW=1.594136

结果反映了模型的拟合程度较好。因为其值越接近1，就表示解释变量对被解释变量的解释程度越高，模型的拟合程度越好。

2.模型检验

（1）T检验。

设定H_0：$\beta_0=\beta_1=0$，给定显著性水平α=0.05，查t分布表得，自由度为n−k−1=10−1−1=8，临界值$t_{\frac{\alpha}{2}}$（8）=2.3060，由回归结果（见表4−10）中数据得，与β_1对应的t统计量的绝对值为6.509669，大于临界值$t_{\frac{\alpha}{2}}$（8）=2.3060，这说明应当拒绝H_0：$\beta_0=\beta_1=0$。也就是说，当在其他解释变量不变的情况下，解释变量“太原市城市化水平”X对被解释变量“太原市资源消耗水平”Y有影响。

（2）F检验。

设定H_0：$\beta_0=\beta_1=0$给定显著性水平α=0.05，在F分布表中查出自由度为k=1和n−k−1=8的临界值F_α（1，8）=5.32。由回归结果（见表4−10）中可得F=42.37579，由于F=42.37579＞F_α（1，8）=5.32，因此应拒绝原假设H_0：$\beta_0=\beta_1=0$，说明回归方程显著，即解释变量“太原市城市化水平”X对被解释变量“太原市资源消耗水平”Y有明显影响。

综上，太原市城镇化水平与资源消耗存在较为稳定的正相关性，太原市的城镇化水平每增加1%，其资源消耗水平增加约2.54%。二者之间的相关方程为：

$$\hat{Y}=80.92788+2.542016X$$

五、研究结果及现实意义

（一）结论

通过对太原市2003—2012年的城镇化水平与资源消耗水平进行分析，得出太原市的城镇化水平在不断提高的同时，城市资源消耗水平也在逐年提高，即城镇化进程在一定程度上提高了城市资源的消耗水平。但正如图

4－1所示资源消耗的增长速度在逐渐放缓，2004—2008年的平均增长速度在20%以上，而2009—2012年的平均增长速度不到10%。纵观十年数据，太原市城镇化发展水平增长速度除个别年份有所波动外，整体较为稳定，这说明二者之间的相关性在逐渐减弱。

（二）建议

城镇化水平是衡量一个国家或地区经济发展水平的重要指标。因此，要继续城镇化就必须解决目前面临的资源短缺问题，从而实现经济的可持续发展。针对上述结论，笔者给出以下几点建议来缓解城镇化与资源消耗之间的矛盾。

1.加快经济增长方式由粗放型向资源集约型转变

城镇化进程中，不可避免地会消耗资源并对环境造成破坏。但随着科技尤其是信息及通信技术快速发展，服务业将日益加大向第二产业和第一产业渗透的力度和规模。同时，服务业具有低投入、低消耗、高产出、可持续等特点，对吸纳就业、提高城市基础设施建设等方面有巨大贡献。因此，我们可以大力发展第三产业。这不仅可以解决自然资源短缺的问题，还可以加快城镇化进程。当前，中国还处于经济转型发展的重要时期，只有各工业企业配合政府推进重污染行业转型升级的措施，经济转型的目标最终才有可能实现。

2.充分利用人力资源

城镇化进程中应该充分发挥高等院校的作用，利用其丰富的人才资源、较为先进的设备以及方便的入职培训等，变人口压力为人力资源优势。在就业方面，相关部门应该增强信息的对称性，为大学生以及失业人员提供更多有保障的就业岗位，从而做到人力资源的充分利用。

3.注重培养资源节约意识

通过案例分析可以知道，资源枯竭型城市资源使用量增加的速度在逐渐放缓，很多城市在资源节约方面已经取得一定的成效。但是要进一步取得成效，在提高资源使用效率方面迈上一个台阶，还要继续努力：要注重人口城镇化过程中的非农人口素质的提高，增强居民低碳、节能意识，提倡节能的生活方式；完善有关自然资源使用方面的制度，加强管理；要从发展循环经济入手来提高资源的使用效率。

4. 合理利用土地资源

在城镇化过程中，城市集群建设以及配套设施建设都需要使用大量土地资源。因此，能否合理配置土地资源就成为重中之重。一方面，要靠市场这只看不见的手来调节，另一方面又不能完全跟着市场走，相关部门仍需要做好规划引导，实现土地资源协调利用。在土地制度改革方面，《关于全面深化农村改革 加快推进农业现代化的若干意见》（以下简称“2014年中央一号文件”）首次提出要赋予农民对自己所承包的土地的承包经营权的抵押、担保权能，还提出要让农村集体经营性的建设用地、出让、租赁、入股，并实行与国有土地同等入市、同利同价的政策。我们应该积极响应2014年中央一号文件的号召，改变传统土地资源配置方式，打破传统土地资源配置的制度刚性，提高土地的产出效率，放活土地的经营权、承包权和所有权，让农民从中获得更多增值收益，从而实现土地资源的合理利用。

第二节　城镇化率与生态环境之间的关系——以山西省为例

一、文献回顾

目前，国内有很多学者研究城镇化和生态环境的关系问题，周茜、赵海燕等人（2014）以黑龙江省为例研究了城镇化与生态环境的互动效应，单卓然、黄亚平等（2013）对“新型城镇化”概念内涵、目标内容、规划策略及认知误区进行了研究，李波、张吉献等人（2015）对河南省安阳市的城镇化和生态环境耦合度进行了分析，赵倩楠、李世平（2015）分析了以山西省为主的煤炭城市城镇化与生态环境的协调发展，刘成军、孙育红（2015）研究了城镇化进程中政府的生态责任，王立栋等人（2015）分析了秦皇岛市城镇化与生态环境耦合度和相应对策，刘超、林晓乐（2015）对城镇化与生态环境交互协调行为进行了研究，薛晴（2015）对西部地区城镇化与生态环境发展协调性进行了评价和分析，吴志强、杨秀和刘伟（2015）提出了智力城镇化和体力城镇化的概念和区别，杨士宏先生提出了有关城镇化和生态环境二者的协调度公式。笔者通过对这些文献进行参考、研究，得出了山西省城镇化与生态环境的相互关系、协调度的相关理论、指标选取原则和数据处理方法等。

二、山西省城镇化与生态环境的发展现状

（一）城镇化发展现状

城镇化，也称为城市化，是指一个国家或地区随着经济水平提高，产业结构由第一产业为主逐渐转变为以第二三产业为主，农业人口逐渐转变为非农业人口的历史过程。所谓新型城镇化，是以城乡统筹、城乡一体、产业互动、节约集约、生态宜居、和谐发展为基本特征的城镇化，通俗地讲就是兼顾生态环境的城镇化。2012年，在中央经济工作会议上正式提出“把生态文明理念和原则全面融入城镇化全过程，走集约、智能、绿色、低碳的新型城镇化道路”。

由山西省统计信息网公布的数据可知，自2004—2015年的12年间，城镇化率由39.63%增长至55.03%，城镇常住人口由1321.65万人增长至2016.37万人，增长速度与全国城镇化的增长速度基本持平。城镇居民人均可支配收入由2004年的7902.86元增长至2015年的25828元，增长了2.27倍，但山西省内11个市的城镇居民人均可支配收入相差较大。以2015年为例，该指标最高为晋中市27525元，最低为吕梁市22989元，二者相差4536元，由此可见，山西省整体城镇化发展水平较快，但发展不平衡。

（二）生态环境发展现状

与全国水平相比，山西省的生态环境水平并不乐观，森林覆盖率虽然在逐渐增长，但明显低于全国水平，在2004—2008年第七次全国森林资源清查中，全国为20.36%，山西省为14.12%，全国排名倒数第九。在2009—2013年第八次全国森林资源清查中，全国森林覆盖率为21.63%，山西为18.03%，全国排名倒数第九。

山西省作为典型的能源省份，生态环境压力较大。自从2004年以来，废水排放量由31392.4万吨增长为2015年的41355.6万吨，其中2010年达到最高值49881万吨。废气排放总量在2004—2015年的12年间增长了近3倍，具体数据如表4-11所示，由此可以看出山西省的环境污染不容乐观。

表4-11　山西省2004—2015年废气排放总量

单位：亿标立方米

数 量	2004年	2005年	2006年	2007年	2008年	2009年
废气排放量	13351.4	15141.5	18128.3	22042.9	23180.1	23692.9
数 量	2010年	2011年	2012年	2013年	2014年	2015年
废气排放量	35189.5	42195.2	42244.9	41276	36024.7	33720.8

资料来源：2004—2016年《山西统计年鉴》。

虽然随着工业发展，废水、废气以及固体废弃物的排放量逐渐增长，生态环境压力越来越大，但生态环境治理投资占GDP的比重并没有呈现逐年上升的态势，如表4-12所示，山西省环境污染治理投资的增长明显低于全国水平。

表4-12　山西省和全国环境污染治理投资占GDP比重的比较

地区	2004年	2005年	2006年	2007年	2008年	2009年	2010年	2011年	2012年	2013年	2014年	2015年
全国	1.19%	1.30%	1.22%	1.36%	1.49%	1.54%	1.86%	1.45%	1.53%	1.52%	1.49%	1.28%
山西	0.50%	0.46%	0.75%	0.76%	0.72%	0.53%	0.30%	0.29%	0.32%	0.44%	0.24%	0.22%

资料来源：2004—2016年《中国统计年鉴》《山西统计年鉴》。

由表4-12可以看出，全国环境污染治理投资占GDP比重从2004—2010年在逐年增加，其后虽有下降，但总体都比以前有所增加。山西环境污染治理投资占GDP比重在2004—2015年间经历了先上升后回落再上升最后下降的过程，尤其是2015年该比重比2004年还低了一半多，可见整个过程很不稳定。山西省作为一个煤炭资源大省，更应该注重环境治理，增加环境治理投资。

三、山西省城镇化与生态环境的相互关系及协调度

（一）城镇化与生态环境的相互关系

1.生态环境对城镇化的积极作用和约束作用

生态环境对城镇化的积极作用。良好的生态环境有利于打造更高层次的宜居城市，提高城镇化的质量，增加人口流入量，带动该城市产业发展

和经济水平提高。同时，良好的生态环境能够更好地发挥城市的辐射效应，有利于城镇化的发展。而且便捷、舒适的城市环境有利于引进技术、资金和劳动力等资源，提高城市竞争力。

生态环境对城镇化的约束作用。生态环境恶化，导致人口流出加剧，阻碍城镇化的进程。而人口密度降低，使得工业企业和商业企业的目标客户减少，可能会导致企业撤出该城市，阻碍经济水平的提高。企业、人口会搬离污染较为严重的城市中心地带，影响城市建设的结构。生态环境恶化使得城市竞争力下降，也不利于吸引技术、资金、劳动力等资源的流入。而且，污染严重导致更多时间、精力和金钱用在污染治理工作上，制约经济发展，阻碍城镇化发展。生态环境恶化所带来的雾霾、热岛效应等自然灾害会间接影响城镇化的发展。

2.城镇化对生态环境的促进效应和破坏效应

城镇化对生态环境的促进效应。城镇化的发展使得人口向城市集中，可以防止污染扩散，利于集中治理。同时，城镇化的不断发展会提高工业企业生产技术水平，减少资源浪费，提高资源利用效率，减少废水、废气以及固体废弃物等的排放，从源头减少环境污染的可能。城镇化的发展使农业人口转变为非农业人口，他们生活质量的提高使环保意识增强，从而使生态环境更加宜人。经济水平的提高，使当地政府可以有更多用于保护生态环境的经费，从而使城市的环境更加优美、舒适。

城镇化对生态环境的破坏效应。城镇人口过快增长，超出环境所能承载的人口数量，就会使环境自我调节出现问题，进而导致环境污染。随着城镇范围向周边扩展，许多农业用地转化为工业用地，而工业企业在利益的诱导下往往会疏于对工业“三废”的管理，造成生态失衡。城镇化的过快发展会导致生物圈生物多样性被破坏，物种减少，许多生物均因栖息地被占或破坏而灭绝；会导致岩石圈的耕地面积减少、土壤污染、地面下沉；会导致大气圈空气污染加剧、发生热岛效应；会导致水圈下渗减少，地表径流增加，水质污染，从而造成水质性缺水以及酸雨等危害。

（二）城镇化与生态环境的协调度

1.指标体系的构建过程

（1）数据选取说明。本文选取2004—2015年数据。

（2）城镇化指标体系的构建。笔者认为单从城镇化率这一人口指标难以正确衡量山西省的城镇化水平。因此，从人口城镇化、经济城镇化、社会城镇化和空间城镇化 4 个方面选取了 9 个指标来具体说明山西省城镇化水平的高低，具体指标如表4-13所示。

（3）生态环境指标体系的构建。在此采用联合国环境规划署提出的 PSR 模型，即压力（Pressure）—状态（State）—响应（Response）模型，分别从生态环境水平、生态环境压力和生态环境治理 3 个方面 7 个指标来衡量山西省的生态环境水平，具体如表4-13所示。

表4-13　城镇化与生态环境指标体系

一级指标	二级指标	三级指标
城镇化	人口城镇化	X_1城镇化率(+)
	经济城镇化	X_2人均生产总值/(元/人)(+)
		X_3城镇居民可支配收入/元(+)
		X_4第三产业占 GDP 比重(+)
	社会城镇化	X_5人均财政教育支出/(元/人)(+)
		X_6人均消费零售总额/(元/人)(+)
		X_7每千人拥有医生数/(名/千人)(+)
		X_8民用汽车拥有量/辆(+)
	空间城镇化	X_9建成区面积/平方公里(+)
生态环境	生态环境水平	Y_1森林覆盖率(+)
		Y_2实际用水量/亿立方米(+)
		Y_3建成区绿化覆盖面积/公顷(+)
	生态环境压力	Y_4废水排放总量/万吨(−)
		Y_5废气排放总量/亿标立方米(−)
	生态环境治理	Y_6环保投资占 GDP 比重(+)
		Y_7固体废物处置量/万吨(+)

注：“+”表示该指标与城镇化正相关，“−”表示该指标与城镇化负相关。

2.协调度的测定

协调度是指度量系统或系统内部要素之间在发展过程中彼此和谐一致的程度，体现了系统由无序走向有序的趋势，是衡量协调状况好坏的定量指标。此处研究的是城镇化与生态环境的协调度，但并不是协调度越高越好，二者的协调可能是二者都高质量的协调，也可能是二者都低质量的协调。因此，在协调度的基础上，又引入协调发展度的概念，即“协调”与“发展”交集，是系统或系统内部要素之间在良性循环、配合得当、和谐一致的基础上由简单到复杂、由低级到高级、由无序到有序的总体演进过程。

这里对山西省城镇化和生态环境的协调度及协调发展度的测定主要分为以下几个步骤。第一，对衡量城镇化和生态环境的16个量纲不同的指标进行标准化。第二，运用Excel软件计算出各个指标的权重。第三，根据标准化后的数据和各个指标权重，计算出城镇化和生态环境各自的综合指数。第四，计算二者的协调度和协调发展度。

（1）数据的标准化。城镇化与生态环境所选取的指标较多，计量单位都不相同，因此需要对指标进行标准化。常见的标准化处理方法有极差变换法、比例变换法、标准样本变换法、归一化法、价值评估法和向量归一化法等。因为极差变换法操作简单、易于理解，对正向指标和逆向指标都适用，且“城镇化”与“生态环境”既有正向指标，也有逆向指标，所以采用此法进行标准化。极差变换法公式表述如下：

正向指标 $X^*_{ij}=[X_{ij}-\min(X_{ij})]/[\max(X_{ij})-\min(X_{ij})]$

逆向指标 $X^*_{ij}=[\max(X_{ij})-X_{ij}]/[\max(X_{ij})-\min(X_{ij})]$

i表示第i个指标，j表示第j年。具体采用正向指标公式还是逆向指标公式，需要确定各个指标与城镇化和生态环境的关系是正相关还是负相关。判断某个指标是正相关还是负相关，需要看该指标增长会引起城镇化或生态环境水平的上升还是下降，若是上升，则是正相关，以正号表示；若是下降，则是负相关，以负号表示，他们之间的关系已在表4-13中以+、-号标明。生态环境标准化时只需将X换成Y。

（2）权重的计算。计算权重的方法有很多，包括主观赋权法和客观赋权法。主观赋权法包括点估计值法、环比评分法、比较矩阵法等。客观赋权法有熵值法、形心法、离差最大化法、主成分分析法等。这里采用熵值法是因为其具有绝对的客观性，且该方法能深刻反映出指标信息的效用价值，从而确定权重。运用Excel软件计算表4-13中16个指标的权重，首先用2004—2015年标准化后的数据计算出熵值，然后求出差异系数，最后得出各自的权重。城镇化指标的权重以w_i表示，生态环境指标的权重以q_i表示。下面以城镇化为例计算权重。

①城镇化体系的第j年第i个指标的概率计算公式如下：

$$p_{ij} = X_{ij}^{*} / \sum_{i=1}^{9} X_{ij}^{*}$$

②各指标熵值计算公式如下：

$$s_i = -r / \sum_{j=1}^{11} (p_{ij} \ln p_{ij})$$

其中r=1/ln10

③城镇化系统中各指标差异系数的计算公式如下：

$$g_i = 1 - s_i$$

④各指标权重的计算公式如下：

$$w_i = \frac{g_i}{\sum_{i=1}^{9} g_i}$$

计算所得城镇化与生态环境体系各指标权重如表4–14、表4–15所示。

由表4–14可知，X_1、X_2、X_4权重较大，即这3个指标变化幅度较大，对城镇化整体水平的影响也比较明显。其他指标权重较小，但并不是表示不重要，而是因为变化幅度小，对城镇化影响不大。

表4–14　城镇化体系各指标权重

内容	城镇化率	人均生产总值/(元/人)	城镇居民可支配收入/元	第三产业占GDP比重	人均财政教育支出/(元/人)	人均消费零售总额/(元/人)	每千人拥有医生数/(名/千人)	民用汽车拥有量/辆	建成区面积/平方公里
权重	0.1965%	0.20474	0.03807	0.213323%	0.09988	0.02245	0.124297	0.0383	0.063

由表4–15可以看出，在7个生态环境指标中Y_1和Y_6的权重大于其他5个指标的权重，说明Y_1和Y_6对生态环境整体水平影响较大，其他指标变动对其影响相对较小。

表4–15　生态环境体系各指标权重

内容	森林覆盖率	实际用水量/亿立方米	建成区绿化覆盖面积/公顷	废水排放总量/万吨	废气排放总量/万吨	环保投资占GDP比重	固体废物处置量/万吨
权重	0.333849%	0.020742	0.105066	0.15956102	0.13811771	0.22217%	0.020494

（3）城镇化与生态环境的综合指数。所谓综合指数，是指在确定合理的经济效益指标体系的基础上，对各项经济效益指标进行标准化处理，使

指标值标准化，并通过一定的方法，计算出一个综合指数，以准确地评价工作的综合水平。综合指数计算公式如下所示：

$$F_X = \sum_{i=1}^{9} w_i P_{ij}$$

$$F_Y = \sum_{j=1}^{7} q_i P_{ij}$$

F_X 表示城镇化的综合发展指数，F_Y 表示生态环境的综合发展指数，w_i 表示城镇化指标的权重，q_i 表示生态环境指标的权重，P_{ij} 表示城镇化和生态环境指标的概率。求得的综合指数结果如表4-16所示：

表4-16　山西省2004—2015年城镇化和生态环境综合指数

年份	城镇化综合指数	生态环境综合指数
2004	0.206398	0.163429
2005	0.144329	0.156397
2006	0.128158	0.155675
2007	0.119101	0.153569
2008	0.116726	0.154021
2009	0.113853	0.165796
2010	0.111241	0.111108
2011	0.106136	0.086419
2012	0.107674	0.085559
2013	0.106917	0.146018
2015	0.111111	0.125666

由表4-16可知，城镇化与生态环境综合指数在0到1之间，山西省城镇化综合指数在2004—2013年基本呈下降趋势，2015年稍有上升，但整体水平较低且增长速度缓慢。生态环境综合指数呈波动下降趋势，分别在2009年达到一个波峰，在2012年达到一个波谷，整体趋势有所下降。下降速度慢于城镇化综合指数，但整体发展水平也不高。

（4）城镇化与生态环境的协调度。这里采用普遍认同的杨士宏先生的协调度计算公式，表述如下：

$$C = \left[\frac{F_X \times F_Y}{\left(\frac{F_X + F_Y}{2} \right)^2} \right]^k$$

C表示协调度，F_X表示城镇化的综合发展指数，F_Y表示生态环境的综合发展指数，k为调节系数，因为涉及城镇化和生态环境两个系统，所以$k \geq 2$，取$k=2$。

（5）协调发展度及协调发展类型的确定。据前文所述，协调度只能保证城镇化和生态环境的匹配程度，并不能保证二者的质量，因此我们要进行协调发展度的评价。协调发展度D综合了城镇化与生态环境的协调发展状况C以及二者组合的发展水平T，比协调度模型有更强的说服力，对社会的参考价值更高。

$$T = \alpha F_X + \beta F_Y$$

$$D = \sqrt{C \times T}$$

T表示城镇化与生态环境的综合评价指数，D表示协调发展度，C表示协调度，F_X表示城镇化的综合发展指数，F_Y表示生态环境的综合发展指数，α、β为待定权数。因为笔者认为城镇化与生态环境同等重要，所以取α、β均为0.5。计算得出的D值越大，则说明山西省的城镇化与生态环境协调度越高，发展程度也越好。计算可得山西省2004—2015年C、T、D，如表4-17所示，为使计算简便且精确度较高，3个指标均保留4位小数。

表4-17　山西省2004—2015年城镇化和生态环境C、T、D指数

年份	协调度C	综合评价指数T	协调发展度D
2004	0.9732	0.1849	0.4242
2005	0.9968	0.1504	0.3871
2006	0.9813	0.1419	0.3732
2007	0.9683	0.1363	0.3633
2008	0.9624	0.1354	0.3609
2009	0.9322	0.1398	0.3610
2010	0.9999	0.1112	0.3334
2011	0.9791	0.0963	0.3070
2012	0.9740	0.0966	0.3068
2013	0.9528	0.1265	0.3471
2015	0.9925	0.1184	0.3428

从表4-17看出，山西省城镇化和生态环境的协调度C很高，但这个指标只能说明二者发展比较同步，不能说明二者的发展程度。从综合评价指

数T和协调发展度D可以看出二者组合的发展水平较低，协同效应也较低。

按照协调发展度D的大小，对山西省城镇化和生态环境的协调发展程度进行分类评价，具体内容如表4-18所示。根据表4-18可知，山西省城镇化和生态环境的协调发展度均处于中低度协调阶段。

表4-18　协调发展程度等级分类

项　目	低度协调	中低度协调	中度协调	中高度协调	高度协调
协调发展度	$0<D\leqslant 0.2$	$0.2<D\leqslant 0.4$	$0.4<D\leqslant 0.6$	$0.6<D\leqslant 0.8$	$D>0.8$

3.评价

首先，在2004—2015年的12年中，山西省城镇化和生态环境的协调发展度均处在中低度协调阶段，说明山西省城镇化的发展和生态环境保护工作并没有很好地结合，二者没有起到很好地相互促进作用。

其次，城镇化和生态环境二者的协调发展度在2004—2012年间一直处于缓慢下降态势，在2013年出现明显上升。说明二者的协调发展程度不高，最近几年情况有所缓解。2004—2012年，城镇化综合指数和生态环境综合指数都呈逐渐下降态势（表4-16），从2013年开始二者出现明显上升。但2008年和2009年，生态环境综合指数有一个明显的上升，尤其是2009年生态环境综合指数达到12年来的最高点为0.1658，且协调发展速度较快，说明二者的协调发展程度在此间提高较多。城镇化综合指数变化幅度较小，说明山西省的城镇化速度有所减缓。2008年北京举办奥运会，全国上下都更加注重污染治理和生态环境保护，政府投入更多资金用于生态环境改善和基础设施建设，努力创造良好的居住环境。因此，在此期间的生态环境综合指数和城镇化与生态环境的协调发展度有明显提高。2011—2012年，二者协调发展度有较明显的下降，城镇化综合指数也存在较明显下降，生态环境综合指数变化幅度较大，出现明显下降。2013—2015年这些指标又缓慢上升，究其原因是这几年实际用水量和废水、废气排放量及政府对环境保护的投资力度变化幅度较大。

总之，山西省城镇化与生态环境的协调发展程度虽然呈现波动下降又上升的状态，但是总体形势仍然不太乐观。在之后的发展中，应更加注重城镇化与生态环境的相互促进作用，促使二者的发展更加协调。

四、对于建设新型城镇化的建议

（一）加快城镇化发展的建议

前文对于城镇化的叙述是从人口城镇化、经济城镇化、社会城镇化和空间城镇化4个方面着手的，且城镇化的发展是一个综合问题，因此在对策建议方面我们也从这4个方面入手。

1.人口城镇化方面

首先，要适当控制农村劳动力向城镇的转移，调整城镇人口结构。因为农村劳动力转移到城镇，会对农业产生一定的不良影响，导致当地一二三产业难以协调发展。而且一味追求城镇化率增长，而忽视城镇所能承载的最大人口数，很容易产生一系列问题，比如交通拥挤、环境污染、犯罪率上升、公共基础设施不够用等。其次，政府要着手进行规划，让农业人口有序地转变为非农业人口。所谓有序，是指引导农民改善生活条件，提高文化素养，一步步走向城镇化，而不是任由农民毫无头绪地涌入城市。最后，要着力缩小城乡收入差距，提高农民的社会福利，让农民真正市民化。

2.经济城镇化方面

首先，提高人民的收入水平和生活水平，缩小城乡收入差距，缩小不同地级市、县（区）的差距。其次，要大力发展第三产业，在保证第一、第二产业稳定发展的同时，将更多的政策优惠倾斜于第三产业，提高第三产业占GDP的比重。最后，在工业化的发展过程中，尤其是在煤炭资源丰富的山西，要注重经济效益与社会效益并存，不能因追求经济利益的过快增长而牺牲我们赖以生存的环境。

3.社会城镇化方面

社会城镇化，通俗讲就是基础设施、公共产品等方面达到城镇的水平。首先，正所谓"要想富，先修路"，无论大小城镇，都应修建公路，以减少因城镇化快速发展而造成的交通拥堵现象，让人们体会到城市的便捷。其次，合理规划城镇基础设施的建设，类似公园、健身设施等。可以先进行社会城镇化，再进行人口城镇化，在农村先进行基础设施建设，比如路灯、天然气、自来水、集体供暖等，然后将城镇的范围向这些地区扩大。最后，政府要适当增加财政教育支出，提高公民的文化素质，增强人们的环保意识，在文化带动经济发展的同时，注重生态保护。

4.空间城镇化方面

首先，合理规划城市布局，提升城市空间利用效率。在资金允许的情况下，推广立体交通，减少道路占用土地面积。在进行城市规划时，要预想到所规划城市的实用性、合理性，在城市建设时尽量一次性完成，避免反复做无用功，浪费资金、时间、精力。其次，适当降低城镇人口密度，发展卫星城镇或向市郊扩散，减轻中心城市环境承载压力。

（二）保护生态环境的建议

1.生态农业方面

首先，要提高农民收入，缩小城乡收入差距，就要从农民最熟悉的农业入手，因地制宜，发展适合当地的农业。其次，提高土地利用效率，适当退耕还林，尽量减少农业用地转化为非农业用地。再次，政府应提供优惠政策，提高生产技术，改善投资环境，鼓励个人或企业承包，进行集约化生产经营。最后，注意“农作物垃圾”的处理。所谓“农作物垃圾”就是在农作物成熟之后，留在田地里的、看似没有用处的秆、叶和根等，可以将其废物利用，如用于养牛养羊、建沼气池等，减少就地焚烧，同时加强环保宣传力度，提高环保意识，增强农村环境保护力度。

2.生态工业方面

第一，利用各地区优势、特点，开发当地具有的新材料、新能源，比如太阳能、风能等，减少煤炭、石油等传统能源的使用。第二，鼓励技术创新，以现代科学技术为基础发展现代工业，以提高资源利用效率，减少环境污染。第三，建立健全完善的市场监管机制，当地政府可以让排污量较大的企业建设排污处理设施，并建立长效的监督机制。同时，对排污企业征收高税费，使其远高于排污所得利益。第四，健全市场准入机制，对于高污染企业可以提高准入门槛。第五，合理规划城镇布局，利用当地常年的风向或河流流向等确定企业具体方位，以尽量降少对环境的污染。

3.生态服务业方面

通常第三产业对于环境的不利影响并不大，可以通过发展生态旅游业等让环境更加优美、舒适。第一，可以进行绿色生态城市建设，打造绿色社区、绿色街道和绿色城镇。这样一方面可以创造收入，一方面适宜人类居住。第二，大力加强山区、湖泊、湿地、森林等的保护工作，通过生态环境保护来促进旅游业的发展，通过旅游业的大力发展来促进生态环境的保护，打造旅游特色。

五、结论

本节主要通过对山西省的城镇化与生态环境的协调发展度进行研究，运用协调发展度模型，利用12年的数据说明山西省二者的发展现状及发展趋势，认识到现存的一些问题，并提出相应的建议。笔者尽力收集了城镇化和生态环境方面的数据，却仍然有一些数据没有查到，但并不影响总体模型结果。希望此次研究能对山西省乃至更多类似的省、市今后的发展起到一定作用。

第三节　城镇化进程中生态环境保护问题

在中国快速发展的时期，综合国力有了明显增强，国际地位也有了明显提高，但是我们也清晰地看到，工业化拉动经济快速增长的同时伴随着环境危机和资源危机。虽然我国曾下令整治环境污染，但外部环境的变化、国际形势的改变、产业结构的调整、污染源的转移等不但影响着经济的发展，而且阻碍着新型城镇化的建设。

因此，解决好生态环境保护问题，处理好环境保护与经济增长之间的关系，对促进人与自然和谐发展是十分必要的。我们在追求经济发展的同时，也要时刻关注环境问题，时刻解决环境问题。这对当前新型城镇化的发展具有重要的意义。

一、新型城镇化及生态环境的内涵

（一）新型城镇化

新型城镇化的“新”主要是：改变“双二元结构”；扩大城镇规模，重视城市群、中小城市和城镇的建设；进一步发展第三产业。这些“新”意味着城镇化不再走老路，不再是走以破坏环境、农业等为代价的发展模式，而是以人为本为核心，以统筹兼顾为原则，普遍提高城镇化的发展程度，走可持续发展的建设道路，建设具有地方特色、文化传承的新型城镇化。

在新的时代环境下，新型城镇化主要表现在5个方面。第一，以人为本。要构建一个以人为本的环境，强调人本理念，增强一切为了人民的功能。第二，科学指导。要以科学发展观为指导，促使工业化和城镇化共进、城镇化与现代化结合，改变传统落后的发展体制。第三，优化布局。新型城镇化要科学规划，城乡统筹兼顾，全面发展，科学解决城镇化建设中不合理的问题。第四，生态文明。要减少对土地资源、水资源、空气资源的污染和浪费，增强生态环境保护的能力，走集约高效的新型城镇化建设道路。第五，个性鲜明。中国每一个城镇都有自身的发展方向，应当个性鲜明、独具一格。

为此，我们必须尽自己最大的努力解决不利于新型城镇化建设的问题，重视生态文明，走一条健康发展、人民幸福的新型城镇化的道路。

（二）生态环境

生态环境由许多因素综合而成，包括水资源、土地资源、生物资源以及气候资源，是关系到社会和经济持续发展的复合生态系统。在人类社会发展的历史长河中，生态环境起着十分重要的作用。第一，生态环境不仅能够提供一些物质资源，而且能满足人们对良好的生活生产环境的需求。第二，生态环境对社会发展有两种影响，生态环境与经济发展相适应、相协调可以促进经济的可持续发展，反之就会阻碍经济的发展。第三，生态环境具有自净功能，可以对人类的各种活动产生的废弃物进行处理。生态环境系统有一定的容量，当人类产生的废弃物超出了生态环境的容量，就会产生一定的副作用，破坏环境，造成资源浪费。因此，人类要想有适宜的生存环境，就必须维护生态环境的合理循环，创造人与自然和谐的环境。

二、新型城镇化与生态环境保护相互协调的意义

新型城镇化建设与生态环境保护是缺一不可、相辅相成的。前者缺少了生态环境保护是不健全的、不可持续的，也是失败的城镇化；而后者没

有了新型城镇化的建设也是无意义的，不符合客观规律的。两者的关系尤为重要：生态环境改善，会提高城镇化水平；生态环境破坏，会影响新型城镇化的发展进程。

第一，新型城镇化的建设改善了生态环境。新型城镇化的结果是改善人民生活，提高人民的幸福指数，增加人民的收入。同时，应加强立法，制定相关的政策，严惩环境破坏者等。在这样的情况下，新型城镇化的建设必然带动国家经济增长。

第二，良好的生态环境加快了新型城镇化的建设步伐。良好的生活环境，有利于提高人们的精神情趣，好的精神情趣又可以促进新型城镇化建设。目前，中国部分城市污染严重，如出现了资源能源的低效率、高浪费现象，空气中污染物含量越来越高，雾霾天气越来越多等。因此，只有将生态环境保护与新型城镇化建设结合起来，才能缓解我国城市人口迅速增长给环境带来的压力，减少因人类的活动而导致的环境破坏。

新型城镇化建设与生态环境保护具有相同的目标，都是促进人与自然和谐发展以及人类社会可持续发展。新型城镇化建设必须注重发展的持续性，且人们应该认识到生态环境建设是与每个人息息相关的，人们应该树立保护环境的意识，从我做起。

三、我国新型城镇化进程中生态环境问题及产生原因

（一）我国城镇化发展历程

新中国成立70年来，我国的城镇化道路大致经历了曲折、快速和科学发展3个历史阶段，形成了具有中国特色的城镇化道路。

1.城镇化曲折发展时期（1949—1978年）

在1949年至1978年这段时期，中国的城镇化呈现出4个特点：

第一，城镇化发展水平提高。据统计，在这一阶段，以人口表示的中国城镇化的发展水平由1949年的10.6%增长到1978年的17.9%，增长了7.3个百分点。

第二，城镇人口数量大量增加。在这一阶段，中国的城镇人口增长了1.99倍，从5765万人增长到了17245万人。前期的人口增加大部分来自农村人口的迁徙，后期大部分是来自城市人口的自发增加。

第三，城市的经济实力增强。在这段时间，国民收入增长了7.41倍，非农产业提高了1倍多。同时，中国城市的数量由136个增加到了193个，是新中国成立以来发展最快的阶段。

第四，发展道路曲折坎坷。这一期间，中国的城镇化水平波动较大，其间屡次出现负增长。

2.城镇化快速发展时期（1979—2002年）

在这一期间，经济快速增长，中国的城镇化发展迅速，有以下3个特点：

第一，城市化水平有了明显的提高。1979年的城市化水平为18.96%，2002年的城市化水平达到39.09%，比1978年增长了21.13个百分点。

第二，城镇的数量大量增加。2002年城市数量较1979年增长了2.4倍。

第三，城镇的规模扩大。城镇的人口和面积显著增加，城镇的规模向大中城市发展，同时经济实力也得到了显著增强。

3.城镇化科学发展时期（2003年至今）

2003年以后，中国城镇化发展就到了科学指导时期。2012年，党的十八大提出了我国现代化建设的历史任务是新型城镇化建设。2013年国务院总理李克强提出“推进以人为核心的新型城镇化”。2014年国家公布了《国家新型城镇化规划（2014—2020年）》，提出要走一条可持续、高质量的城镇化道路。

第一，可持续发展的城镇化。城镇发展要充分利用每一寸土地、每一份资源，将城市和乡村紧密联系起来，实现城乡经济一体化，处理好工业化与农业化之间的关系。

第二，城镇的功能完善。完善城镇的服务功能和居住功能。

第三，城镇全面发展。新型城镇化不仅只注重物质层面的建设，同时也推进精神层面、生态层面等多方位、全方位的建设。

（二）新型城镇化下的生态环境现状

1.水资源

据统计，水资源的总量处于波动的状态，2016年达到近年来的最大值32466.4亿立方米。近年来，地下水资源总量和地表水资源总量均比往年多，人均水资源量整体呈现下降的趋势。（图4-2）

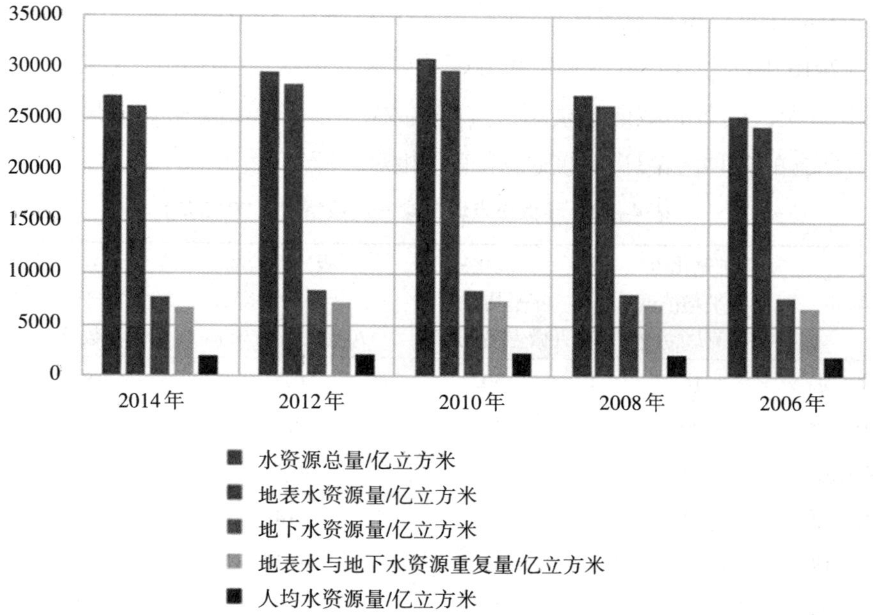

图4-2 2006年、2008年、2010年、2012年、2014年全国水资源情况

资料来源：中华人民共和国国家统计局。

2. 城市供水

在2011年到2015年间，城市供水综合生产能力在逐年上升（表4-19），供水总量有了明显增加。与此同时人均日生活用水量方差为1.53，说明其变动不大。

表4-19 2011—2015年全国城市供水指标

指　标	2015年	2014年	2013年	2012年	2011年	均值
供水综合生产能力/(万立方米/日）	29678.26	28673.33	28373.39	27177.32	26668.73	28114.21
供水管道长度/公里	710206.39	676727.43	646413.40	591872.11	573773.79	639798.62
供水总量/亿吨	560.47	546.66	537.30	523.03	513.42	536.18
生活用供水总量/亿吨	287.27	275.69	267.65	257.25	247.65	267.10
生产用供水总量/亿吨	162.43	162.38	161.74	159.27	159.65	161.10
用水人口/万人	45112.62	43476.32	42261.44	41026.48	39691.29	42313.63
人均日生活用水量/升	174.46	173.73	173.51	171.79	170.94	172.89

资料来源：中华人民共和国国家统计局。

3.环保重点城市空气质量情况

2015年，空气质量达到二级并好于二级的天数最少的城市是淄博，全年共88天；最多的城市为泉州，全年共360天。环境质量较好的城市，空气中所含的各种污染环境的气体浓度也相对较低。（表4-20）

表4-20　环保重点城市空气质量情况（2015年）

城市	二氧化硫年平均浓度/（微克/立方米）	二氧化氮年平均浓度/（微克/立方米）	可吸入颗粒物年平均浓度/（微克/立方米）	空气质量达到二级并好于二级的天数/天
北　京	14	50	102	186
天　津	29	42	117	216
石家庄	47	51	147	180
太　原	71	38	114	230
淄　博	87	63	165	88
上　海	17	46	69	252
泉　州	10	25	53	360
昆　明	17	30	56	350

资料来源：《中国统计年鉴2016》。

4.城镇环境卫生

据统计，2011—2015年城市生活垃圾的清运量由16395万吨增加到了19142万吨，逐年上涨。与此同时，清扫保洁的城市道路面积越来越大，粪便清运量呈下降趋势（表4-21）。城镇市容环境卫生的基础设施越来越完善，说明新型城镇化对于垃圾处理能力有了很大的提升。

表4-21　2011—2015年市容环境卫生

指　标	2015年	2014年	2013年	2012年	2011年	均值
道路清扫保洁面积/万平方米	730333	676093	646014	573507	630545	651298.4
城市生活垃圾清运量/万吨	19142	17860	17239	17081	16395	17543.36
粪便清运量/万吨	1437	1552	1682	1812	1963	1689.16
市容环卫专用车辆设备/台	165725	141431	126552	112157	100340	129241.0
公共厕所数量/座	126344	124410	122541	121941	120459	123139.0

资料来源：中华人民共和国国家统计局。

5.城市绿地和园林

2015年建成区的绿化覆盖水平为40.1%（表4-22），已达到全面小康目标值的40%。城市中公园的绿地总面积在逐年增加，公园绿地的人均面积从2000年的3.7平方米增长到2015年的13.3平方米。随着新型城镇化的推出，政府已将绿化建设纳入环境治理、大气污染防治等工程，发挥绿化在大气污染防治、改善环境方面的重要作用。

表4-22　2010—2015年全国城市绿地和园林情况

指　标	2015年	2014年	2013年	2012年	2011年	2010年
城市绿地面积/万公顷	266.96	252.80	242.72	236.78	224.29	213.43
城市公园绿地面积/万公顷	61.41	57.68	54.74	51.78	48.26	44.13
公园个数/个	13834	13037	12401	11604	10780	9955
公园面积/万公顷	38.38	35.24	32.98	30.62	28.58	25.82
建成区绿化覆盖率	40.1%	40.2%	39.7%	39.6%	39.2%	38.6%

资料来源：中华人民共和国国家统计局。

6.环境污染治理投资

总体来看，在2011年到2015年投资于环境污染治理方面的资金占GDP的比重呈下降趋势。环境污染治理所投入的资金主要用于保障城镇环境的基础设施建设，而用于工业污染源头治理的比重较小。在2011—2015年，2014年投资于环境污染治理的总金额达到了最大。（表4-23）

表4-23　2011—2015年全国环境污染治理投资情况

指　标	2011年	2012年	2013年	2014年	2015年
环境污染治理投资总额/亿元	7114.0	8253.5	9037.2	9575.5	8806.3
城镇环境基础设施建设投资/亿元	4557.2	5062.7	5223.0	5463.9	4946.8
工业污染源治理投资/亿元	444.4	500.5	849.7	997.7	773.7
当年完成环保验收项目环保投资/亿元	2112.4	2690.4	2964.5	3113.9	3085.8
环境污染治理投资总额占GDP比重	1.45%	1.53%	1.52%	1.49%	1.28%

资料来源：《中国统计年鉴2016》。

7.能源生产总量及消费

据统计，2001—2015年全国能源的总生产量平均增长速度为6.6%，而全国能源的总消费量平均增长速度为7.4%，能源的消费大大超过了生产，

长远来看，会造成能源短缺。近年来，全国能源生产和消费之间差值逐年增加，形势也越来越严峻。(图4-3)

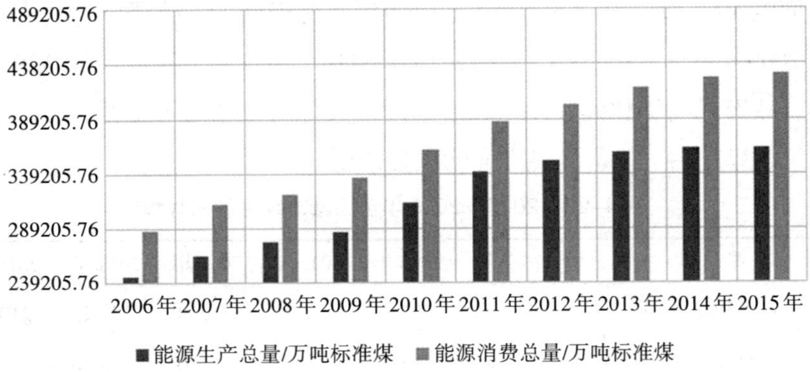

图4-3　2006—2015年全国能源生产总量及消费总量

资料来源：中华人民共和国国家统计局。

8.建成区面积

近年来，城镇的规模快速扩大导致土地资源越发紧张。一方面，我国城镇面积呈现爆发式的增加：2006—2015年，我国城市的建成区面积从33659.80平方公里增长到52102.31平方公里，共增加了18442.51平方公里(图4-4)。另一方面，为了解决13亿人口的温饱问题，就必须要有足够的耕地来保证粮食的安全性。截至2015年底，耕地总面积仅为13499.87万公顷，然而每十年我国耕地的面积大约减少666.667万公顷。因此，两者之间的矛盾已经成为新型城镇化建设需要破解的难题之一。

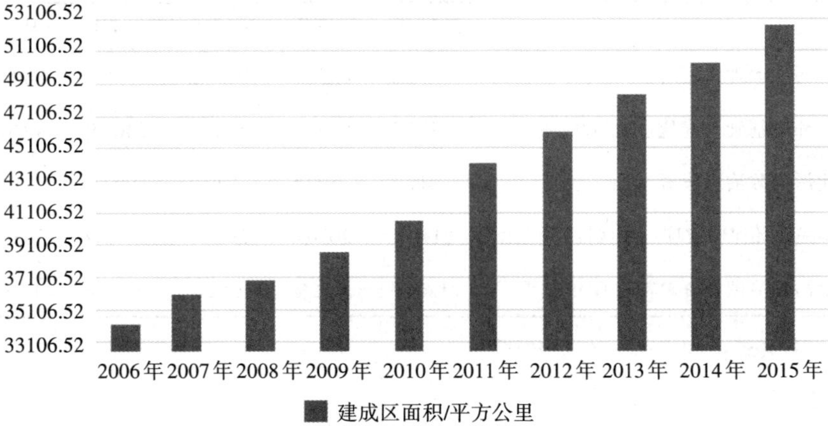

图4-4　2006—2015年我国城市建成区面积

资料来源：中华人民共和国国家统计局。

9.私人汽车拥有量

随着城镇化的快速发展，全国私人汽车拥有量在逐年增加（图4-5），汽车尾气排放量增加，明显影响了空气质量。汽车虽然便利了人们的出行，但是汽车排放的尾气已经成为空气污染的主要来源之一。

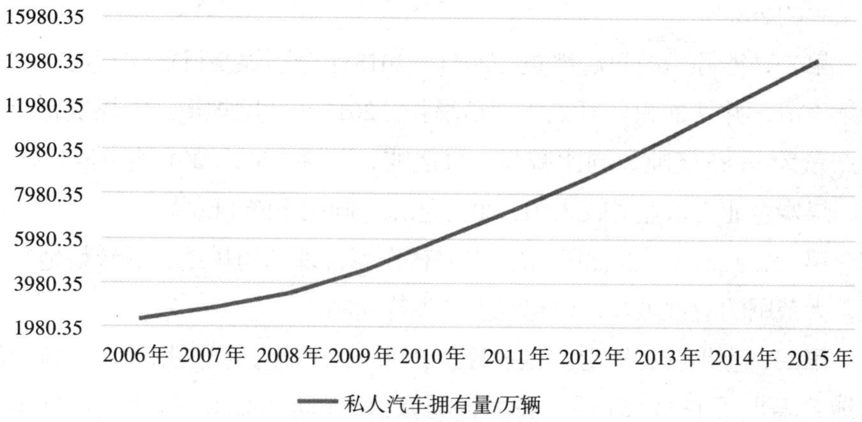

图4-5　2006—2015年全国私人汽车拥有量

资料来源：中华人民共和国国家统计局。

（三）新型城镇化在保护生态环境过程中存在的问题

1.城市环境污染严重

第一，水源污染严重。有统计显示，我国近一半的城镇河段为劣等水质，无法饮用。与此同时，地下水的污染在城镇大范围的存在，甚至一些城镇的内湖总氮或总磷含量严重超标。2015年，全国废污水的排放总量达到770亿吨，水源污染影响着城镇的发展和人民的健康生活。

第二，废弃物污染及垃圾堆放问题。全国许多城镇周围都存在着堆积如山的垃圾堆放地区，呈现着一种垃圾包围着城市的状态。一方面，这些垃圾会释放一些有毒物质，造成大气、水和土壤的污染；另一方面，垃圾堆积场所占用着城镇的土地，影响着城镇的美观和发展。

第三，空气污染严重。我国大型城市的空气污染明显重于中小型城市，北方城市超过南方，雾霾严重，只有少数不发达地区或者是降雨量较大的地区空气环境质量较好。空气质量的极度恶化，严重影响着城镇居民的生活，同时高额的治理成本给城镇的发展带来很大的负担。

2. 资源能源短缺

第一，水资源严重短缺。我国已被列为世界上13个贫水国家之一。根据水利部的数据，正常年份的全国缺水总量高达500多亿立方米，将近2/3的城市在不同程度上受到缺水困扰，我国水资源的人均占有量仅为世界平均水平的28%。

第二，能源短缺日趋严重。2011—2015年全国煤炭行业主营业务收入持续下滑，并从2014年开始出现负增长。2015年我国规模以上煤炭企业原煤产量为36.85亿吨，同比减少1.34亿吨，下降3.5%。2015年前11个月，全国煤炭企业主营业务收入为2.28万亿元，同比下降14.6%。

第三，乱砍滥伐问题严重。农村耕作不合理利用耕地，导致耕地盐碱化，大范围的植被破坏，引起水土流失等问题。

第四，土地资源缺乏。据统计，2006—2015年，我国用于城市建设的土地共增加了18442.51平方公里，而城镇人口从58288万人增至77116万人，城市建设用地增长的速度是人口增长的0.97倍。在2003年关于土地的违法现象频出，不合法占用耕地的情况相对严重。

3. 文化缺失严重

文化缺失集中体现为城镇化的不合理发展产生的破坏古城的现象。用新建高层建筑解决环境问题、交通问题，对古城的布局造成严重损坏，对有代表性的传统建筑造成破坏后，却花费巨资修建大量的仿古建筑。中国在传统城镇化建设的过程中，由于缺乏创新导致城镇文化特色不明显，甚至有崇洋媚外的倾向，出现了不少洋建筑，忽视了城市的历史积淀、城镇个性等特色建设，重表面、轻实质，重眼前、轻长远，导致城市失去了自身的魅力，浪费了资源。

（四）新型城镇化建设中出现生态环境问题的原因

随着社会的进步与发展，人们的环境意识越来越强，然而人们的素质和文化程度的不同，对生态环境的认知也不同。目前，在新型城镇化发展中出现的生态环境污染破坏问题是多方面因素共同作用的结果，主要存在如下几个方面的原因：

1. 政府部门责任的缺失

第一，政府官员的“政绩观”不合理。有一些地方考核政绩仍然以

GDP为唯一的指标。这使得政府官员为了追求自身的利益和政绩，重盈利较快的项目建设，轻保护环境；重宣传教育，轻实践行动，没有形成科学正确的政绩观，使得政府不愿意主动采取生态环境保护的措施。

第二，政府部门责任不明确。目前，我国还没有构造出一个有效而完善的生态环境执法监督体系。当出现污染问题时，政府部门各自为政，无法形成统一，导致权力分散、责任不明。这使得法律得不到有效执行，政策无法合理实施，总体监管不理想。

第三，政府官员的环保意识不强。执法部门人员素质不高，执法技术装备落后，不能对违法行为做出准确迅速的判断。同时，一些政府官员对新型城镇化的认识不到位，仍然停留在过去落后的发展模式，大力兴建表面工程，脱离本地实际情况，甚至投入大量资金用于建设大公园、大广场，或者大型建筑等。

2.企业缺乏承担保护生态环境的社会责任

企业的根本动力是追求利润的最大化，是以最小的成本获得尽可能多的利益。如果企业要治理生态环境，就需要投入资金、技术、资源、人才等，从而使企业的成本增大。因此，企业没有动机牺牲自身的利益主动保护环境，除非企业能从中得到利润。

企业只有负起相应的道德和法律责任，才能尽到环境保护义务。依照法律的规定，企业没有承担该承担的，必然受到相应的处罚。然而，只有法律的约束是不够的，必须向其普及道德层面的教育。

3.社会组织的发展不成熟

从1978年开始，兴起了一批生态环境保护组织。这些生态环境保护组织有两种：一种是政府组织的自上而下的生态环境保护组织，一种是公民或者公民团体自发组织的。

我国的环保组织成立较晚，发展时间短，因而出现了很多问题。首先，环保组织的法律地位不明确。政府、企业、社会对其缺乏认同，削弱了公民对保护环境的积极性。其次，缺乏有效的监管。生态环境保护组织制度不规范、管理松散，易产生工作不积极的现象。加之部分内部人员变动频繁，有着不同的生态环境理念和主张，科学决策能力不足，缺乏相应的知识和经验。最后，环保组织对政府过度依赖。环保组织独立性较弱，对环境污染问题很难解决，导致工作的困难程度加剧。

4.公众的法律意识薄弱

新型城镇化的建设给公众带来很多收益，但是如果公众对生态环境的保护没有做到位，公众就是受害者。因为人口的大量集聚会产生很多生活垃圾，对环境造成很大污染。

首先，公民的生态环境保护意识薄弱。我国大部分人口生活在农村或者小城镇，部分公民文化程度相对较低、素质较差，他们认为环境保护与其无关，认为这是政府或者他人的事情，再加上利益的引诱，就只能看到好处，而忽视对生态环境的污染，极易造成资源的浪费。

其次，缺乏维权意识和法律意识。一般情况下，如果生态环境的破坏对他们的生活没有造成严重威胁，就不会引起他们的重视。

再次，受到城乡二元结构的影响，农民的生活水平较城市居民低，压力较大。面对生活压力时，人类的生存本能使得农民更加注重生活质量，而无心关注生活环境。在某些极其贫穷的地方，人们为了生存，不得不变卖自然资源，甚至贩卖珍贵的野生动植物，这就破坏了当地的生物多样性。

最后，传统模式根深蒂固。一些地方盲目地开采自然资源，片面地追求GDP的增长，没有考虑长远发展。在科技水平和生产力迅速发展的今天，如果不改变这种滞后的、狭隘的思想，必然导致环境的极具恶化，使人类面临生态危机。

5.环境保护管理体系不完善

目前，我国关于环境保护的法律越来越多，但是环境越来越差，说明我国在环境法治建设方面还存在着一些问题。第一，公众参与的立法不完善。我国在生态环境保护方面的法律规定太过分散不集中，操作性差，没有将中央的基本法律与地方法规结合起来，从而引起某些规范性文件与法律相冲突。第二，法律缺乏具体措施。2015年修订完善并实施的《中华人民共和国环境保护法》强调了相关的法律法规，但是缺乏具体措施，操作性不强。《环境保护法》是一部综合性法律，涉及范围较广，侧重于问题的解决，而缺少环境保护的方法，二者没有统一起来，使得一些法律法规难以实施。第三，缺乏强制手段和必要措施。法律法规涉及的范围不够全面，违法成本低，犯罪的惩罚较轻，使得破坏生态环境的行为屡禁不止。

四、新型城镇化建设中生态环境保护的国外经验借鉴

（一）发达国家生态环境保护经验

近年来，发达国家对城镇环境的认识表现为由粗放型管理到法制管理的转变，国外的城镇环境管理主要围绕着人的生活展开，将城镇环境与居民的实际需求结合起来。

美国在对城镇环境治理的过程中先后出台了《环境教育法》《环境政策法》和《清洁空气法》，这为实施城镇环境政策提供了强制手段和法制保障。美国逐步削弱了行政管理的责任，增强了公众参与和管理对象的环境责任。

新加坡非常重视公厕的设计和管理，公厕主要设在地铁、商场、餐厅等公众场所，而且所有的公厕都可以免费使用。政府要求当地必须建立充足的公厕以满足日常需要，同时要求业主要对公厕进行日常的管理以保证公厕干净卫生。新加坡非常重视城市的规划，对于每个区域都有相应的功能，科学编制，减少了城市交通的压力，使新加坡人们的生活越来越舒适。为了保持环境的整洁，定期清理建筑的外面，新加坡已成为在花园中建设的城市。

澳大利亚是一个环境优美的国家，优良的环境与政府重视环境保护是离不开的。堪培拉的城市发展目标是“无垃圾城市”，要求对城市中的全部垃圾进行回收利用，这需要市民共同的努力。为了推进这一计划，政府和市民都非常积极，并通过法律法规对公民参与环境建设提供了保护。在制定法律法规时非常注重公众的意见，采用的方式是全民参与。

通过对美国、新加坡、澳大利亚的研究不难发现，上述三个国家在处理城镇化发展与生态环境关系时，是通过政府制定合理科学的规划，鼓励公众参与和强调精细化、具体化管理。

（二）发展中国家生态环境保护经验

我国正处于并将长期处于社会主义初期阶段，因此研究发展中国家城镇化过程，进而探讨发展中国家城镇化过程中的经验及教训，对进一步推动我国新型城镇化发展是十分重要的。

从1939年以来，东南亚国家的城镇化发展经历了一个起伏的过程。发

展中国家纷纷出台了以工业化为中心的计划：马来西亚颁布了《新型工业法》，印度尼西亚制定了《八年全面建设计划》，泰国制定了《工业投资鼓励条例》。因此，东南亚地区的经济有着前所未有的发展速度，各国城市的人口增长率都远远超过了同期农村的人口增长率。但是工业化迅猛发展的同时造成生态环境的破坏，各国政府意识到，不能一味地追求高速度，应该把目标放在可持续发展上，随着各国调整经济政策，城镇化的速度有所下降。

五、解决新型城镇化建设中生态环境问题的对策

从长远来看，必须坚持科学发展的理念进行环境治理，加快新型城镇化的建设步伐，积极寻找新思路和新方法，走可持续发展的道路。

（一）科学合理地对城镇进行规划

科学地对城镇建设进行规划，合理布局。首先，调整不合理的产业结构和工业布局，停止重大污染的项目，对有污染的企业要进行治理；其次，工业布局的建设要实现双赢，即实现经济效益和环境效益，工业企业要远离住宅区，严禁建立在河流上游等，要进行合理的规划，考虑到方方面面；最后，城镇化的建设防止一模一样，要从当地实际情况出发，建设个性鲜明、舒适合理的城镇。

（二）提高公众保护生态环境的意识

为了更好地建设新型城镇化，我国必须全面增强公众保护生态环境的意识，加强宣传力度：可以充分利用媒体，例如电视、报纸、网络、手机App等形式，以通俗易懂的方式，向公众普及相关的政策。同时也要加强政府工作人员的环保意识，因为政府起着模范带头作用，用自身的行动带领更多的人参与环保，将生态环境保护理念进行全方位、多层次的宣传，使保护环境成为全民的自觉行动。

（三）健全生态环境保护法律法规

建设新型城镇化一方面要深入贯彻已出台的保护生态环境的法律法规，另一方面要从各地实际出发，制定相关的规章制度，弥补当前法律的不足之处。对我国当前已有的保护生态环境的法律法规、部门规章进行梳

理和组合，形成具有系统性、整体性的法律体系。法律法规要对新型城镇化中生态环境的具体问题的解决落实到具体措施，使执法部门有法可依，公民有法可守。

（四）完善相关部门的监管体制和执法体制

新型城镇化的建设要完善环境保护的监管体系，尊重法律的权威性，加大对环境违法行为的处罚力度和执法力度。同时要维护执法的独立性，有效避免一些企业为了追求经济发展而干预环境执法的现象。

对于政府出现的错位、缺位、越位等现象，要进一步转变其职能，从社会发展和公众的需求出发，明确政府的职责，正确处理环境保护和经济发展之间的关系。

（五）转变传统城镇化发展方式

转变粗放型发展模式是十分必要的，一方面增加环保企业的数量，大力发展低碳产业，提高对企业的环保要求，重视绿化建设等；另一方面要加大对治理环境污染的投资，增加对生态环境保护的科研支出，鼓励使用科学技术用于治理生态环境污染。同时要提高创新能力，推动产业技术创新，降低企业生产过程中的能源消耗和碳排放量，以确保经济和生态环境的协调发展。

第五章　城镇化进程中乡村旅游转型研究

第一节　城镇化发展与旅游经济的关系研究——从协同发展理论角度

一、引言

旅游经济是顺应时代进步发展起来的。随着时代的不断推进和经济不断发展，人们的生活水平越来越高，人们开始越来越注重自身的精神享受，假日旅游便逐渐成为当代人们娱乐消遣不可缺少的生活方式。随着旅游业的发展，旅游经济将对国民经济和第三产业产生更大的影响。并且，通过国家的支持，旅游经济已成为中国乃至世界经济流通的重要组成部分。

目前，新型城镇化的发展有力地促进了区域经济发展，新型城镇化的理念逐渐得到各地的认可和接受。旅游经济慢慢成为重要产业，新型城镇化和旅游经济的协调发展关系日益显现。

全国各地新型城镇化与旅游经济之间的相互作用日益频繁。旅游经济的产业协同力大、产业带动能力强、就业拉动能力大等优点可以为新型城镇化发展提供新的发展点，而新型城镇化的稳定性、持续性等优点则是旅游经济发展需要的大环境。两者相辅相成、不可分割的联系必然会带来新型城镇化和旅游经济的协同发展，成为经济发展的新动力。

二、相关文献回顾

（一）一圈一核三群

近几年山西省发展迅速，经济处于重要转型期，在国家号召和相关政策的支持下，积极开展对新型城镇化的建设和对旅游经济的模式创新。在

“一圈一核三群”的模式下，山西省制定了多条发展路径，以旧带新，层层深入，不断实现了各方面的大发展。其中，新型城镇化与旅游经济的协同发展是推动山西省经济转型与经济发展的重要一环。

（二）城镇化和旅游经济协同发展

通过对大量文献的研究与分析，对新型城镇化和旅游经济协同发展的理解更为深入。通过对全国各地案例的分析，发现新型城镇化和旅游经济是一种双向导流的发展模式，已经成为一种具备良性循环能力的发展模式。新型城镇化的发展将推动经济发展和旅游市场的拓展。旅游经济发展的关键因素就是旅游市场足够大。反向也是如此，旅游经济越发达，旅游市场越大，人流量越大，就业机会也越多，吸引更多的劳动力和资本投资也有助于在一定程度上实现城镇化。很多文献都指出，二者之间必然存在着正向的发展关系。通过大量文献数据研究，我们可以理出二者之间的合理性和具体关系，也为后面的论述提供借鉴。

（三）协同演化

协同演化的概念是抽象的，共同进化的过程其实就是相互促进发展的过程。在这过程中可能会有冲突与矛盾，因此在发展中要更多地注意协调。对二者关系的合理性要有正确的判断，这是一种持续的、正向促进的过程。经文献分析，当协同演化出现的时候，二者或多者的发展将处于一个快速且健康的发展态势。

三、从协同理论的角度分析新型城镇化和旅游经济的关系

（一）协同演化理论

“协同演化”是一直存在的，不仅存在于自然界，在日常生活中的商业领域、政治领域都是切实存在的。这种抽象化的协同演化逐渐被人们发现并进行分析研究，加以利用。随后人们通过对协同演化的研究，逐渐确立了协同演化理论，这种理论框架来源于对各种协同演化案例的分析研究。在建立协作进化框架以后，一些研究人员提出了三视图的研究方法，即由小到大，从微观到宏观，由点到面的整体性研究。这也成为分析协同演化的首要参考条件。在新型城镇化和旅游经济的协同发展中，我们不妨

使用这种协同演化的分析方法。微观上的各个因素都可以确定，都可以实现协同，到中观上产业链具有共性，再到宏观上的发展大环境也是一致的，通过研究这些协同机理，笔者认为新型城镇化和旅游经济就是协同发展的过程。

（二）协同学

协同学是一种更加精确的表达。在对协同演化理论进行更深层次的研究与结合之后，创新出了协同学。在不断研究完善之后，协同学已经成了一门具体的、有理而论的学科。通过分析协同演化的内部情况，对协同学下了具体的定义，也提出了更为明确的协同理论。其中，协同学主要强调的是系统内部的协同，是系统内部子系统和复合系统的协同，以及附带周边环境的影响。总之，系统的协同开发主要依赖于系统内部子系统的协同组合，带动复合系统运转。

（三）新型城镇化与旅游经济体系协同发展的基本内容

1.新型城镇化与旅游经济协同发展

新型城镇化和旅游经济协同发展是符合协同演化理论的。在新型城镇化的发展中，子系统中包含的人口因素、劳动因素，以及复合系统所产生的发展大环境，都可以为旅游经济提供发展动力，在旅游经济的发展过程中，内部子系统提供的就业、服务、环境污染治理等因素进一步推动了新型城镇化的发展。两个内部子系统的相互促进可以使复合系统的协同演化更加顺畅。简而言之，新型城镇化和旅游经济的协同发展就是由子系统带动复合系统运转的发展过程。

2.新型城镇化与旅游经济协同发展的内涵分析

新型城镇化与旅游经济协同发展的内涵也是研究协调发展的关键所在。我们可以对两者的内涵进行分析，以便深入理解两者之间的关系。它可以用不同的方法进行分析。第一，新型城镇化与旅游经济协调发展，可以带动餐饮、房地产、小商品等相关行业的发展。而这些相关产业的回馈力也是很大的，能为新型城镇化和旅游经济带来更大的发展空间，从而对两者的子系统提供更大的支持。第二，二者的子系统的协同发展带动其复合系统的发展，使复合系统变得更有利于实现对各种子系统以及附带环境因素的适应，更利于发展。第三，新型城镇化和旅游经济是相互影响、相互带动的。一方面，新型城镇化所提供的稳定的发展环境、合理的发展区域、完善的基础设施等都是旅游经济发展需要的，同时旅游经济带动就业、带动产业发展的能力也正是新型城镇化发展所需要的。另一方面，通过二者协同发展，也能给所在地带来很大的影响，比如改变当地人的生活方式，优化当地产业链条和发展模式，这都是有利于经济发展的。

（四）新型城镇化与旅游经济协同发展的主要特点

新型城镇化与旅游经济协同发展的主要特点表现在：

第一，两者具有完整性。由于新型城镇化和旅游经济是协同发展的，所以在发展的过程中二者的内部复合系统是一致的。两者的发展需要维护其完整性。协同是两者同时存在的关系，是一种共同进退的模式。因此，两者是不可缺少的。第二，两者的发展目标是相同的。新型城镇化和旅游经济的可持续发展都是为了实现经济发展。相同性表明，两者的存在是为了提高经济水平，这也是它们协调发展的机会。第三，两者的发展有差别，也具备稳定性，这是从相对角度提出的观点。新型城镇化和旅游经济的各自发展是变化的，不是一成不变的，是根据具体情况而产生变化的，但总体的发展是稳定的，因为整体是一个前进的状态，是不断发展完善的状态。

（五）通过发展旅游经济促进新型城镇化的发展

随着时代的发展，旅游经济越来越得到人们的认可，并且在经济发展中发挥越来越大的作用。在本章中关于旅游经济对城镇化的影响总结了以下几点：

第一，旅游经济的带动使大部分失业问题得到解决。随着旅游业的发展，旅游地区的客流量增大，需要更多服务行业。这些行业的出现会带来更多的岗位，增加了劳动力的需求量，缓解了失业状况。而失业问题的解决可以促进地区经济发展，使新型城镇化更加完善。第二，旅游经济可以缓解区域环境压力。旅游经济相比于其他工业经济，在带动经济发展的同时，对环境造成破坏、污染小，基本不消耗能源。环境质量的提高也是新型城镇化发展的动力。第三，旅游经济的宣传力度强，可以吸引更多的人。随着旅游经济的发展，旅游区域的环境和服务质量越来越高，人流量越来越大，地区的高质量服务会吸引越来越多的人。旅游经济的发展能够塑造城镇良好的现象和文化品牌，其中也会有一些人选择定居，人口基数越来越大，更有利于新型城镇化的发展。第四，旅游经济的发展可以提高人们的环保意识。规则确立，意识永恒。人们有了保护环境的意识就会付出自己的行动保护环境，会身体力行地成为环境守护者。这种行为具有感染性，可以使更多的人投入到保护环境中来。这种意识也是新型城镇化建设必不可少的因素。第五，旅游经济能够为相关产业的发展带来更多的活力。旅游经济的发展是全面发展，服务业的种类会随之增加。这无疑会使地方经济越来越繁荣，也会促进新型城镇化的发展。

（六）新型城镇化发展对旅游经济发展的促进作用

近年来，新型城镇化的发展及其作用是有目共睹的。首先要明白的是人口城镇化是促进旅游经济发展的前提。有了人，城镇才会兴盛，旅游才会发展。主要的促进作用有以下几点：

第一，新型城镇化的发展能够促进当地基础设施的建设。随着新型城镇化发展，当地的道路、邮电、网络等基础设施的水平都会提高。而这些基础设施水平的提高都能为旅游经济带来便利，促进旅游经济的发展。第二，新型城镇化的发展能够为旅游经济带来平稳发展的大环境。这是抽象的概念，却是真实存在的。因为一个地方的城镇化水平越高，越能得到各种政策、规划的支持，这也是旅游经济的核心需要。只有有了能平稳发展的环境，旅游经济才能摆脱束缚，全力发展。第三，新型城镇化的发展能为旅游经济提供大量的游客。因为随着城镇化的发展，人口不断增加，旅游已经成为人们的主要休闲方式之一，人口基数大，旅游人数自然也会逐渐增加。这都和城镇化的发展紧密相关。第四，新型城镇化的发展能促进生态环境质量的提高，生态环境质量的提高，也能增加游客的旅游舒适度，满足游客的旅游需要，从而形成了良性循环。旅游人数越来越多，生态环境越来越好，将极大地提高地区经济水平。第五，新型城镇化为人们提供了更多的社会保障。居民收入的增加，使居民没有了后顾之忧，可以将更多的金钱消费在旅游经济上。这也变相地推动了旅游经济的发展。

四、对山西旅游经济与新型城镇化协同发展的分析

（一）山西省新型城镇化的发展

1.现阶段发展状况

一个城市的城镇化进程不仅体现在这个城市的物质文明上，还体现在这个城市的经济发展水平、人民生活水平和文化素质水平上。山西作为国家的煤炭大基地，长期以来的主要经济动力是大量的煤炭能源及其相关副产品带来的巨大利润。经过多年的发展，在煤炭能源被大量挖掘和其副产品出售的情况下，山西的经济飞速发展。在经济的带动作用下，山西省的城镇化规模也大幅扩大，山西人民的经济能力与文化素质也随之大幅提高，同时对物质文化的需要也增多。就是在这种不满足于现有的物质精神享受的情况下，山西省的旅游经济发展初现端倪。2012年，山西省城镇化率超过50%。除此之外，在城镇化发展程度方面，山西省各个地区之间的差异也在变小，不再是一个地区城镇化率过高而另一个地区城镇化率过低的状况，而是全省的发展稳步提升，地区间城镇化水平差异逐渐缩小。这些进步的主要原因是山西省摸索出了具有山西鲜明特色的几种城市发展模式。在太原与晋中建立了高校新区，开通了高速，通过交通的便利和高校的带动作用，这种新区带动城市发展模式使得晋中市大大小小的乡村都发展了起来。高校新区周围都进行了开发，以高校新区为中心向四周蔓延。在短短两年时间里，以高校新区为中心向四周扩散的区域基本实现了城镇化。除了这种模式，还有以五台山、平遥古城等有名的旅游地区为纽带建立旅游乡村发展的模式等。虽然，山西省研究出的新发展模式是根据各个地区的特色而建立，也取得了不错的成效。但是，与全国城镇化的平均发展水平相比，山西省的新型城镇化发展水平仍然处于相对落后状态。

2.存在的问题及未来的发展方向

首先，与全国的城镇化水平相比，虽然山西省近几年的城镇化发展水平有所提高，但是与全国的发展水平相比，山西的城镇化水平还远远不够。所以，山西还有待进一步提高自身的城镇化水平，缩小与国内其他地区的差距，使山西有更好的发展。其次，在前几年山西省经济快速发展的时期，与之相应的城镇化却发展缓慢。在山西满足城镇化发展加快期的经

济条件下，由于没有与过快的经济发展水平协同发展，城镇化水平与经济发展水平脱节。山西的大中城市数量少且水平低，小村镇过多且发展没有被重视，导致提升的经济水平没有发挥其应有的效用。经济分散，没有发挥出其应有的辐射效用。

要想解决山西城镇化水平低的问题，首先政府必须重视各个区域的城镇化发展，实地考察，针对各个地区的不同地形、不同经济、不同文化探索出适合各个地区的、有特色的发展模式。其次，政府应该做好连接工作，推进企业、区域和行业的现代化管理和融合，加大经济和城镇化发展的相互促进作用。最后，创新城镇建设和相关的管理制度，既不损害人民的利益，又能加快城镇化进程。

（二）山西省旅游经济的发展

1.现阶段发展状况

除了煤炭能源产业，旅游业成为山西省的新兴产业。在政府的大力支持与发展下，旅游经济也成了推动山西省GDP增长的一部分。1986年以来，山西省发现了旅游业的巨大潜力，并开始将旅游业发展为一个独立的产业。近年来，旅游业已成为山西省经济结构调整的几大主导产业之一。并将山西省旅游业发展目标、规模和质量达到全国中上游水平作为目标。旅游业的发展不仅带动了区域经济的发展，而且带动了相关第三产业的发展。

由表5-1可见，旅游经济的发展对山西省经济发展的影响有可能逐渐取代落后的重工业煤炭产业。除此之外，山西省还应大力创新发展煤炭转型工作，使旅游业与煤炭业，服务业与工业共同发展创新。

表5-1　2000—2016年山西旅游业发展情况

项　目	2000年	2016年
旅游业创造的总额/亿元	40.7	1174.3
占第三产业比重	7.06%	34.32%
占GDP比重	2.21%	13.6%

2.山西各地旅游资源现状

山西省虽然是以煤炭重工业能源闻名全国，但是山西的旅游胜地也丝毫不落下风。最著名的当数五台山，其风头盖过了其他三大佛教名山。五台山位于山西省忻州市，每年到五台山烧香拜佛的人从天南海北赶来，说到佛教无人不知五台山。五台山旅游经济的发展，带动了五台县乃至忻州市的经济水平上升，加快了忻州市的城镇化进程，解决了当地许多人员的就业问题。除了五台山，还有平遥古城、云冈石窟、乔家大院和皇城相府等极具历史文化内涵，极具特色，极有保留价值的旅游景点。此外，山西省民情、民俗旅游资源多样，歌曲艺术、民间武术、戏曲杂耍、剪纸技巧等都融合了多种民俗文化特色，高度浓缩了我国北方汉文化精髓。这些景点都是历史遗留的产物，都是大自然对山西省的馈赠。这些旅游胜地，不仅带动了山西省经济的发展，促进了城镇化进程，还丰富了山西省历史文化内涵。

（三）山西省新型城镇化与旅游经济协调发展

1.协调发展山西新型城镇化和旅游经济

山西省新型城镇化是发展旅游经济的基本前提，即使是一个地区最好的旅游资源也需要依靠这个城市来发展。在旅游经济发展水平滞后于新型城镇化的地区，旅游经济的发展应以新型城镇化来推动，通过新型城镇化和旅游经济复合系统来实现旅游经济的发展。我们将实施要素支持子系统、公共服务子系统、生态环境子系统、工业部门门户系统和与利益相关者的子系统。五个子系统内部要素的匹配促进了各地区新型城镇化与旅游业的协调发展。在新型城镇化推进区域旅游发展的过程中，要素支持子系统主要为复杂系统提供劳动力、土地、人才、技术、市场和资源。公共服务子系统主要为复合系统和生态环境子系统提供旅游基础设施和旅游支持服务系统。生态环境子系统主要为复合系统提供更好的自然和人工生态环境，工业部门门户系统主要为复合系统提供高质量的产品支持。利益相关者子系统更好地协调利益相关者之间的冲突。通过这五个子系统的协同作用，复合系统的协同效应不仅可以促进区域旅游的发展，而且可以促进区域内新型城镇化与旅游经济的协调发展。

2.案例概况

（1）以平遥古城为例。其原先的发展是非常落后的。不仅城市化落后，而且旅游经济发展也很缓慢。二者之间没有良好的互动体系和良性发展的循环机制。但是近几年通过政策、服务系统几个方面的协同发展，平遥的旅游经济和新型城镇化发展出现协同点，也就是实现了良性循环。而平遥古城的发展也不是一蹴而就的。平遥县经历了从小到大，由弱到强的发展过程，旅游经济逐渐好转。游客人数从1997年的5万人增加到2015年的221.6万人，增长了近44倍。旅游综合收入由1997年的1250万元增加到2015年的25.7亿元，增长了204.6倍。到2016年底，游客达到221.12万人次，门票收入达到1.45亿元。以旅游业为主导的第三产业总产值达42.7亿元，占GDP的46%。同时，平遥县新型城镇化的水平也越来越高，基础设施越来越完善，高楼大厦平地而起，实现了质的飞跃。这些都来自新型城镇化和旅游经济的动态发展。

（2）以五台山地区为例。由于佛教文化资源较为著名，每年都能吸引海量游客到五台山旅游消费，带动了五台山的各项基础设施建设。近几年，五台山住宿、宾馆、小商品市场的快速发展，推动了五台山新城镇化的快速发展。据统计，2016年五台山地区国民总收入达6.1亿元，旅游经济总收入达4.75亿元。较2009年分别增长了8%和9.6%，旅游经济支撑了城镇化发展。由于五台山在国内外享有盛誉，且五台山处于重要地位，当地人民采取零散的商业模式，大力发展服务业，开展各种经济活动。这促进了五台山地区新的城镇化进程，实现了区域旅游经济与新型城镇化协调发展的动态平衡。

（四）山西省各地区新型城镇化与旅游经济协调发展的成果

截至2016年底，阳泉市新的城镇化水平一直位居全省前列。忻州和吕梁的城市化水平远低于山西省的平均发展水平。因此，为提高忻州、吕梁市的城市化水平，有必要优化忻州和吕梁的生产要素系统，支持城市基础设施和相关配套服务体系及产品服务平台的发展等。目前，山西省提出了新型城镇化发展的“一圈一核三群”战略布局。但由于阳泉、吕梁等地缺乏知名旅游景区，区域旅游经济发展水平和旅游开发潜力相对较小。因此，为提高阳泉和吕梁旅游经济发展水平，可利用太原和晋中的支持，发展阳泉和吕梁的核心旅游产业，整合当地的各种旅游资源。加强旅游基础设施建设和配套服务体系建设，发展优质旅游线路，结合“智慧旅游”，打造宜居旅游城镇和村庄。首先，将阳泉和吕梁现有的自然和人文旅游资源整合起来。吕梁现有旅游资源仍处于相关配套设施建设阶段，要大力推进吕梁新一轮城镇化建设。其次，大力优化阳泉、吕梁、太原、晋中、忻州等地的旅游产品结构，进一步拓展“太原大旅游圈”及其影响和联系。打开“一卡通旅游”活动及周边旅游市场，形成特色鲜明、互补优势、互动流通的优质旅游线路。最后，阳泉和吕梁要实现新型城镇化和旅游业两手抓，通过合并发展，发挥二者的相互作用。鼓励完善旅游相关餐饮、旅游娱乐、邮电服务，旅游电子服务系统、旅游咨询系统、旅游管理系统及交通、休闲、小商品、通信等基础设施建设的旅游基础设施，为区域旅游经济发展提供更好的硬件配置。总之，在促进晋中新型城镇化与旅游协同发展的过程中，有必要协调五市共同发展。通过发达地区的发展和引导，促进欠发达地区的发展，发达地区和欠发达地区应协调和缩小差距。只有这样才能充分发挥山西省城镇化进程和旅游经济的作用，使山西省能够取得更好的发展。

新型城镇化和旅游经济的动态关系是相辅相成、相互促进的。重点在于动态关系是一个整体，是不可分割的。在一个整体大环境下的动态关系是值得分析与考量的，但是动态关系之间并不是只有积极的地方。消极的地方一定要克服并解决，这也是关键所在。接下来的论证会提到一些反思和建议，积极影响和消极影响，这也是两者动态平衡的表现。

五、协同发展的建议

（一）从国家和政府的角度来看

国家和政府应该起到模范带头作用，在新型城镇化和旅游经济的协同发展中合理调节二者的关系，做到平衡发展。比如国家和政府可以出台相关政策法规，为协同发展保驾护航，起到引领作用，还可以建立示范试验区，划出示范地区，实行专门科学管理，为其他地方提供参考模板。国家政府甚至可以制定一些奖励机制，调动地方积极性，实现全面协同发展。

（二）从企业角度来看

①做到与时俱进。新型城镇化和旅游经济的协同发展一定要做到与时俱进，时刻关注国家政策导向。根据国家的要求和需要进行发展，才是正道。②建立内部规范体系。建立自主监督、自主教育、自主发展的良性循

环体系。企业应了解动态关系的利与弊，做到心中有数，做到持续发展。企业还应具备创新精神，开拓新的协同发展模式，为协同发展注入新的活力。

第二节　新型城镇化背景下城乡融合发展促进乡村振兴

目前，中国进入重要机遇期。要抓住乡村发展的良好机遇，恰当把控城镇化发展新趋势，妥当应对城乡发展失衡的挑战。如今，城乡发展很不均衡，已成为国家发展的绊脚石，无法满足人们对美好生活向往的需求。“城乡关系”始终是中国现代化发展中的重要问题之一，而城乡关系问题的本质则是农村问题，即指乡村的衰落萧条、没有生机等现状。这是社会问题，而且在发展进程中无法绕开。因此，实行乡村振兴迫在眉睫。

改革开放以来，中国都市迅速崛起，城镇化进程不断推进。重要的趋势是以大城市为中心的城市经济圈迅速崛起，农村改革进入关键时期，乡村发展缓慢，还显现出许多不可小觑、急需解决的问题。这些问题影响着我国全面、协调、共享发展。衰败的农村已成为国家发展的短板。这就要求我们总揽全局，高度重视“三农”，并提出周密、周详的解决计划与路径。

一、城镇化进程中城乡融合发展的现状

中国城镇化水平不断提高，城市和农村都发生了巨大的改变，尤其是小城镇取得了优越的成绩。小城镇是城市与乡村的纽带，是城乡的传递环节，是城城、城乡的纽带。城镇化率在2008—2017这十年里，从46.99%增加到58.52%，提高了11.53个百分点（见表5-2）。并且在“十二五”实现了两大超越：一是在2011年达到了50.0%，中国进入城市型社会，二是2012年达到52.57%，超过世界平均水平52.5%。

表5-2　2008—2017年来我国城镇化率

项　目	2008年	2009年	2010年	2011年	2012年	2013年	2014年	2015年	2016年	2017年
城镇化率	46.99%	48.34%	49.95%	51.27%	52.57%	53.73%	54.77%	56.10%	57.35%	58.52%

城市的快速发展带动收入的增加。我国城镇居民人均可支配收入2017

年为36396元，较2009年的17174.7元增加了19221.3元。农村居民人均可支配收入2017年13432元，较2009年的5153.3元增加了8278.7元。但由于农村人均可支配收入基数小，城乡收入倍差都在3倍左右。因此，我国实施大力扶持农村发展政策，农村居民人均可支配收入增速持续提高，城乡收入倍差呈现递减的态势。

在总体收入分配差距中，城乡收入分配对总体影响比较大，其对总体影响达到了50%以上。而城乡收入差距将带来消极的社会影响：农村居民收入远低于城市不仅会压制农村居民的消费，进而压制了经济增长，而且这种贫富落差更成为农村人进城务工的拉力，随着人力资本流向城镇，城乡差距越发扩大，甚至贫富差距容易引发人们的不悦，影响社会稳定。

表5-3　2009—2017年中国城乡居民人均可支配收入情况

年份	城镇居民人均可支配收入/元	增速	农村居民人均可支配收入/元	增速	城乡人均收入倍差
2009	17174.7	—	5153.2	—	3.33
2010	19104.7	11.2%	5919.0	14.9%	3.23
2011	21809.8	14.1%	6977.3	17.9%	3.13
2012	24564.7	12.6%	7916.6	13.5%	3.10
2013	26955.1	9.7%	8895.9	12.4%	3.03
2014	28844.0	7.0%	9892.0	11.2%	2.92
2015	31195.3	8.2%	11422.0	15.4%	2.73
2016	33616.0	7.8%	12363.0	8.2%	2.72
2017	36396.0	8.3%	13432.0	8.6%	2.71

二、城镇化进程中城乡融合发展存在的问题

（一）伪城镇化

目前，中国对城乡的空间认识还存在模糊地带，往往表现为伪城镇化。主要现象是众多进城务工人员，尽管居住在市区里，并被纳入城市人口中，但他们并未获得城市户籍，仍然为农村户口，拥有宅基地、耕地。这只是土地的城镇化，城市中生活的一些人并没有真正融入当地。他们更加没有被纳入城市住房和社会保障体系，不能和城市居民享有同等的服务，其收入与消费也远低于城市居民。截至2016年中国城市化率达

57.35%，但在7.9亿城镇人口当中，约有2.9亿移民。可以看出，众多的农民工还未被纳入城市发展。农民工在科学、教育、文化、卫生等方面应享有的基本服务和福利也得不到保证。此外，伪城镇化带来了一系列消极影响，比如农村的留守问题，不利于农村产业长期化、规模化发展等。总之，“伪城镇化”阻碍了城乡融合发展。

（二）城乡缺乏统筹规划，城乡布局不合理

随着城镇化水平的提高，城乡界限早已模糊不清。但城镇化的发展并未把城市与农村统一全面地筹划，整体综合考虑，进而形成城乡二元化的局面。目前，制约其融合发展的原因有三方面。一是我国现有的县改市、地市合并、地改市只是表面上的城镇化，主要表现在农业户口比例大，仍有大量居民从事农业。这样的城市实际上是一个以城市为中心的广大区域，并不是真正的城镇化。二是如今中国城乡的界定标准比较混乱。这给国家制定并实施相关政策带来诸多不便，且直接引起政策指向的模糊。三是城乡的布局设计存在一些问题。目前，农村面积远大于市区。市区人口密度大大超过农村人口密度，这就是说短期内落实公共服务的均等化也比较困难。不合理的布局使得土地的利用效率也很低。当前，我国乡镇分散且空心化情况严重，大量的房子、耕地闲置，而城市有很多的高楼大厦，且彼此距离很近，十分密集。这种不合理的布局一方面有违一体化目标，另一方面浪费了大量优质土地。

（三）乡村不断消失或者空心化

20世纪90年代以来，随着中国大城市的迅速发展，一大批村里的学子或劳动力去往城镇求学、打工、经商，导致农村空心化。2015年底中国市区长期居住的人口为77116万人，比上年末的74916万人，增加了2200万人，农村长期居住的人口为60346万人，比上年的61866万人，减少了1520万人，而人户分离人口高达29200万人。

乡村空心化一方面是村庄大量土地废弃空置。城乡转型过程中农村人民期望能到城市得到更好的发展，施展才华，而不是回到农村继承一亩三分地，这导致了农村人去楼空。此外，建新不拆旧的现象也很多。在经济高速发展的如今，农村人经济实力提高，异地建宅能力提高，随着新宅的

建立，旧宅逐渐被废弃。另一方面是人口空心化。虽然目前我国的经济实现了飞跃发展，但是仍有许多落后贫穷的地方，当地居民的物质文化水平没有得到改善，再加上市区的众多就业机会吸引农村的主要劳动力，包括有技术、有想法的人接二连三地离开农村，去往城市，农村只剩下老弱妇孺。中国乡村空心化其实是城乡分离对立的结果，是城市太过吸纳乡村人力资本造成的乡村人才缺失、土地闲置。

（四）不充分的乡村发展让城乡愈发不平衡

近年来，农村土地大量被临近城镇占用并用于城市建设，城市版图愈发大，而农民被占用土地既失去了宅基地与经济收入来源的土地，又得不到应有的补偿费用和原本的收益，生存空间变小，生存保障减弱。同时，城市被绿化得越来越漂亮、质量越来越高，而农村绿化单一，质量低，垃圾随意堆倒；城市在教育、医疗、卫生、娱乐等方面便捷多样，而乡村在这方面却稀少、单一，甚至是没有。显然，我国城乡发展不平衡的情况还很严重，甚至可以说这已是国家发展不断强盛的绊马索。这也将产生“马太效应”，让差不多全部优等资源要素流入城市，而农村土地不断地缩减与荒废，农村人口只留下了老弱妇孺，农村变得愈发衰败、萧条。

城乡发展不平衡已成了国家经济和社会良性发展的阻碍。城乡融合发展的难点在于农村，需要在发展中兼顾农村，使发展成果遍及农民，城乡居民需要享有一致的服务、酬劳。而目前，我国乡村在软硬件设施方面与城市还相差甚远。国家在城乡的科学、教育、文娱、环境卫生等供给方面不等值，这在贫困偏远山区和大都市间尤其突出。例如，在科技方面，乡村科学技术取得了优异的成绩，可是城市与乡村科技技术发展水平仍然极其不平衡。此外，大多数村庄并没有专门的科技文化人员，多数是由村主任、村支书等人员兼顾科技文化方面的工作，然而他们的工作重心还在农村的平日管理上。虽然国家对乡村科教不断重视，也投入了大量的资金，但是乡村的科教依旧落后。

在教育方面，虽然农村同城市一样普及九年制义务教育，减免学杂费，减轻村里人些许负担，但农村与城市在普通初中、高中学校的建设上有一定的差距。2016年，城镇中学有6000多所，农村中学700所左右。且农村在教育投资、办学条件、教资水平方面仍与城市有差距。这些城乡教育不等值也使得城乡居民文化素质差距大。城乡居民文化素质差距主要体现在：一是农民文化水平偏低；二是农民掌握的科技知识较少，大多数农民还停留在小农经济上；三是农村大多数居民进取意识薄弱，很少有投资思想，很少会把农业做大做专做精。这不仅阻碍了农村农业的发展，而且直接影响着农民的就业和收入，在就业竞争中处于不利地位。

在医疗卫生方面，虽然中国在全国实行新型农村合作医疗（以下简称“新农合”），但中国城乡医疗卫生事业发展还是不平衡。一方面农村医疗卫生人员学历低、技术落后、缺乏培训交流，且农村医疗设备陈旧。目前，我国乡村医护的能力、操作技能与城市还差很多。如表5-4所示，每千人口卫生技术人员、执业医师、注册护士在2012—2016年城市是农村2倍多，每千人口医疗卫生床位也是农村的2倍。目前，农村医疗的困境是高学历人才奇缺，医疗队伍残缺不全，并且医学毕业生宁可自己开门诊，也不愿意到农村卫生所工作。

表5-4　2012—2016年城市与农村每千人口医疗卫生条件比较

年份	卫生技术人员/人		执业医师/人		注册护士/人		医疗卫生床位/个	
	城市	农村	城市	农村	城市	农村	城市	农村
2012	8.54	3.41	3.19	1.40	3.65	1.09	6.88	3.11
2013	9.18	3.63	3.39	1.48	4.00	1.22	7.36	3.35
2014	9.70	3.77	3.54	1.51	4.30	1.31	7.84	3.54
2015	10.21	3.90	3.72	1.55	4.58	1.39	8.27	3.71
2016	10.79	4.04	3.92	1.59	4.91	1.49	8.41	3.91

在基础设施方面，农村在交通、网络、路灯、绿化等方面都不如城市，整体水平偏低。比如很多村落的公路还未全面落实，路灯间距过大或没有路灯；电网落后陈旧；互联网还未普及；还没有电影院、图书馆等；绿化面积小或者没有；垃圾桶缺失，垃圾随意堆倒；自来水普及率低。

（五）乡村文化的衰弱

农村本应能够使农民工产生莼鲈之思，但目前大部分农村留不住乡情、记不住乡愁。文化是乡村发展的灵魂，是一座村落的根。但农村文化随着传统文化的流失和外来现代化因素的冲击逐渐的衰弱、消亡。一方面，滥办酒席、盲目攀比、赌博成风、重男轻女等陈规陋习加重农村人负担，阻碍村庄发展。另一方面，乡村本身的安贫乐道受到享乐主义的冲击，拜金主义、人情攀比败坏着民风民俗，破坏了乡村亲睦友善的人际关系。农村文化日益衰弱，逐渐失去其本有的文化自信和价值理念。此外，乡土情结愈发受到削弱。在中国旧社会里，由于交通、通信、网络的不发达以及国家宗族的约束，农民有着浓烈的乡土情结，他们与土地有着深厚的感情，而伴随全球化的多样文化冲击和经济的高速发展，这种乡土情结被快速冲击与消解。反之，带来的是对城市文化追逐情结的建立。乡村文化的衰弱与消亡，不仅会给当地农民带来消极影响，也会在村落治理中产生许多问题。例如农村的文化环境变得恶劣，传统养老模式陷入困境，农村安全出现问题等。同时也是对于多元文化的破坏。广阔的农村除了有山清水秀的自然风景，还有独特的文化传统和团结互助的人际关系。如今，怎样让乡村文化取精用宏，在乡村发展中延续下去，已是燃眉之急。

三、城乡融合发展与乡村振兴的关系

（一）乡村振兴需要城乡融合发展的推动

一直以来，我国实行城市和乡村差别发展，工业与农业的产品价格出现剪刀差，资源要素仅由村庄流通到市区，尤其在市场经济下，单向要素流动愈发严重，使得城乡发展越来越不平衡，制约着中国全面协调发展，成了国家发展的短板。而城乡融合发展可以使城乡在人口、资源、生态等方面形成双向互动、互为依存的形势，从而推动乡村振兴。只有城市和乡村同步发展、相互融合，才能真正实现乡村的崛起。

城乡发展的关键在于城乡互相促进，彼此依托，共同繁荣。乡村振兴，不能单从农村入手，更不能让乡村屈服于城市的统治，这不仅扭转不了城市高度繁荣而农村败落的局面，也实现不了城乡共同享有发展成果。当前，中国进入重要机遇期，同步促进村庄的进步，跟上时代的步伐更为紧迫，这就要求必须加快乡村的发展，缩小差距，实现同步融合发展。

（二）城乡融合发展也必须以乡村振兴为前提条件

改革开放40年，中国实现了飞跃发展，但乡村发展缓慢且落后，使我国进入了城乡发展的瓶颈期。目前，中国乡村发展差强人意，这决定着我国仍处于城镇化发展之中。中国农村未来的发展潜力和机遇都十分大，为了使农村成为更加宜居的美丽的生产生活新空间，乡村振兴战略可以说适逢其会。

我国突出特点是人口众多，城镇化进程速度快。这与欧美等发达国家的城镇化有所不同，因而不可能像欧美国家那样把人口全部向大中城市集中。因此，中国城乡发展最有效的途径是就近实现城镇化。所以，乡村的崛起兴盛是城市和乡村同步发展的先决条件。此外，城镇化既是人口市民化，即让流动人口得到当地户口，享有与城市居民同样的资源与服务，改变目前社会人口待遇区别化的情况，又是城乡产业融合，通过产业的融合带动农业、农村的进步，实现农村与城市的同步发展。所以，乡村兴盛是城市和乡村长久发展的推力。乡村振兴是对农村定位的慎重考虑，是对城乡关系与发展的真知灼见。总之，城乡融合发展也必须以乡村振兴为前提，这样乡村振兴方具持久生机，城市发展因此更添活力。

四、推动城乡融合发展，实现乡村振兴的建议

（一）合理规划乡村发展

目前，城中村、政府组织的撤村、搬迁卓有成效。尽管政府财政对农村大量支出，但偏远贫困的山区农村还是难以在各方面与城市融合，很多好政策难以长期实施下去。此外，通过革命红色小镇、历史文化名镇、美丽宜居小镇等特色小镇来促进有条件的镇带动经济发展。但由于受到政策的限制，特色小镇的数目有限，带动乡镇发展的作用也有限，因而对城乡融合发展的作用也是有限的。

因此，振兴乡村首先要对乡村发展精心规划。规划水平直接关系乡村发展水平，要发挥规划的龙头作用，兼顾各种资源，产生共鸣，形成合力集聚要素，减少盲目投资的危害。我们需要依据农村经济社会的发展现状，立足实际，通过重新分配，组合优化配置，实现乡村空间、土地、资源、政策的重新构建，研究政府专项计划，制定农村发展规划。主要对整体发展有巨大推动作用事项进行规划，突出农村特色，构建农村经济社会发展支柱产业，构建新型农业管理体系，引导投资，聚集力量，培育壮大新型商业实体，着力推进农村基础设施和公共产品建设，全面促进乡村居民房屋建设与环境综合治理，促进内部优化，实现融合发展。

（二）推动城乡均衡发展

我们可以参考国外乡村发展的先进模式。例如德国的城乡等值，使农村逐步消除了城市和乡村在生产和生活方面的差异，使得村庄在收入、公共设施、社会保障和公共服务等方面与城市一样。让城乡等值推动城乡融合发展，把城乡优势资源统筹利用，既要依靠市场机制推进城乡之间取一方之长补自己之短，相得益彰，也要通过宏观调控，促进农村各种资源要素、基础设施、公共服务不断发展、完善。

1.加大对乡村基础设施与公共服务投入

一要进一步加强乡村道路、通信、燃气、污水处理等基础设施建设，使乡村道路、通信、生活环境等跟上城市的水平，使农民也能享受到城市居民舒适方便的生活。虽然这些乡村道路、通信设施等与以前相比有了显著改善，但是其发展还是差强人意，这是约束乡村发展的主要原因。此外，要给村庄的公共服务注入资金。目前，村庄内部缺乏资金来源，公共服务的供给难以满足居民的需求。因此，增加对基础设施和公共服务的投入，对于农村发展十分重要。二要加快健全城乡保障体系。在就业、医疗、住房、最低生活、子女上学等城乡基本的制度保障上真正实现农村与城市人口等值，实行同等国民待遇。完善乡村人口养老保险的普及，让村民有安全感。调整农村最低保障，完善乡村社会救助，让农村人老有所依，还要健全新农合，让农村人生病不发愁。

2.通过乡村的发展推动城镇的发展，加强城市与乡村的同步发展

以往在发展中，由于中国大城市拥有强大虹吸效应，基本上农村的优质资源都去往城市。农村的吸引力很小，导致城乡发展失衡。党的十九大提出改善这种情况的新途径，需要更深入地挖掘城乡关系，健全城市与农村融合发展的制度，改变过去的单向流动并创建新的双向资源流。

城乡融合发展不仅需要激发农村内在动力与潜力，而且同样需要大量吸收乡村之外的资源；不仅要通过城市辐射效应使农村同步兴盛发展，而且要持续增加对乡村的资源注入；不仅要乡村振兴，而且要在人文、环境等方面形成独特吸引力。所以，城乡融合就是城乡双赢的局面。实施乡村振兴，必须统筹城乡公共服务和产品供给，增加其对乡村的供给，完善乡村公共服务，增加对乡村的公共财政支出，使城乡居民拥有同等的机会、

权利与服务。优化财政支出结构，加大对乡村地区科、教、文、卫等的投入。让资源要素配置得更加合理，从而实现城乡发展融合发展。

（三）人才破局，人才是发展的核心要素

1.改变城镇化进程中重城市轻乡村的认知

当前，一方面政府为了加快城镇化速度，缩小区域差距往往强调城市有限发展，并把资源大多投入城市的发展；另一方面，乡村的劳动力，尤其是人才越来越希望在城市发展，并留在城市中。因而，城市发展愈发快，乡村发展愈发慢，城乡之间的差异越发大。结果，城市发展加快，农村发展缓慢。因此，我们应该重视乡村的价值，改变重城市和轻农村的认识，走适合中国农村实践的城市化道路。

2.完善人才培育体系，鼓励人才流入

积极培育技术型乡村人才，提高农民的就业竞争力。积极健全农村成人教育机制，特别是加强农村职业技术培训，促进乡村创新创业。乡村教育要因材施教，因地制宜突出学员技能培养，教学策略要灵活，教学方法要喜闻乐见，并最大限度降低学员学习成本。积极培育现代农民，应结合时代要求，造就和吸引新型市场经营组织，通过多种方式培养现代职业农民，提高农村品牌顶尖设计意识，鼓励农民企业与家庭农场发展，支持农业龙头企业做大做佳。这样既让农民学习了技术，增加了收入，又在乡村形成良好的全民学习环境。

鼓励引导城市人才输入城郊农村。城郊农村吸引人才最终还是要靠乡村散发的魅力。乡村要充分考虑城市人群需求，更加注重质量、文化体验，思考自身有什么特色、有哪些优势资源、这些资源要如何扩大等。这些都对吸引和留住人才有益处。对于边远贫困乡村资源贫瘠、人才输入困难的地区，应通过当地政府力量，给予政策、资金等优惠，健全乡村人才培育体系，重点培养内部人才，联系外部人才。

3.加大对农村人才资本的投入

首先，培养现代职业农民是一份正外部性工作，需要国家社会投入资金。2014年、2015年政府财政在农村教育上投入11亿元，用来援助开办现代农民培养工作，2016年增加至13.9亿元，2017年再增加至15亿元，资金投入连续两年不断增加。连年投入大量资金，鼓励支持农村发展，推动

农村人才回流，并吸引一批有志扎根于乡村发展的人才投身其中。

其次，政策支持也有利于增强现代农民技术能力。尽管一些政府出台相关扶助政策，但大体而言政策的效用还很低下。一是改善政策环境，鼓励农民工返乡。农民工返乡工作创业，实际上就是劳动力资源的一种回流状态，可以大大缓解农村人力资源不足。对于很多农民工而言，去城镇工作、学习，背井离乡并非他们的本意，主要是迫于现实的压力。因此，政府可以出台相关扶助政策，如税收优惠、资金扶持、信贷支持等，鼓励这部分人回乡创业，将城市的发展模式、方法、技术带回农村，给农村地区未来发展带来活力。二是要研讨制订现代农民资助政策。在经济发展状况较好的村庄，探究摸索和健全现代技术农民保障体系，真正把现代技术农民发展成一种职业。

（四）切实加强产业培育和产业支撑，因地制宜发展新型产业

产业是乡村发展的基础。首先，第一产业必然会拓展出农产品加工业以及电子商务等新的经营形态；其次，第一产业也会延伸出许多新行业，如采摘园、农家乐、度假村、民宿等，还可以在农村开办生态旅游业、休闲养生场所等，满足目前都市人对休闲慢生活的需求。此外，农民可以参与到农村产业的开发经营中。农村通过把农业与加工业和服务业结合起来，让产品流入城市，把服务提供给城市，从而实现乡村振兴。

农村产业需要满足人们日新月异的需求。目前，中国经济实现了飞跃进步，人们的生活水平显著提高，因而愈发提出多方面的需要。要针对城市居民的需求发展新产业。一是发展优质、绿色健康、营养的农产品，以满足大众群体对农产品消费需求。二是发展特色农副产品，以适应都市人的多种需求，从而带动乡村发展。三是发展特色乡村旅游，发展特色村落。着力发展适合农村当地独一无二生态环境的高效农业和生态文化旅游产业。但发展中要切忌颠覆性地改变乡村的自然风貌、空间格局和人居环境，切忌生搬硬套城市建设的思维模式和管理方式。新农村不能成为城市建设的简单翻版，应该建成留得住乡愁的生态样板，成为文明富裕、更具韵味的美丽家园。改变农民以往仅能依靠种地和进城务工就业挣钱的局面，拓宽就业渠道，创造新的就业机会。

产业的长久兴盛还需要政府的强力支持。农村基础设施必须由政府投

资。此外，建立多渠道融资，研商农村政策，引导国家资金、城市资金、社会资金进入农村，振兴产业。

五、结论

我国城镇化发展已经历时半个世纪，纵观城镇化进程可以发现我国城市化起步晚、波动大，城乡发展不协调。为了全面建成小康社会，我们必须振兴乡村，让城乡融合发展。目前，我国城镇化进入瓶颈期，但不能因为有困难、有问题就否认城镇化的价值，而要在面对问题的同时积极想出路，不断促进城乡融合发展，促进乡村的振兴。

第三节　城镇化进程中乡村旅游转型

一、城镇化下乡村旅游发展的概况

国外和国内学者关于乡村旅游给出了很多种解释。英国学者认为，乡村旅游是农民或农村居民为了经济目的而进行的一项活动，在为旅游者提供了各项娱乐活动同时，也给旅游者带来优质的服务和精神的愉悦，而且是一种多方位的旅游活动。我国学者认为，乡村旅游是利用乡村自然景观、农家乐生活景观等自然资源条件，在城市以外的乡村地区，通过规划设计为消费者提供休闲、度假、娱乐等的一种新的旅游活动。农村经济发展最快最有效的方法就是具有新特色、新需求的旅游者人数的快速增加所带动的乡村旅游的快速发展。

新型城镇化的过程是不断缩小城乡差距，改善乡村基础设施的过程，客观上为提高乡村旅游地的可进入性，改善乡村地区的旅游基础设施提供了保障。我国2014年到2016年以来农家乐的发展状况如表5-5所示：

表5-5　我国2014—2016年农家乐发展状况

项　目	2014年	2015年	2016年
农家乐户数/万家	150	180	190
接待游客数/亿人次	10	11	20
营业收入额/亿元	3000	3500	3700

表5-5明显看出：随着我国乡村旅游业的快速发展，自2014年至2016

年以来农家乐户数、接待游客人数、年营业收入额都在持续增长。它体现了我国城乡居民生活水平显著提高、消费观念明显改变，以及收入普遍增加，人们更倾向于选择休闲型的农家乐旅游模式来满足自己的需求。

二、新型城镇化下乡村旅游发展现状

（一）新型城镇化下乡村旅游经济发展的优势及特点

我国各地乡村旅游发展的一大特征是各乡村之间通过融合发展、协调互补，调动出更多的资源和优势，实现了更快、更好的发展。新型城镇化背景下的乡村旅游发展，在一定程度上保存和传承了我国千年的传统文化底蕴，极大地丰富了乡村旅游产品，促进了其发展使消费者对休闲娱乐的需求得到了满足。旅游在一定程度上受教育水平的影响，人们受教育程度越高对旅游的需求越大，因此，随着我国教育水平的提高，很大程度上促进了乡村旅游的发展。

目前，我国以小镇旅游、农家乐、文化旅游等为主的乡村旅游发展模式呈现多元化，而且发展速度很快。在我国乡村旅游快速发展之后，游客带给农村居民的好处除了消费收入的增加之外，还推动加快了城乡一体化的进程，进一步缩小了城乡差距，给各地乡村带来了新的思想、新的观念以及新的生活方式，及时促进了信息流通与城乡经济共融，使农民文化程度提高。发展乡村旅游、农业休闲、农家乐，使农民的经济意识、服务意识有所提高，使产业经营与市场需求有了新的规划和对策。

新型城镇化要求通过产业结构优化摆脱过去单纯依靠工业化推动的局面，通过将农业、农产品加工业和第三产业有机联系在一起，拉长农业产业链条，实现三次产业融合发展，使新型城镇化走产业相互融合的道路，并且实现了乡村旅游发展的服务多样化。随着与乡村旅游产业价值链相关的医疗保健、商贸物流、会议展览、金融保险、信息服务等行业发展的日益成熟，其与乡村旅游业的发展关系日益紧密，使乡村旅游产业从单一化为主向集群化发展转变。

（二）新型城镇化下乡村旅游发展存在的问题

1.生态环境遭到破坏

新型城镇化下乡村旅游经济发展面临着许多问题，大多数的开发商及农户等片面追求经济利益，除了忽视对乡村旅游原生态元素的保护之外，轻视环境效益，导致生态环境遭到严重的破坏，不利于乡村旅游的可持续发展。在乡村旅游过程中，对生态环境的破坏主要表现在生活垃圾污染、水体污染、噪声污染以及对土壤的破坏等各方面。牺牲生态环境取得利益，是一件得不偿失的事情，也是被无数事实证明过的错误做法。

2. 乡村文化受损

部分乡村在开展乡村旅游时，人工痕迹过于明显，城市化倾向严重，影响乡村旅游的特色。因此在忽视自然规律的基础上发展乡村旅游，实际上是缺乏内在精神与文化价值的。在乡村旅游发展的同时，乡村旅游的传统文化在逐渐流失，例如一向以“茶文化”著名的杭州梅家坞，在发展以农家乐为主的乡村旅游业时，设置了让游客自主采摘、自主泡茶的项目，使很多经过传承的专业茶农变成了“拉客者”，使得拥有传统茶文化的茶农们集体淡出，游客们无法看到茶农的生活状态以及工作状态，把“茶文化”变成一种品牌在推广，使人们感受不到茶文化的原始魅力。乡村旅游发展的同时对乡村文化的伤害依旧在进一步扩大。城乡居民流动频繁且来自城市的开发商为了方便吸引游客，将乡村重建呈现出城镇化趋势，动摇了乡村传统文化发展的根基。

3. 以农家乐为主的乡村旅游的缺陷

我国以农家乐为主的乡村旅游方式缺乏品牌意识，使其服务质量差、管理不到位，在制约我国农家乐发展的同时也影响了我国旅游业经济效益的提高。农家乐的乡村旅游在经营过程中缺乏规划、盲目经营，而且经营项目单一、产品特色极少、基础设施不全、宣传力度不大，还存在季节性因素困扰、选址不当等问题。

4. 存在不均衡发展

我国一些村镇存在着对基础设施建设进行盲目扩张的问题，这样不仅超出了实际的需求，而且造成了不必要的浪费。同时，旅游资源不均衡，旅游信息不同步，使市场吸引力随之减弱。有的村镇发展迅速，各方面都去满足人们的需求，出现了极限运动如登山、野外生存、滑雪等，以市场导向为主，创新开发乡村旅游。如果乡村旅游存在长期的不均衡发展，在很大程度上将会影响旅游业整体的质量以及游客的满意度。

5. 乡村旅游发展基础设施不够完善，服务水平不高

乡村旅游的产生和发展取决于餐饮、旅游交通、住宿、通信等基础设施建设的完善水平。然而，目前我国农村依然存在着脏、乱、差的状况，基础设施及公共事业设施配置不完善，这在一定程度上限制了乡村旅游的开发和发展。总而言之，我国乡村旅游存在着很多问题，基础设施配备有着许多不足之处，服务接待水平也普遍较低，甚至有的乡村旅游经营者为了降低成本去扩大内需，有很多娱乐项目是缺乏新颖性的游玩项目，仅仅只是在欣赏景致、品尝农家美食之后成为纯粹的付费性体验活动，这很难引起消费者的兴趣。

6. 乡村旅游低水平开发、分散经营、内容单调、雷同非常严重，难以满足游客的多样化需求

以农家乐模式为例，以家庭为单位的农户，旅游开发理念和资金实力都有限，产品同质化现象严重，主要停留于观光、采摘、垂钓、吃农家餐等初级活动，缺少乡村文化的深度体验和参与性项目，不能满足游客向往自然、感受乡土风情、体验农耕文化等多元化、个性化需求。此外，乡村旅游还存在旅游项目少、服务质量不高等问题。

7. 乡村旅游发展对户籍制度的制约

乡村旅游的迅速发展使当地农民收入增加，“农转非”动力减退；乡村旅游开发导致土地流转困难增大，削弱了户籍制度改革力度。在开发乡村旅游的过程中，很多城市开发商会选择具有优良旅游性质的土地，而拥有优良旅游性质土地的农民会比其他农民获得更多收入，以至于拥有优良旅游性质土地的农民更不愿意更改自己的户籍而使自己不再拥有土地，因此乡村旅游发展极大地制约了我国户籍制度的改革。

8. 乡村旅游发展中各行业竞争压力加大

我国乡村旅游发展的开发商们大多数缺乏经营意识，而且人工成本持续升高，挤压企业利润空间。最关键的是行业竞争日益加剧，引发企业经营困难甚至停业、倒闭。随着旅游行业竞争压力的不断扩大，开发商采用低价经营，导致人们对产品的认可程度降低，企业虽然想通过采取薄利多销的战略来走出竞争压力，但是由于成本高，人们怀疑产品质量，导致企业更难经营。

9.农民参与程度偏低，利益被削减

新型城镇化是以人为本的城镇化，其关键是要通过发展乡村旅游来惠及广大农民，但目前农民参与度不高。由于缺少专门保护农民利益的组织，出现了政府主导下的外来资本经营模式脱离农民搞旅游的现象，使外来资本成为最大受益者，而农民利益被排除在外。外来投资者在利益分配中明显占优势，很多农民只能获得承包费用，且几个村民均摊下来只有很少的利益，同时还会影响农民的正常生活。

三、新型城镇化下乡村旅游的转型

（一）新型城镇化下乡村旅游转型方式

1.市场转型

随着乡村旅游的快速发展，我国乡村旅游逐步由传统的乡村观光过渡到自驾游的乡村休闲度假。旅游业进入以休闲娱乐、康体健身、休憩疗养为核心和目的的休闲度假旅游阶段。随着我国人口老龄化时代的到来，养生养老产业与旅游产业的融合发展正在持续加速，并且引起了大量学者、政府、旅游行业及投资者的广泛关注。因此乡村旅游市场转型最具潜力的方式是养生养老旅游。乡村旅游市场转型使乡村旅游不再单单只是乡村旅游，而是兼有乡村旅游和文化旅游的双重特征，使游客在观光中感受民俗风情、寓教于乐。这深受广大民众的欢迎，成为新时代的时尚旅游方式。

2.产品转型

这是一种采取以农家乐为主要模式的乡村旅游转型方式，通过培育特色产品与互联网、乡村旅游结合的模式来实现乡村旅游产品的转型升级。“互联网+乡村旅游”将开启我国乡村旅游经济发展的新模式，同时各地政府秉持着青山绿水就是金山银山的新的旅游发展理念，不再破坏生态环境，而是巧妙利用生态环境，通过采取农家乐的形式，建立农家乐旅游网，搭建乡村旅游电子商务平台，通过为消费者提供自己动手的高品质乡村旅游产品来满足消费者的个性化需求，加快与电子商务的融合发展，多渠道地提高农民的收入以推动乡村旅游经济的快速发展。

3.服务转型

利用移动互联网、手机应用软件等新一代信息技术和工具与游客沟通交流和提供服务，适应了新时代游客移动消费的生活方式。通过在互联网上传递旅游信息，让游客搜集到旅游信息、旅游地导航、旅游导览等旅游服务，使旅游更为便捷。同时，不断提升服务者文化水平、知识技能水平以及综合素质来满足消费者的需求，提升服务品质。

4. 管理转型

工作重点要从对旅行社的行业管理转向对旅游管理人员的优质培训，使旅游管理人员能主动适应景区发展新常态，对旅游行业的持续、健康发展有助推作用。在管理方式上，从传统的粗放型管理转变为现代的系统化及集约化管理，通过对乡村各种资源的高效整合，提高乡村公共服务水平和社会综合治理能力。在管理模式上，采取新的现代式的动态管理，随时随地更新观察管理，根据掌握的动态信息提高管理水平及管理效率。

（二）产品转型

1. 以农家乐为主要模式的产品转型

我国乡村旅游产品转型主要以农家乐为主。农家乐是一种新兴的旅游休闲形式，是农民向城市现代人提供的一种回归自然从而获得身心放松、精神愉悦的休闲旅游方式。一般而言，农家乐具有环境优美、空气新鲜等优势，吸引了很多大城市的上班族。最近综艺节目数量持续增加，大多数综艺节目的选址更倾向于乡村的农家乐，在《向往的生活》里，明星在乡村农家乐体验生活，为广大城镇居民选择农家乐提供了一定的参考。“农家乐”旅游的雏形来自国内外的乡村旅游，带有浓浓的民风、民俗，并具有鲜明的乡土烙印。此外，旅游需求的多样化、休闲时间的增加、生活水平的提高及城市的快速发展，必然导致“文明病”和“城市病”的加重，这是乡村旅游产品转型的机会。

我国旅游行业城镇居民、农村居民人数普遍增加，人均消费普遍上涨，旅游人数也在持续增加，人们在旅游行业的消费水平随着现在生活水平的提高而显著提升。同时，我国城镇居民的旅游人数和消费水平相对来说比农村居民有较大幅度的上涨。近年来，以“住农家乐、吃农家乐、干农家活、享农家乐”为主题的农家乐逐渐风靡全国。因此，农家乐成为广大农民了解城市的“风向标”，以农家乐为主的三种模式的乡村旅游正在广泛发展。三种主要模式分别是观光型农家乐——时令果园模式、文化型农家乐——专业农场模式、休闲型农家乐——休闲农庄模式。这些模式对于促进我国乡村旅游农家乐的发展有积极作用。

2.四川成都市锦江区农家乐案例

高雅的文化创意产业与四川的农家乐跨界融合已经出现在成都锦江区三圣乡国家AAAA级风景名胜区，一种由农家乐和文创产业融合而生的“艺术农家乐”正在迅速崛起，为三圣花乡传统产业的转型升级和可持续发展注入持续动力。

四川是乡村旅游的发源地，真正以“农家乐”命名的乡村旅游始于1987年在休闲之都——成都郊区龙泉驿书房村举办的桃花节。此次桃花节被认为是一种全新的乡村旅游形式，因为它将农家乐与休闲旅游完美结合，不但有风光旖旎的田园美景，还有质朴的民风民俗。在四川成都锦江区有一个荷乡雅园山庄农家乐，它成立于2005年，坐落于成都市锦江区三圣乡五朵金花之一的荷塘月色。这里有着新鲜的空气和优美的环境，深受人们的热爱：在这里，人们可以去田园采摘新鲜的果实，这里的果实都是纯天然的；在这里，人们还可以和亲朋好友一起畅游农园；当游客玩累了，这里还有许多具有当地特色的菜肴，所用的原材料都是农家自养自种的，有鱼、虾、蟹，散养鸡，乡村土菜、水果等。游客黄昏时还能在小河边烧烤。当深夜到来时，游客们还可以放声唱歌，玩一些棋牌等来享受这个夜晚。四川成都市锦江区农家乐从方方面面打造着乡村生活的体验区，成功地吸引了不同的消费人群。为了进一步提升农家乐的发展水平，四川采用了星级评定。2016年，四川省先后评定了六大标准，为了保障农家乐的安全经营，还要将其纳入旅馆类进行管理。

“一村一品、一乡一业”的独特产业在这五个村子形成并通过互相扶持、错位发展、因地制宜，带动这里的农民走上了脱贫致富的道路。著名的“五朵金花”充分糅合了生态化持续发展的理念，融合了乡村风光、居所、文化、民俗风情、生产形态、生活方式等要素，在结合乡村旅游与乡村经济发展方面成为典型。

3.案例总结及分析

通过上述案例总结得出：发展特色乡村旅游的农家乐模式，需要充分利用资源和环境优势打造出具有各种特色的乡村旅游。政府应大力扶持建成一批各具特色的农家乐旅游景区，也应该扶持培育旅游商品生产企业，引进国内外优质企业开发、生产出更具特色的乡村旅游商品。随着自驾游、家庭游成为大多数市民选择的出游方式，涌现出了一批高规模、上档次、有特色的农家乐。很多农家乐经营者为了让自己的农家乐外观别具一格，对原有的农房进行了扩建和改装，使其成为具有中式建筑风格的农家乐，在一定程度上大大吸引了游客，提高了游客的满意程度。总而言之，农家乐成为现在乡村旅游发展快速提高的最佳选择。

乡村旅游在面对消费者对旅游方式的选择与需求的改变时需要进一步转型升级。经营者需要对美丽乡村的建设具备“文创+”的理念和“互联网+”的理念，这是一种文化与互联网于一体的新型旅游发展创新思维，并且在很大程度上助推了乡村旅游的转型升级。此外，消费者已经步入自己动手（DIY）的消费时代，因此经营者需要提高自己的创新意识，打造一批具有创意品牌的农产品，通过“网络范儿”视觉与文化包装，使品牌拥有鲜活的生命力。

四、新型城镇化下乡村旅游转型升级的策略

（一）新型城镇化下乡村旅游转型方式调研分析

通过以上分析可明显看出我国新型城镇化下乡村旅游转型方式最有效的是以农家乐为主要模式的产品转型方式。由于大多数农家乐对城市的依附力很强，农家乐经营模式的选择与周边城市的特色文化、生活方式有较大关联。虽然我国的农家乐发展非常迅速，但是采取“自由、分散经营管理”模式的农家乐数量、种类多，又大多雷同，加上竞争环境相对自由，每个业主都有机会参与到开办农家乐当中，而不是每个经营者都能成为优胜者。因此通过上述案例可发现，只有当各乡村协调发展农家乐，不断根据市场改变经营项目以吸引游客、提供优质服务、优化管理，才能在竞争中取胜。

（二）新型城镇化下乡村旅游转型升级实施策略

1.加强生态文明建设、协同发展，提升产品多样化

政府及经营者需要积极拓展并延伸乡村旅游的产业链，同时处理好与生态文明之间的关系，注入生态服务理念，因地制宜，保护乡村环境，提升服务档次。

乡村旅游经营者应该加速周边产业的联动发展，可以附带销售一些基于乡村旅游、主打休闲娱乐的各类消费产品，譬如游乐健身器材、休闲运动书籍、原生态文化旅游影像等，又如农村本地的衣帽、工艺品、生活用品等小物件。这样开发更宽领域的产品及活动，不仅有利于乡村旅游产品多样化的发展，同时带动了周边产业的快速发展及人们收入水平的快速提高。

2. 推动乡村旅游向乡村旅游生活转变

现如今，很多乡镇在春天来临的时候举办各种类似于桃花节这样的旅游活动以吸引来自城市的游客。游客会去欣赏美景、呼吸新鲜空气、体验贴近大自然的感觉，大家也都称此为“踏青”。这还会吸引大多数摄影爱好者，同时举办农家宴会，有野餐、娱乐晚会、各种农家小吃，不仅能带动乡村旅游的发展，而且能增加居民收入，这样的农家乐的产品转型方式也深受城乡居民的热爱。乡村旅游产品向创新化、体验化转型，从服务经济向体验经济升级，在原有“农家乐”“渔家乐”的基础上，开发更多的娱乐性强、体验性强的休闲娱乐项目，助推从乡村旅游到以农家乐为主的乡村旅游生活的转变。

3. 加强政府、商家、农民多方合作

为了更好地推进乡村旅游经济发展转型，还应该加强政府、商家以及农村居民多方合作。政府与当地相关部门认真思考农家乐的发展策略，统一规划农家乐，如将分散具有特色的乡村小院、各乡村结合相互协调发展。开发商需要正确处理好农家乐各种模式的乡村旅游。旅游品牌的推广还需大量的旅游宣传做支撑，要利用好报纸、电视等传统媒体进行宣传报道，增强宣传效应，构建以休闲采摘为基础、以文化生态为主导、以山地度假为特色的休闲度假旅游体系，创建“生活式度假”新模式。

4. 打造农家乐经营模式标准化

农家乐经营者从事统一的经营模式时，可加盟农家乐经营方面的公司，需要按照公司规定的标准进行房间的装修和改造，并要通过公司的检查，还要接受公司的统一培训，培训合格后方可参与经营。同时，需要公司的统一管理。农家乐经营者通过制定统一的标准，使服务、建设、经营管理规范化，从而达到共同繁荣，同时，各经营者之间能优化管理、方便协调，从而达到互利共赢。

5.不断改善乡村旅游基础设施

当前，影响我国乡村旅游发展最主要的原因就是“农家乐”基础设施、基本消防条件、服务管理设施落后。因此在乡村旅游开发中，中央和地方要加大扶持力度，完善相关政策，增加资金投入，加快乡村公路和道路、停车场站的建设，加强同交通部门的协作，开辟城乡旅游交通专线，切实解决城市居民的出游困难。

6.努力发挥资源优势，加快农村转型升级

旅游持续发展的基础是旅游吸引要素（资源）引力可持续性的保持。政府和农家乐户主应充分发挥各种资源优势及区位优势，使农家乐的服务更加周到、器具更加齐全、环境更加清洁安全、质量更加符合标准，加快农村的经济转型升级，以提高农民的收入水平，进而推进乡村旅游的快速发展。

7.发展“互联网+”的新模式

对于以农家乐为主的乡村旅游经济的发展，更重要的是需要采用“互联网+”模式。游客可以在手机上下载所在农家乐的导航系统，采用互联网全球定位系统对游客的手机进行定位及语音播报。定位可以避免游客意外走失，语音播报是对游客所在位置的独特风景进行简单介绍或对该位置的建筑物、民俗民风进行简单描述等。互联网乡村显然应该是以产品建设为基本，将先进的科学技术作为支撑互联网的形式。因此，乡村旅游在具备“互联网”模式的消费思维情况下获得可持续性发展，来实现旅游产品的转型升级。随着互联网的发展，农家乐也应该结合互联网出现新的合作方式，比如农家客、农家院、农家乐、农家乐联盟网等一系列网站的出现，在为农家乐发展创造了机会的同时大大促进了新型城镇化下乡村旅游的发展。

第四节　新型城镇化进程中乡村旅游生态化转型

一、相关概念介绍

新型城镇化指的是城乡融合、资源优化、生态宜居、和谐共存为主要特征的绿色发展思想和方式，一般来讲就是在发展过程中同时兼顾生态环境的城镇化。生态化是此背景下乡村旅游的要求。乡村旅游生态化是指在新时期环境背景下，乡村发展不能只是看重经济收益，还要兼顾环境保护、人文理念、乡村和谐的平衡发展，多方面融合将旅游与生态相结合来推动转型，打造生态化的乡村旅游。

乡村旅游生态化转型是一个潜移默化的渐进过程，不可能一步成功，更不应急躁过度。它强调对原始生态特色的追求和保护环境功能，为了使农村建设千村一面的局面被打破，对乡村旅游的环境质量提出了更高的要求。转型设计和规划的定位准确，体现出专业化的水准，以对环境质量的严格要求。同时乡村生态旅游发展因地区差异而不同，转型的方式也不尽相同，因此要因地施策，根据乡村的自然和人文进行规划。

二、乡村旅游生态化转型的现状分析和意义

（一）现状

随着改革的不断深入发展，中国已经进入了中国特色社会主义的新时期，乡村振兴战略的实施，是缩小城乡差距、实现小康社会决胜时期的重要战略决策。农村的发展与所有农民息息相关，生态化转型是乡村旅游的一次改革，也是乡村旅游转型道路上的动力源泉，更好地为转型提供了前行的能量。

乡村旅游生态化在新型城镇化过程中有着光明的前景。首先，广阔的土地和丰富的乡村旅游资源，富有民族特色的小镇、风光秀美的山寨、人杰地灵的村落等各具特色的乡村生态环境为其转型提供了合适的机遇；其次，国家乡村振兴战略的推进，给生态转型提供了更多的政策引导和支持；最后，乡村旅游生态化涉及人员众多，对绿色生态化理念的深入传播有着重大意义。乡村旅游生态化转型适应了新时期可持续发展的理念，同时也面临着很多考验和困难。怎样去更好地平稳地转型，把生态化转型落到实处，是五位一体绿色发展理念的体现，是值得进一步研究的课题。

（二）意义

1.促进乡村振兴战略实施

生态化转型是乡村旅游发展和变革的一项重要措施，是乡村旅游经济可持续发展必不可少的环节，符合当前乡村振兴战略的实施方向。乡村旅

游生态化转型强调乡村生态优势的转化，构建农村产业融合发展体系，促进农业、农村现代化基本实现，为乡村全面振兴打好基础，实现农业强、农村美、农民富，促进乡村振兴战略实施。

2.营造旅游行业高品质发展环境

生态文明同旅游经济相联合，一方面能够促进乡村旅游业的发展，巩固乡村生态化薄弱环节，更好地为乡村旅游绿色改革转型提供动力；另一方面，能进一步规范旅游经营者的行为，对其环保意识的提升也起着潜移默化的作用，使生态化观念更加普及，更好地适应新时期乡村旅游生态化发展的需求，促进旅游行业结构的完善，为旅游业发展扎根打基，构建优良环境。

3.转型对于农村环境的保护和改善也是有益处的

转型不但可以保护乡村现有生态的基本原貌，更好地展示原生态的魅力，而且对于以往破坏的环境还可以通过新的办法去修复和弥补，增强农村环境质量，使乡村居民能够更好地生活在健康绿色的环境中，满足当代乡村旅游发展的要求。转型对于生态化的严格要求，符合当下农村发展的一些新理念，将进一步激发乡村的原生活力，平稳渡过生态化转型期，能创设出更多的生态化革新道路，进而巩固生态旅游。

4.优化更新乡村旅游管理经营方式，促进城乡统筹

生态化转型扮演着重要角色，适应了当下生态发展的新要求。生态作为转型的基础，对于促进乡村旅游资源的结构调整非常关键，能为其持续健康发展铺路，使生态结构更趋完善。更替落后的设备，变更经营模式，使生态化转型下的旅游开发更加协调，充满活力，以满足当代旅游市场的需求，还能够优化经营方式，提高乡村旅游品质的认可度。在乡村旅游生态化转型过程中，既要注重自身资源优势的开发利用，也要注重结合城乡一体化规划，实现城乡之间的发展融合，缩小城乡差距。同时生态化转型符合城乡一体化标准，与新型城镇化建设中的生态化要求相协调，为新型城镇化提供保障，促成新型城镇化。

三、乡村旅游生态化转型存在的问题

新型城镇化的核心就是兼顾人文和生态的转型发展，不以污染乡村环境为代价，而要本着均衡各方利益的思想，使生态文明与经济发展相得益

彰。将人文理念贯穿在更好地长远规划乡村旅游中，能够不断地适应新的发展需求。然而，随着新型城镇化的加紧发展，或多或少地出现了一些问题。

（一）对乡村旅游生态化宣传不足，过多地追逐经济效益使得经营者生态化转型观念薄弱

新型城镇化对于生态文明的认识上，要求旅游各方面的参与者具有强烈的生态化意识。在转型期，需要更多的人去理解生态保护意识和人文理念。经济利益与生态利益取舍的选择是两难的，在双重挤压下选择了经济利益，忽视了生态，会加大后续发展的隐患。生态发展是乡村旅游转型的最终追求，经营者生态化意识问题淡薄的主要原因有：

1.村民文化素质较低

乡村旅游的经营主体是农民，由于其各方面专业知识匮乏，缺乏总体把控意识，且观念老旧，直接导致经营者的生态化意识淡薄。许多低水平的经营者只在乎当下利益，为了开发更多的乡村旅游项目和产品，没有注重旅游开发带来的负面影响，对破坏的环境置之不理，给生态环境造成了严重的打击，致使其生态化之路走得十分艰难。“各扫门前雪”被广泛应用于乡村旅游生态转型管理中，在资源共享和利用上比较保守，缺乏协商合作意识，很难建立利益共同体，不利于合作效能和集体智慧的充分发挥，阻碍了乡村旅游生态转型的健康发展。

2.城乡经济的不均衡发展是加剧生态化转型意识淡薄的重要因素

新型城镇化需要社会各方力量、各个部门，以各种方式相互融合发展。从新中国成立初期的计划经济到后来的市场经济，从先沿海后内陆，从先城市后农村的发展历程，致使城乡的发展差距不断拉大。因而乡村的发展资金积累少，经济基础薄弱，乡村发展观念也相对落后，生产、生活方式滞后，乡村旅游生态化内生动力不足。

3.乡村旅游生态化宣传还不够到位

在转型深化的进程中，绿色发展的理念不能很好地得到落实。许多乡村旅游经营者不能深刻理解乡村旅游生态化转型的真正内涵，而是只关注乡村旅游带来的经济效益，对于乡村旅游生态环境根本就无暇顾及。此外，政府对乡村旅游生态化转型的倾斜政策宣传力度不够，乡村旅游经营者对此了解甚少，一些会议精神和相应的政策不能及时有力地准确传达，信息交流中存在沟通障碍，这是乡村生态化转型不尽如人意的地方。

（二）政府对于乡村旅游生态化的政策扶持不到位，资金投放不足

新型城镇化道路上，政府作为乡村旅游转型的引导者和推动者，与乡村旅游生态化有着密不可分的联系，存在一些问题：

1.政府关于生态化转型政策落实不到位

（1）没有设立专门的管理服务机构。政府针对生态化转型的政策和措施较少，乡村旅游生态化的指导存在盲区，缺乏相应对策。政府指导不到位是转型问题的症结之一。改变政府调节措施，更多地从细处落实，加强对转型的指导和扶持是政府应该下功夫的地方。

（2）政府相关部门的监管不到位。一些监管部门形同虚设，在处理关于乡村旅游生态问题时，走马观花，不能从根本上解决问题，比如说对于乡村旅游环境污染等问题，发现问题不及时，监管方式局限，处理力度不够。一些乡村旅游经营者，宁愿交罚款也不愿意将旅游产品和设施进行改造和升级，给生态化增加了困难。

2.政府对乡村旅游生态化投放的资金量少质差

（1）政府资金的不均衡使用。由于每个地方的财政收入不同，当地的经济收入也不尽相同。一些贫困县当地收入少，除了正常的财政支出外，几乎没有多余的财力去投入乡村旅游生态化转型，即使一些政府有一定能力投入资金，但为了追求GDP，更愿意将资金投到可增加更多GDP的项目上，对于生态化方面的投入必然非常少，这大大制约了生态化转型。

（2）政府资金利用率低。政府下拨到乡村用于发展乡村旅游生态化转型的资金真正用到实处的较少，乡村旅游生态化转型的政府推力保障较少，政府资金推动生态化的能力不足，致使其基础设施落后。

（三）乡村旅游生态化基础设施滞后，服务接待水平低

完善的基础设施是新型城镇化发展要求具备的基本条件，乡村旅游基础设施相较于城市存在很大差距，服务接待水平比较低，阻碍乡村旅游的生态化发展。基础设施存在的问题如下：

1.硬件设施不完善

硬件设施的完善程度决定了乡村旅游生态化转型的实现环境，乡村经

济的落后直接导致了硬件设施的不完善。

2. 卫生状况堪忧，环卫设施滞后

好的乡村环境是村镇健康发展的前提和基础，而乡村环卫设施确保了转型的便利性。任何一个细节的缺失都会使得游客的体验度下降。但有些农民为了片面追求高产，农药、化肥使用过量，焚烧秸秆，污染空气、土壤和水源；许多小作坊也并没有合理规划到生态范围之内；许多环保设施不齐全，比如很多乡村根本就没有垃圾桶、垃圾站，污染物几乎没法做到集中归类处理，给生态环境造成极大的危害。

3. 交通不畅和绿化不良

在旅游的维系设施中，道路是首要的，起着神经枢纽的作用。它不光影响着乡村的连通性，同时也对乡村的游客量有影响。只有路通才能够促进信息交流，才能够有条件搞好基础建设。因此要想发展乡村旅游，交通便利是必需基础，是生态化的必备要素。目前，仍存在乡村道路硬化率低的问题，许多乡村只有崎岖小路，不利于汽车等交通工具的顺利行进；有的乡村虽然有比较便利的道路，但是缺乏生态化要素，绿化状况不良，并不能有效吸引大量游客。

4. 服务接待水平较低

服务接待包括住宿、餐饮、购物等。因游客使用频率高，故其质量问题关系着游客的安全。乡村旅游经营者多是村民，文化素质较低，对乡村旅游生态化不了解，不能接受新兴的生态旅游理念，游客的住宿选择少，条件差；乡村餐饮档次低，卫生安全系数低。

（四）乡村旅游生态化转型发展模式单一，旅游产品缺乏特色，抗风险能力低，不易长久持续发展

新型城镇化致力于形成新的乡村文明，并使其辐射到广大农村，形成新的生产发展模式，并不断提高乡村旅游质量。乡村旅游生态化不易推进主要原因是：

1. 乡村旅游发展模式单一

多数经营者是分散经营，以个体为单元经营模式，发展领域小，分散化严重，不利于集体化的管理，在生态化转型上存在很大局限性，当遇到外在阻碍时，应对能力相对较弱，不利于生态化转型长远规划。

2. 乡村旅游产品特质比较单一，缺乏特性

生态化转型的产品单一性也是发展过程中的一个瓶颈，一些乡村旅游生态化产品被到处模仿。当你到不同乡村旅游景点时，可能会发现它们其实大同小异，缺少分辨度，没有独特之处，这样就很难吸引消费者，极大地减缓了乡村旅游收入提升的速度，给生态化转型也带来阻力。

3. 乡村旅游生态化创新动能不足

创新是第一动力，乡村旅游经营者创新积极性不高，因循守旧，认为乡村旅游生态化转型没有必要，只要维持现状也可以获得相对丰厚的收入，保守经营，没有把目光投放到市场中去，生态化转型产品缺乏创意，不能适应时代潮流。

4. 乡村旅游抗风险能力低

由于乡村旅游经营规模小，市场范围小，没有完善的经营和防范机制，收入也相对较少，抗风险能力低，遇到一些突发状况时，难以独立应付。而且农村土地产权不清晰，经营不稳定、不规范等会增加乡村旅游生态化转型不确定风险。

四、新型城镇化与乡村旅游生态化转型的关系分析

（一）新型城镇化对乡村旅游生态化转型的影响

新型城镇化对乡村旅游生态方面有了更严格的要求，对乡村生态环境改善有许多好处。新型城镇化是缩小城乡差距的过程，符合城乡统筹发展理念，增加了乡村旅游收入，改善就业，促进了乡村旅游经营方式变革。从表5-6可以看从2008—2016年新型城镇化率从46.99%提高到57.35%，乡村旅游人次和收入均保持着持续增长态势。截止到2016年底，乡村旅游接待游客飞跃至24亿人次，收入从2008年的560亿元增长到5700亿元，占国内旅游总收入的比重达到14.47%。收入的飞速增加为生态化转型打好了经济基础。新型城镇化促使农业性能向多方面转化，为旅游提供更多服务，满足公众对绿色生活的需求。

表 5-6　2008—2016 年我国新型城镇化率和乡村旅游状况

年份	新型城镇化率	乡村旅游接待游客/亿人次	乡村旅游收入/亿元	乡村旅游收入占国内旅游总收入比重
2008	46.99%	3	560	6.40%
2009	48.34%	3.4	800	7.86%
2010	49.56%	4	1200	9.54%
2011	51.27%	6	2160	11.19%
2012	52.57%	8	2400	10.56%
2013	53.73%	10	2800	10.65%
2014	54.77%	12	3200	10.56%
2015	56.10%	22	4400	12.87%
2016	57.35%	24	5700	14.47%

注：表内数据来自农业部。

（二）乡村旅游生态化对新型城镇化的推动作用

生态化转型适应新型城镇化的要求，可以调整农村产业结构，改变一些固有的经营方式，使农村发展不断适应新的需求。同时进一步改善旅游环境，整体提升乡村面貌，丰富乡村的文化内涵素养，为满足游客的需求，使转型更加彻底完善。乡村旅游生态化转型带动交通、餐饮等多行业集约发展，促进就业，以生态提供为基础促进农村产业结构优化。坚持以生态绿色的理念进一步缩小乡镇之间的距离，全面提升新型城镇化转型水平，实现绿色生态乡村。

五、乡村旅游生态化在新型城镇化背景下的建议

新型城镇化进程中如何做好乡村旅游生态转型，是有必要长期研究的课题。新型城镇化要求“既要金山银山，又要青山绿水”，针对乡村旅游生态化中存在的问题，有如下建议：

（一）加大对乡村旅游生态化转型内涵的宣传力度，提高村民素质，建立乡村旅游生态化转型合作社，共享生态旅游资源信息

新型城镇化要以绿色理念来推进，应注重生态知识宣传教育，促进乡村旅游生态化。

1. 乡村旅游生态化宣传需要多部门以多种方式来促进

（1）政府要加大宣传力度。要做好基础网络，构建宣传系统框架，增强生态意识。为了使生态化转型的观念深入人心，政府部门还可以通过工作人员包村入户的形式深入基层一线，主动到乡村旅游的经营者、参与者家中，宣传生态化转型的知识，让更多的人了解关于政府在此方面的惠农扶持政策，并且做好登记和回访工作。事后要积极主动地向领导汇报相关工作，按照领导的要求去帮助那些有志愿转型发展的旅游经营者，让扶持政策能够落到实处。另外，国家的机关部门要深入扎实地推进各方面的工作，在新型城镇化进程中发挥好监督管理作用，做好乡村旅游生态化转型宣传工作，更积极地参与到转型工作中。在乡村旅游生态化转型中给予更多的便利和保障，使乡村旅游生态化得以开展。此外，还可以定期组织生态话题活动，比如浙江旅游部门举办的“诗画浙江美丽乡村”主题活动，全方位地展示浙江的生态美景，在乡村生态旅游的转型升级方面具有标杆意义。

（2）新媒体的成长也为旅游乡村生态化宣传提供了有力的支持。新媒体如网络电视、公共屏幕等要制作精致的宣传片，在公益宣传片中贯穿乡村旅游生态化转型理念，让更多的人了解乡村旅游生态化的内涵，去接受和感悟这一绿色理念，积极参与到塑造旅游生态化新村镇中去。另外，还可以借助一时间风靡的“百万英雄”“冲顶大会”等游戏活动，以答题互动和视频互动的形式宣传乡村旅游生态化转型，使得乡村旅游绿色理念得到人民群众的广泛认同和支持。

（3）建立乡村旅游生态化合作机构。以乡镇或村为单位主体建立专门的合作社，让乡村旅游经营者和更多地参与者加入其中。以合作社为载体，将原来分散的力量会集起来，便于乡村旅游生态化转型的管理，为公众提供更好的服务。这对于生态发展、人民增收都是有益处的。乡村旅游生态化转型合作社还可以使资源共享，使得乡村旅游生态化转型合作社之间、合作社成员之间的乡村旅游生态化转型资源和信息交流更加通畅，更好地服务乡村旅游。

2. 提高村民在生态化转型中扮演的角色地位

在城镇化过程中，良好素质能够使生态化转型获得更大成功，具体推进方法如下：

（1）组织专门的生态化转型培训班，对旅游经营者进行集中培训，使他们深刻了解生态化转型的内涵和意义，提高他们的管理能力和服务水平。当地所有从业人员都要实行持证上岗，从而提高从业标准和人员素质。同时也要注意对高层次专业人才和管理人才的培养，从而提升乡村的整体服务水平，为生态化转型经营提供更多的帮助指导。

（2）在村里主要街道的墙面上制作文化墙，绘制生态化转型宣传标识和公益漫画，例如像“青山清我目，流水净我耳”等，营造出一个乡村旅游生态化转型的良好氛围，使每个旅游参与者耳濡目染，接受和理解生态化转型，成为转型的践行者。

（3）村委会联合相关部门定期组织举办以乡村旅游生态化转型为主题的活动，比如乡村旅游生态化转型知识竞赛、宣传讲座，通过发放小礼品和纪念品等方式，吸引更多乡村旅游经营者积极参与。

（二）政府完善乡村旅游生态化扶持政策，设立专门生态化资金库

1.乡村旅游生态化扶持政策的完善是确实有效的方法

新型城镇化过程中，政府作为规范、引导、扶持与推动的主体，主要从以下两方面来完善乡村旅游生态化转型政策：

（1）约束性政策。政府应该出台关于乡村旅游生态化转型相关的法规，用制度来制约行为，把规矩挺在前面，发挥领导带头垂范作用。通过国家多方面的政策和措施，比如尽快制定出乡村旅游服务的规则和方法，让更多的旅游参与者积极参与到乡村旅游生态化转型之中，贡献出自己的能力，建设绿色的生态乡村旅游，推进其平稳发展。

（2）激励性政策。激励性政策就是在乡村旅游生态化转型上给予政策倾斜，由此激发乡村旅游经营者参与的积极性。政府应制定普惠政策，帮助愿意参与转型的经营者。对乡村旅游给予更多支持，并将乡村旅游的开发列入长远计划当中，通过鼓励政策，让更多的乡村旅游经营者加入转型行列中。

2.设立专门的资金库

新型城镇化要求资源合理配置，对于资金也必须有效、充分和合理利用。

（1）政府对于乡村旅游生态化转型发展中薄弱的环节要给予资金支

持，使生态化转型能够顺利进行，并且加大对乡村旅游生态化转型资金的投入，专门设立资金库，有方向性地投放资金。对于在转型发展中有突出表现的乡村旅游经营者可以进行嘉奖和鼓励，搞好生态环境，让资金用在刀刃上。

（2）环保局在资金的监管方面一定要认真落实，把专门资金库利用好，使它在乡村旅游生态化转型中发挥最大的效用。绿色宜居是当前乡村转型的理念，乡村环境治理关系着转型的质量。良好的村容村貌是生态化转型的需要，所以政府要从多方面入手，治理乡村生态环境，通过出台政策和措施，增加管理人员，建立长期的监管机制，监督和规范各种破坏乡村旅游生态环境的做法，保护好乡村生态化转型，创造一片净土。

（三）完善配套生态基础设施，强化管理，提升整体服务水平

在生态化转型过程中，完善基础设施建设起着关键的作用，对于提升乡村旅游整体服务水平十分重要，只有各方面相互配合、相互融合才能够调动各方面最大积极性，完善新型城镇化。

1. 硬件设施质量需提升

由于受经济等因素的制约，乡村的硬件服务设施落后，使得乡村旅游服务接待水平相对较低。乡村与城市相比，设施条件存在差距，跟不上城市的脚步，游客很难获得满足感和幸福感。因此，政府和旅游经营者要更加注重提升游客在乡村旅游生态化转型中对硬件设施的体验感，比如说更换一些新型科技化的设备，一些更加符合发展需求的产品，解决好这些普遍存在的硬件问题。

2. 乡村环境卫生状况需要改进

乡村生态环境卫生对乡村旅游来说，不仅仅是利益之本、生存之本，更是环境之本、可持续发展之本。农村的环境卫生设施是旅游的根基，需要下一番功夫搞好。搞好卫生环境是转型中重要的一环，是生态环境的基础起点，不注重乡村环境的旅游生态化建设是不符合市场规律的。绿色宜居是新时期发展的理念。乡村垃圾和污水的治理关系到旅游生态化转型的质量，也就是说良好的村容村貌是生态化转型的需要。所以政府要从多方面入手，治理乡村生态环境问题，比如配备足够数量的垃圾桶、厕所等就是首要措施，通过出台政策和措施，更好地保护好农村生态环境，为转型

提供好的氛围。

3. 交通设施需修建和完善

首先是确保道路的顺畅。农村外部公路硬化条件良好，时刻保证通畅、清洁；农村内部交通网络应完善，建设各种交通工具专用道路，确保畅通，道路两侧绿化建设应同步。同时，应把环境保护作为交通设施建设的原则之一。例如，停车场可以设计成集中和分散两种形式。村里设置小规模生态停车位，村庄附近应设置大型生态停车场。设施建设选择的位置必须是合适的，环境应与周围环境协调，以尽量减少生态破坏。最重要的是创造乡村生态化道路景观，如海南万宁热带花园的道路，不仅种植多种树木，而且还培养本地花卉等，从而吸引许多动物栖息于此，成为独特的生态道路景观。

4. 接待服务管理方面的提升起着关键性作用

乡村旅游的管理方面一定要抓好管好。把管理做到位，对于旅游经营者能够起到制约和平衡的作用，并且能够加快乡村旅游生态化优化发展，更好地把转型的途径和方法贯穿于旅游发展中。比如乡村可以以生态环境为基础，采用环保型建筑材料和技术，开发建设多种类型的生态化住宿设施；餐饮设施要讲究卫生、安全、公开透明，同时还要提高档次，满足游客需要。

5. 乡村信息服务设施的改善是至关重要的

信息服务设施是乡村生态化转型的神经枢纽，贯穿于各个方面，能够更好地共享和沟通旅游信息和数据，为乡村的旅游带来了更多的便捷，便于旅客享受到贴心的服务；可以促进旅游产品信息的传播，提升产品的知名度，进一步促进服务体系的完善，把沟通的距离缩短，为乡村转型提供技术支撑。信息服务对于传承当地独特的文化而言，是有效路径之一。在此过程中，需要进行信息服务设施的优化，这是城镇化质量提升的要求，比如可以在乡村建立信息网络服务站，搜集相关乡村旅游数据；游客可以评价景点服务等，从而更好地为游客服务；同时可以在景区里设置传递生态文明理念的指引牌、广告牌、告诫牌和解说牌等一系列设施，从而引导游客养成良好的生态文明习惯。

（四）乡村旅游经营要创新服务方式，创建旅游新品牌

新型城镇化要求自然景观和文化特色要得到有效保护，改善生态环境，优化空气质量，因此乡村旅游经营就少不了相应对策的支持。

1. 乡村旅游经营者创新服务模式

好的乡村环境是旅游的保证，然而在旅游的开发中会对环境有不同程度的破坏。只有更好地保护乡村生态环境，才能够使旅游发展平稳顺利。如果过度地追逐经济收益，忽视对环境的关注，将很难持续发展。所以应该平衡生态和经济的关系，更好地规划乡村旅游，创新服务模式，为长远发展奠定基础。改变以往的服务模式就是要从多方面的利益出发，提升服务品质和服务内涵。乡村旅游经济利益只是一个方向，更关键的是美化乡村。旅游经营者要适应新时期人性化服务的需要，让乡村变成高质量的旅游场所，让更多的游客愿意到乡村去旅游，愿意享受农家乐带给他们的乐趣，更要让乡村旅游生态理念深入人心，促进乡村振兴。

2. 树立乡村旅游品牌

（1）深度整合乡村旅游生态化资源，因地制宜。为了使乡村旅游形成从点到面、从面到线到网的发展布局，要以个别旅游开发突出发展的村庄带动周边的村落开发，优势突出、劣势补齐，增强整体功能，形成有特色的地方乡村旅游集体，更好地将旅游品牌做大做强。

（2）挖掘创造有地方代表性的旅游产品。旅游产品作为当地内在文化延伸的附着品，是乡村旅游特色的内涵展示。它可以使参与者更加了解乡村旅游，从而融入当地的旅游情境。因此，有必要将旅游产品与地方文化相结合，从而使旅游产品做得有特色、有内涵。在旅游项目建设中，要立足资源现状，注重生态，积极探索，突出特点，打造精良产品。要注意维持原始生态自然，显示出乡村自然景观优势。突出乡村自然、纯净、绿色的环境；突出乡村人文风俗优势，努力展现乡村旅游的魅力，加强对旅游者的持久号召力和活力。要深入研究和推进乡村旅游产品的开发，不仅必须要加大科技投入，而且从政府到旅游经营者，再到乡村旅游的所有参与者，都应集思广益，发挥集体智慧，开发具有文化特色和品牌效应的乡村旅游生态化产品。

（3）多渠道推广，增强旅游品牌效应。旅游品牌的推广是非常重要的

一环。提升旅游品牌的认可度，注册旅游产品标志，在银幕中做旅游营销宣传，可以让更多的人融入乡村旅游生态化转型环境中。这种推广活动可以吸引投资者，扩大品牌效应，激发更多的品牌效能。

（4）推动乡村旅游与文化产业的相互联结。把当地的民俗文化和自然景观相互融合，通过与政府、企业，还有其他各行各业相互结合共同开发利用，将乡村旅游产业逐步壮大，促进转型升级。这种模式有利于深入发掘乡村资源生态机制，还可以增强生态化产品的开发优化，将单程旅游路线转化为多条复合线路。

乡村分布地域广，数量多，资源各具特色。如何发展乡村旅游，振兴乡村至关重要。乡村旅游转型道路困难重重，实现生态化转型、适应新型城镇化刻不容缓。要深入研究这一课题，为乡村旅游生态化战略献计献策，更好地为新农村服务，实现转型发展。传承和发展特色旅游资源需要高度重视，必须将生态、发展、转型相互融合，共同打造乡村新风尚。

第五节 新型城镇化进程中山西省乡村旅游生态化转型

一、新型城镇化背景下山西省乡村旅游发展现状与问题

截至2017年底，我国乡村旅游人数高达15.6亿人，乡村旅游的营业额已达到4000亿元以上，而未来中国乡村旅游将会持续火热发展。随着新型城镇化的发展，旅游产业已经变为目前最具发展潜力的新兴产业之一。顺应这种趋势，既可以解决农民工的就业问题，也可以使乡村奔小康。当下许多地方都选择了这条发展道路，并且取得了很好的成绩。农家乐已经家喻户晓，许多城市甚至出现了一些承包制的农场，中国乡村旅游业的发展已经成为中国乡村发展的新趋势。

（一）新型城镇化背景下山西省乡村旅游产业发展现状

山西省2/3的人口是农民，农民近一半收入来自种植业和养殖业，农业基础薄弱。2016年山西省农村居民的平均收入为8642元，在国内排名第二十一，不仅在中部地区六省中的收入水平是最低，而且与我国其他大部分省市也有较大差距。大力发展乡村旅游，有助于山西省改变农业发展战

略、升级产业结构，并且可以大幅度增加农村以及农民的收入。当前，山西省高度重视并采取积极措施鼓励支持乡村旅游的发展，设立的省级以上的乡村旅游项目多达200个。2017年，山西省将继续深化乡村旅游产业的发展，积极创设乡村旅游产业带与示范点建设以及品牌和特色线路，在全国范围内推广宣传，提高知名度，以将山西省的乡村旅游发展水平推向更高的水平，赶超国内先进水平。

山西省是农业文明的发祥地之一，蕴含着得天独厚的优势，非常适宜引入发展乡村旅游。近年来，山西省通过加大投入建设与运营资金，出台实施相关意见与政策来指导支持省内乡村旅游工作，规范乡村旅游发展模式。近年，随着山西省乡村旅游的发展日益迅猛，省内评价了一批乡村旅游发展的优势示范点，推广先进经验。因此，乡村旅游成为山西省旅游业飞快发展的重要动力，有利于刺激居民消费，增加居民收入。

山西省逐渐增加对省内乡村旅游的资金投入，比如最近几年，省旅游局创办了多项支持乡村旅游发展的专项资金，主要用于乡村旅游点的主要设施和服务的完善方面。省旅游局还通过同省财政厅沟通与协调，落实了针对乡村旅游的补助资金。这些资金主要用于两个方面：一方面是针对发展基础好、资源丰富、优势突出的，并且可以起到带头作用的乡村旅游点的建设给予补贴；另一方面则是对于一些相对贫困，不具备发展优势，基础薄弱的乡村旅游贫困点给以扶贫补助。此外，为了让山西省的乡村旅游可以有速度并且有质量的发展，省旅游局将立足于旅游消费需求，联合有关部门科学研究设立具有一定特色的乡村旅游产业带，并且努力开拓乡村旅游消费市场，开发满足广大游客口味的乡村旅游产品，并且积极宣传提高知名度。通过结合当地的资源禀赋和文化底蕴，发挥优势并突出特色，还有注重提高管理水平，提升服务能力等措施来推动乡村旅游景区景点进一步发展，目标是把山西省变成乡村旅游名省。

（二）新型城镇化背景下山西省乡村旅游开发存在的主要问题

目前，乡村旅游是优化城镇产业结构，转变城镇经济发展方式的主要方式。山西省乡村旅游发展的成绩显著，然而山西省乡村旅游处于初步发展阶段，还存在不少问题，主要集中于以下几个方面：

1. 乡村旅游资源开发投入资金不足，基础设施不配套且不完善新型城镇化主要目标之一是城乡统筹以及城乡一体化发展，核心在于不牺牲农业、农民以及环境的利益，而要促成城乡一体化。因此城镇化要发展，新农村建设也要实现现代化发展，就不仅要稳步提高城镇化质量，更要打破二元结构，实现城乡资源优势互补。当然，推进城镇化的过程中难免会出现过度注重城市建设而忽视乡村投入的问题，从而对乡村旅游的投入不足问题也就不可避免。乡村旅游的发展虽然需要以丰富的农业禀赋和先进的农业生产为基础，但要搞好旅游发展过程中的住宿、饮食、交通、卫生、安全、通信等设施的建设与完善还需要大量的资金投入作为支持与保障。当前，导致山西省乡村旅游开发力度不够的制约因素很多，其中最重要的因素就是资金投入问题。当前，山西省大多数乡村旅游点都是由当地的居民自己开辟并运营，村落居民的资金短缺导致初始资金不足或者后期跟进资金不到位。目前的注资模式不能顺应乡村旅游在市场经济发展前提下的开发范围与开发进度。同时，政府缺乏有效的投资政策，投入资金也相当有限，一些乡村旅游的开发不得不成为空言无补。由于资金缺乏导致乡村旅游开发点只注重眼下益处，忽视长远效益，不思量合理的布局与范畴。这些缺失最终导致乡村旅游开发水平低，对外开放程度低，社会知名度不高，旅游产品尤其是特色产品单一，发展速度慢，动力不足。

旅游业的良性、健康与长远发展需要相应完善的基础设施来支撑，基础设施建设的不完善是山西省乡村旅游市场发展的主要限制性要素。山西省的乡村旅游还处于初步发展的阶段，景点基础设施完备程度不高，尤其是新开发的景点基础设施的建设出现很多不足，甚至是空缺的地方，给旅客带来很大的困扰，满意度低。乡村旅游点的交通设施不便导致旅客出入不便，有的是村民自己铺设马路，通行度较差。同时多半乡村旅游点没有修建泊车地点，接待能力有限，出入景区的车任意停靠，容易引发安全事故。很多景区没有详细明显的导览图示和景点讲解，游客对景点的了解不足，导致游客的满意度很低。此外，乡村旅游的接待设施不完善，导致住宿、饮食、卫生不规范问题频频发生，出现游客洗漱不便、厕所环境差、饭菜卫生不达标等问题，这些都影响了游客的旅游质量，不能满足游客的基本需求。

2.缺乏科学规划，现有管理混乱

新型城镇化的要点是用可持续发展的思想来发挥统摄作用，需进行科学安排与合理布局。倘若没有科学规划做引导，必然会出现无序开发和混乱不堪的局面，在城镇与乡村发展的各个方面与领域都应该有科学的规划做引导。虽然山西省的旅游计划中已经明确将乡村旅游作为重点发展方向之一，但是山西省的乡村旅游的发展水平还处于一种低层次状态，缺少一个详尽的蓝图，多半乡村旅游景点处在原生态发展和秩序混乱的状况。长期以来，很多乡村旅游点缺乏科学论证和系统性规划，不考虑自身情况，没有做好投资分析，未产生一个明确的乡村旅游发展思路。由于没有科学谋划，政府对省内的乡村旅游发展需要的资源状况了解不全，对国内的乡村旅游发展状况缺少相对研究，导致已开发的乡村旅游景点特色不鲜明。同时山西省的乡村旅游发展的规划没有落实成文案，没有打造出突破常规的乡村旅游游览线路，各地游客对山西乡村旅游发展现状了解不足。政府对于省内的乡村旅游产品全面规划了解不够，不明确本地乡村旅游开拓的方向，市场立足点不准确，文化内在底蕴不明显，只是简易效仿，重复建设情况很常见。山西各地方对周围乡村旅游点的不知晓，与周边景点的合作紧密度不高，不注重联合发展，因而联动效应低。

与国内同类型的景点相比，缺乏规模优势。不注重节约型的经营，经营观念落后，许多乡村旅游点吸引力不足，竞争优势不大。尤其是那些不思考市场偏好和自身的资源禀赋，由企业或者农民自己打造的乡村旅游项目，由于缺乏资金和产品优势，加上管理者对乡村旅游的认识不到位，无论在专业常识上还是管理理念上都不够系统，从而导致景点接待游客较少，没有真正实现盈利，发展的后劲不足。大多数景点档次品位低，范围小且形式单一，设施完备度低，缺乏综合性，景区中可以玩耍的地方较少，而且容易受时令影响，很多景点在旺季还有盈利收入，在不景气的时候却关门歇业，造成资源利用率低。

3. 乡村旅游产品特色不鲜明，形式单一

发展新型城镇化要求每个地方都应该传承自身的文明，塑造自身特色，如果缺乏自己的特色，就无法发挥自身的优势。不论是城镇还是乡村都存在差异，其具备的资源基础、自然环境、社会背景和成长条件都不同，因此不光是城镇要注重自己的个性特征，乡村也要展现自己的特性。乡村旅游作为一种日益发展的休闲手段更应该注重这一点。乡村旅游产品是指向游客提供的可购买或可消费的一切产品或服务。眼前许多乡村旅游产品水准不高、特色不足，不能有针对性地满足游客需要。乡村旅游产品开发力度不够，不仅总体上样式单一，而且某个乡村旅游点也以某种样式为主，产品的综合度不高。山西的旅游资源丰富，却由于相关部门和企业的认识不到位，没有从实际出发把握地方的优势因素和制约因素，导致资源优势没有转化成产品优势，旅游产品缺乏特色，一些乡村景点盲目逐利，出现很多特色重复的状况，最终把原本吸引游客的具有魅力的特色给淹没了，长久发展下来必然造成景点功能衰退，脱离市场。

4.环保意识不强，忽视乡村性保护

新型城镇化以生态和谐协调为特点，统筹城乡发展，需要均衡多边关系，要求走集约节能的道路，注重提高承载能力，将生态和谐的观念和标准全面注入城镇化建设的进程中。但是各地为了寻求经济利益往往轻视生态效益。尤其随着乡村旅游的开展，由于不注重天然资源和生态环境的维护，过度追求经济利益，而忽视环境效益。如在建设乡村旅游点时部分景区任意修建违规建筑、索道，施工产生的固体垃圾随处堆放。又如大量游客破坏原生态环境，对保护景点的乡村性缺乏清醒认识。乡村旅游普及的同时，大量游客涌入，不仅对环境承载量造成一定威胁，而且与游客同行的交通工具产生的废气，生活、饮食、污水垃圾都不可避免地会造成大气污染、水污染以及固体污染物污染，超过了景点的生态容量，破坏了生态平衡。部分旅游点盲目开发，急功近利，缺乏科学论证，随便选址后就对外开放，影响景观的完整性，造成生态恶化，还有一些景点商业色彩重，粗放经营，在内容和形式上忽视乡村旅游对乡村性的独特要求，导致产品缺乏特色及文化内涵。

5.过度城镇化，城镇发展用地与乡村旅游用地产生矛盾

新型城镇化不仅是追求人口数量增加和范围扩大，更是要求贯彻城乡统筹思想。土地城镇化是新型城镇化的关键，要合理分配用地，提高土地利用计划与加快经济发展的同步性，突出生态文明的重要性，推动土地管理体制的健全和土地使用权行使的完整性并且维护产权稳定。在农村向城市化过渡的过程中，一些地方片面追求政绩或者利益，不切实际地推进城镇建设，盲目扩张，从而导致“过度城镇化”。正如在乡村旅游的开发进程中，为了开发、建设农村，扩张征用农耕土地与公用设施，缺陷重重，不利于长远发展。但是城镇化在推进的同时，乡村旅游也在发展，由于区

域土地数量与规模有限，倘若不能把城镇化和乡村旅游的用地协调统一，必然出现有限的地皮被双方争夺的现象。农业用地趋于密集型开发，非农业用地量在增加，但许多地方没有处理好本应协调发展的城镇化与乡村旅游的关系。土地的流通和转让变得频繁，乡村土地的集体所有制形式和土地流转更加复杂，同时相关法律与制度缺乏，一定程度上造成无法可依的状况。

二、新型城镇化与乡村旅游生态化转型的关系

改善生态环境，建设生态文明已经成为我国建设社会主义现代化强国的重要任务之一。在开发乡村旅游的过程中，要以生态文明为根本，实行最有力的生态环境保护机制，为大众提供良好的旅游体验。同时乡村旅游的发展可以有效地带动贫困地区收入的增长，带动贫困民众脱离贫困，因而乡村旅游的生态化转型有着深远的现实意义。新型城镇化越发看重城乡一体化发展，核心是提高城镇化发展的质量。乡村旅游依托一系列附加效应通过带动区域经济发展来推动新型城镇化发展。新型城镇化通过支持农业发展，推动农村建设，富裕农民，带动乡村旅游的成长。可见二者是相互促进的协调关系。目前，城镇化过程中“反生态化”毛病日益明显，在新型城镇化快速发展的推动下，乡村旅游发展面临着巨大的转型压力。乡村旅游应该在推动经济发展的同时保护生态，同时满足人们的旅游需要。

（一）乡村旅游生态化转型是新型城镇化的内在要求

1.乡村旅游生态化转型是新型城镇化发展的本质要求

当前，旅游业变为我国的朝阳行业和最有发展潜力的新兴产业。旅游业的发展可以在很大程度上增加经济收入，但同时也会破坏生态环境和损坏乡村资源。传统的发展方式会使生态环境更加脆弱，产生废气、污水、噪声等众多生态问题，人与大自然的矛盾日益突出。发展路径决定发展质量与方向。单纯追求经济增长，将生态要素排除在外的发展方式必将被新型的发展方式取代。生态文明的根本特点就是促进人与自然之间的良性互动，这一特点也是改变发展方式的实质需求，所以生态化转型是新型城镇化发展的必然选择，应在保护生态环境的基础上挖掘旅游资源，在乡村旅游可持续发展的背景下，注重合理的生态化转型。

2. 乡村旅游生态化转型是新型城镇化的必然趋势

在乡村旅游发展的同时，满足旅客的饮食与住宿需要是提高旅客评价的最低要求。目前，乡村旅游的发展过程中留有很多限制性因素：比如，乡村旅游产业带不连续，产品形式与娱乐活动单一，交通设施发展落后，乡村旅游服务体系不够健全，产业类型少、水平低。由于资源条件和发展能力等因素导致乡村旅游更注重展览与赏玩等，忽视农业产业发展，导致农村地域的发展缺乏特色。因此对于乡村旅游的生态化转型，应在注重新型城镇化发展的基础上，协调好经济与环境二者的矛盾，以带动乡村旅游的发展。要顺应乡村旅游生态化趋势，就必须协调好经济发展和生态环境之间的关系，寻求通过旅游推动城镇发展的方式，探索乡村旅游带动新型城镇化的独创性效应。乡村旅游生态化转型要在寻求数目和满足效益的基础上，提高资源利用效率，并且提高其生态能力。新型城镇化要求绿色先行，通过构建城镇与旅游相辅相成的模式，使产业支持、人居环境、公共服务等领域都可以落实由乡到城的改变，实现城乡统筹，解决生态环境、农村就业问题，维护农民利益，促进农村现代化。

（二）乡村旅游生态化转型是发展新型城镇化的重要动力

旅游业不仅是环保产业，而且是关系到广大人民福祉和幸福的产业，因此旅游业的发展必须以和谐美丽的生态环境为基础，“绿水青山就是金山银山”，将旅游地的生态环境建设纳入旅游地发展的进程当中。当前全域旅游的思想提出，宜居、宜业、宜游相统一是新时代城镇发展的重要目标。在乡村发展过程中，乡村旅游生态优化成为其转型的内在要求。此外，旅游设施的配备和服务水平的提高是该地发展水平提高的表现。通过完善基础设施建设以带动旅游发展，也就成为发展新型城镇化的基本条件。旅游业与新型城镇化的发展均以生态环境为基础，健康的生态环境可以激发游客兴趣，吸引众多游客游玩。游客数量的增长必将推动城镇化发展，给旅游地居民带来丰厚的收入，提高其生活质量，最终提高城镇化水平。同时，在新型城镇化的进程中，乡村旅游可以促进城乡统筹，城乡统筹反过来为乡村旅游的发展提供了新的机遇。乡村旅游是连接城乡之间的桥梁，是实现共享的纽带。乡村旅游的成长利于优化城乡经济结构，更新生产经营方式，推进新型城镇化的进一步发展。

三、新型城镇化背景下促进山西省乡村旅游生态化转型的发展建议

新型城镇化的本质特征包括提升城镇化的内在因素而非简单地注重扩张土地面积。按照国家规划要求，扎实推进、落实、提升城镇用地的开发效率，设立可持续的多元化资金投入体制，提升城镇建设程度，增强城镇化的管理水平。在新型城镇化的影响下，乡村旅游更应该严格把握新型城镇化的要求，遵守其理念，促其健康发展。为了切实贯彻并实施党和国家关于发展乡村旅游的相关要求，需要充分认识到乡村旅游的生态化转型具有紧迫性和必要性，关键在于乡村旅游和城镇化实现协同融合发展，着眼于建立生态化的乡村旅游体系，加快创立乡村旅游系统。培育发展新亮点和经济增长点，增加资金投入和技术支撑，为乡村旅游生态化转型支应强大的扶持力量。

具体建议如下：

（一）加大乡村旅游资金投入，完善乡村旅游地基础设施建设

充分的资金是乡村旅游生态化转型的前提。因此，必须首先加大对山西省乡村旅游发展的资金投入，统筹安排中央和地方的专项资金。在新型城镇化进程中，省当局应相应地准备一些配套或专项资金，各级领导把乡村旅游融入农村以及农业的发展和农村扶贫的总体格局，为乡村旅游发展提供良好的条件。由于乡村旅游的游客的旅游方向都是从城市流向农村，农村景点创造的收入也可用于进一步加强旅游点的基础设施建设，奠定牢固的物质基础。

拓展对乡村旅游开发的资金筹集方式，创新投入方式是加大乡村旅游资金投入的主要方法。近几年来，省政府设立专门针对乡村旅游建设的专项资金，补助有关项目的金额需要。同时还将部分乡村旅游项目纳入扶贫工作规划，将一些扶贫资金也投入乡村旅游发展。此外还对经营者放低贷款利率，给予一定的补助或贴息，使其有相对充足的资金用于经营管理。政府还可通过采取减免税收等手段支持乡村旅游的发展，在政府发挥主导作用的同时，鼓励民间资本进入乡村旅游，引导社会资金以各种方式投资乡村旅游项目。景区主要经营者和相关部门可以采取措施吸收更多资金雄厚的大企业参与乡村旅游开发，加大招商引资力度，全方面提高乡村旅游

的竞争力。

地方政府可以在做好相关规划的基础上，着力改善乡村旅游点的道路交通状况，大力整治乡村面貌，做好整治、绿化工作；完善旅游点的用电、用水、通信以及医疗卫生和垃圾污水回收等设备；加速修建相关配套设施，提升景区的准入性和旅游活动的安全力度和舒适程度，不仅为旅客也为周边居民的生产生活提供便利。当处于旅游旺季时，大量的游客同时出现在景区，相关部门应充分做好准备工作，比如厕所的设立、住宿的供应以及饮食的运营，做好交通的合理科学规划，减少交通堵塞状况。

（二）制定科学的乡村旅游发展规划，提高旅游点管理水平

省旅游局应该尽快联合相关部门，通过了解当地资源实际状况，挖掘独特内涵，编制出台全省乡村旅游发展规划，推动各地乡村旅游可以有序发展。在编制规划时，要坚持因地制宜、合理布局的原则，寻找最适宜的方式，不断完善乡村旅游发展规划体系，提高规划的可行性。以科学规划引导乡村旅游的发展，注重旅游业发展需求、旅游者需求以及附近居民的需求，实现旅游业的发展与城镇化建设的融合发展。同时应优化功能布局与空间结构，合理安排建筑与景观。结合乡村旅游发展进程中呈现的生态恶化、村域文化丢失、管理混乱等不足，应该不断加强对乡村旅游点的社区、环境、经济等方面的全面规划与治理，促进乡村旅游和新型城镇化协调并行。

此外，各级旅游主管部门要严格执行省旅游局出台的相关政策，实行标准化管理，指导地、县、乡、村旅游点贯彻落实，提升省乡村旅游点的住宿档次和服务标准。相关部门应加强对乡村旅游市场价格的监管以及相应的配套服务、经营管理等方面的严格把关，各部门各尽其责，通力合作，扎实做好相关事务，为乡村旅游持续发展提供良好条件。通过开办针对经营者、管理者的培训，锻炼其业务与管理能力，改善服务态度和经营理念。

（三）开发乡村旅游产品，打造乡村旅游品牌

特色是乡村旅游产品的生命力。山西省要因地制宜地打造乡村旅游产品，建设最具特色、最具吸引力的景观。在经济发展模式上，联系扶贫项目，支持大企业注资开发乡村旅游项目，推动乡村旅游向品牌化方向发展；在特色分工上，根据各乡镇实际情况，坚持“一村一品”原则，强化创新意识，打造不同地区的特色品牌；在经营模式上，围绕当地特色禀赋，结合市场需求打造旅游产品，比如以旅游景区为载体，以特色住宿、特色饮食为元素的旅游点，以休闲、游玩为基础功能的度假型旅游产品。开发者在详细了解乡村旅游观念的基础上，依据区域状况和发展规律，科学地开发旅游产品，杜绝盲目上马。同时洞悉市场偏好，借鉴世界各地乡村旅游产品的打造模式和产品体系，打造一批各式各样的特色鲜明的乡村旅游品牌。

山西依靠地理风貌和风俗民情具备了厚实的资源基础，针对各村的地域特色，可以打造乡村旅游的差异性，避免重复。乡村旅游要提高竞争能力，关键是突出乡村文化。在全省科学规划形成一村一品的合理格局，以免出现内容雷同、形式单一、特色不明显的问题。注重发挥乡村旅游点的资源优势以及区位优势，打造有着鲜明地域特色的乡村旅游线路，满足不同类型消费者的需求。要有重点地对现有的规模较大、项目较丰富、特色较鲜明、经营管理较科学的乡村旅游示范景点进行打造和提升、挖掘特色产品和文化内涵，借助召开发布会、现场参观展览等方式提升影响力。也可以利用现代传媒营销手段，发动媒体，充分利用社交网络平台比如微博、微信公众账号，宣传、报道乡村旅游景点，以此吸引周边居民，打造知名品牌。

（四）以环保技术为支撑，深化绿色乡村发展

将生态思想注入城镇化中，重点强化环境保护和生态修复，避免形成对自然的伤害，要形成绿色环保的生产和运营模式。应以科学发展观的思路引导乡村旅游发展，改善乡村的卫生与环境状况，重视乡村资源的保护，营建舒适旅游的乡村自然环境，减少旅游活动和旅客行为对乡村环境带来的负面影响。一般而言，农村经济发展落后往往与生态环境脆弱并存，这种局面要求乡村旅游发展不仅要担负起保护生态环境的责任而且要推动经济社会发展。坚持绿色发展理念，提高发展质量，是实现乡村旅游生态化转型的重要途径。不仅可以发展相关环保技术，提高资源利用率，比如太阳能、蓄水池、沼气发电等措施，游客和当地居民也应该树立环保

意识，在日常生活中节约用水用电。还可以采用承包、联营、租赁等形式对乡村旅游资源进行改革，结合政府的主导作用与市场机制的作用，实现乡村旅游资源的升值，确保乡村旅游资源产权明晰。

只有建设好乡村才能实现乡村经济的发展，在发展过程中必须将经济发展与环境保护结合起来，通过打造生态乡村推进以人为本的绿色乡村建设，不仅要挖掘乡村的文化底蕴和绿色理念，而且要将生态资源优势转化为经济优势，打造一条生态保护与旅游经济和谐共处的独特性发展路径。

四、结论

总而言之，只有具备良好的生态环境、独特的乡村特色及农业资源、独具特色的生态旅游的理念以及科学合理的经营管理模式，乡村旅游才能获得持续发展。同时新型城镇化的进程中对乡村旅游进一步发展有着更严格的引导，牢牢把握生态理念与原则，开创出新型城镇化和乡村旅游生态化和谐发展的独创性之路。乡村旅游的生态化转型不仅是新型城镇化要高质量发展的现实要求，也是乡村旅游为了迎合消费需求使其自身能获得长远发展的必然趋势。对于乡村旅游的生态化转型不可以超越现实，也不能盲目逐利，只有考虑当地的特殊情况，因地制宜，才能逐渐推进新型城镇化和乡村旅游生态化转型两者的和谐并持续发展。

第六章　城镇化进程中教育一体化研究

第一节　新型城镇化背景下山西省城乡教育一体化研究

一、城镇化与城乡教育一体化

（一）城乡教育一体化

城乡教育一体化的本质是构建一个城乡紧密相连的教育系统，目的是能够让我国所有公民都能够享有平等受教育的权利，无论是居住在城市还是乡村。它是在城乡一体化的背景下，城镇化发展到一个新的阶段而提出的。城乡教育一体化在本质上并不直接等于城乡教育一样化，而是在城乡教育的基础上构建特色的乡村教育格局。

（二）新型城镇化与城乡教育一体化的关系

1.新型城镇化为城乡教育一体化的发展提供可能

新型城镇化进程其实就是一次社会结构的转型过程，主要表现在乡村人口向城镇聚集，职业也由传统的农业向工业、金融业、房地产等二、三产业进行转移，并且旨在让每个人都能够享受现代化的生活方式。新型城镇化的最终目标是促进人的全面发展，提高居民的收入和城镇化人口的素质，如果发展顺利就会使一部分进城打工的农民返回家乡共同参与新型城镇化建设。农民之所以选择进城务工，很大一部分原因是乡村就业机会少，仅仅依靠几亩薄田难以维持家庭生计。很多农村地处偏僻，教学条件极其差，有的地方甚至都没有学校，农村很多孩子从小就得背井离乡去上学。他们有的寄宿在学校，有的则是由父亲或者母亲陪读，无论哪种方式都增加了一个家庭的日常开支。为了维持生计和让其子女接受教育，他们不得不进城务工，从而导致乡村出现了“留守儿童”“空巢老人”“空心村”等不正常现象。而新型城镇化的进行会给乡村的发展带来机遇，随着新型城镇化的推进，城镇建设也会逐渐向农村地区扩展和延伸，与此同时，包括教育等优质资源也会陆续向农村流动，城乡教育差距会逐渐缩小，城乡教育一体化将成为可能。

2.城乡教育一体化发展为新型城镇化提供人才保障

新型城镇化的核心是人的城镇化。近年来，随着新型城镇化水平的不断提高，大量农村人口向城市集聚。据国家统计局统计数据可得：截至2016年我国的城镇人口为79298万人，占我国人口总数的57.35%。表6-1是2009—2016年我国城乡常住人口统计数。

表6-1　2009—2016年城乡常住人口

单位:万人

项　目	2009年	2010年	2011年	2012年	2013年	2014年	2015年	2016年
乡村	68918	67113	65656	64222	62961	61866	60346	58973
城镇	64512	66978	69079	71182	73111	74916	77116	79298
城镇比率	48.34%	49.95%	51.27%	52.57%	53.73%	54.77%	56.10%	57.35%

资料来源：据国家统计局教育统计司编《中国教育统计年鉴》。

从历年的城乡常住人口数据来看，城镇化大约以每年1个百分点的速度在递增，预计到2030年，我国的城镇化率将达到70%以上。如此庞大数量的农村人口进入城镇，如果农民自身的文化素质过低的话必然会对城镇化进程造成影响。此外在竞争越演越烈的今天，一个人自身素质的高低决定着自身的命运、成败，甚至于国家的兴衰。如果农民自身素质过低，贸然进城将对他们的生存造成很大影响，所以加大教育力度是新型城镇化建设的迫切需要。现九年义务教育已经全面普及，我们要在紧抓义务教育的同时争取高中阶段教育的普及，大力发展高等的优质教育，促进城乡教育的一体化发展。如果农民自身素质提高了，对于城镇化的生活方式也就更能适应，新型城镇化建设的人才需求也将更有保障。

二、新型城镇化背景下城乡教育一体化的发展与现状

（一）城乡教育的发展情况

百年大计，教育为本。教育历来就是各个国家的根本，而学校教育则是为国家未来发展提供人才保障的重要基地。自1986年我国正式颁布《中

华人民共和国义务教育法》开始，教育这个话题一直都受到政府和社会各界人士的广泛关注。2004年，教育部着手实施《2003—2007年教育振兴行动计划》，指出将农村教育的改革和发展定位为此次行动计划的重点工作。2006年，《中共中央关于构建社会主义和谐社会若干重大问题的决定》中提出："坚持公共教育资源向农村、中西部地区、贫困地区、边疆地区、民族地区倾斜，逐步缩小城乡、区域教育差距，推动公共教育协调发展。"2012年，我国财政性教育经费支出20年来首次超过GDP的4%。此外，为缩小城乡教育差异，教育部在《国家中长期教育改革和发展规划纲要（2010—2020年）》中提出，建立城乡教育一体化发展机制并对义务教育学校提出标准化建设的要求，对师资、教室、经费等教育资源要进行合理分配并有意识地向农村地区倾斜。而且在习近平主席主持召开的中央全面深化改革领导小组第十一次会议上审议通过了《乡村教师支持计划（2015—2020年）》，并提出"发展乡村教育，让每个孩子都能接受公平、有质量的教育"。截止到2015年底由国家统计数据可知：全国共有普通小学190525所，专业教师5685118人，普通小学平均的师生比为1∶17.05，城市学校基本实现多媒体信息化教育。总体而言，国家对教育事业的经费投入是持续增长的。2015年，我国教育经费总投入同比增长10.13%。国家财政性教育经费同比增长10.60%，占GDP的4.26%。2016年财政性教育经费支出占GDP比例继续超过4%。此外，重点高校也增加了对贫困地区农村学生的招收比例，部分贫困家庭的高中生学费得到减免。就乡村教育而言，从2008年秋季起，我国城乡义务教育阶段中小学全部免除了学杂费，并对农村家庭困难的学生提供免费的教科书和补助寄宿生活费。城乡之间虽然还存在着很大差距，但随着新型城镇化水平的提高，它们之间的差距正在向缩小的趋势迈进。

（二）教育现状

如今是"互联网+"时代，在线教育正逐渐走进人们的视线，再加上国家积极鼓励通过政府和社会资本合作（PPP）模式引入社会资金发展教育产业，当然PPP教育模式也正在快速发展，截止到2016年9月，我国教育类的PPP项目总金额为1994亿元，项目个数524个，PPP教育的发展也在减轻着财政的负担，图6-1是2012—2016年中国教育经费支出以及国家财政性教育经费支出对比。

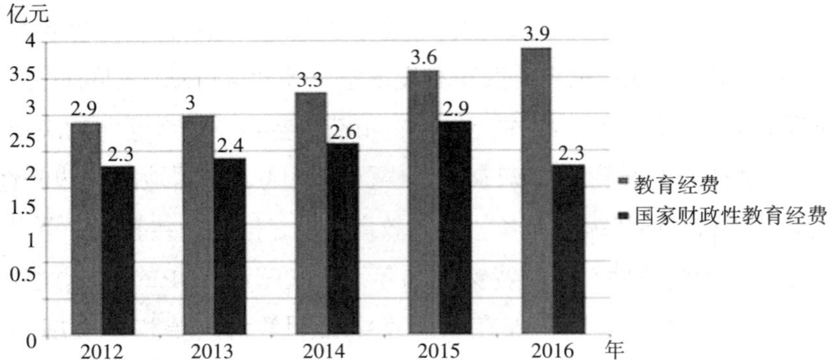

图6-1　2012—2016年教育经费支出和财政性教育经费支出

资料来源：2013—2017年《中国统计年鉴》。

从图6-1可以看出2016年的国家财政性教育经费虽然较以往有所降低，但总的教育经费却还是增加了，说明PPP教育模式的发展确实促进了教育的发展，并且教育得到发展减轻了国家财政性支出。"互联网+"和"PPP教育模式"或许将是解决城乡教育失衡的新契机。因为农村学生可以通过互联网享受城市优质的教育资源，而"PPP教育模式"的发展引进充足的资金来支持教育的发展。2016年4月19日，国家主席习近平在召开网络安全和信息化工作座谈会时也指出，实施"互联网+教育"，让所有孩子都可以接受优质的教育，不论是否居住在农村。即便如此，乡村教育还是有很大缺陷和不足，传统的乡村教育主要表现在师资力量薄弱导致每个教师的工作量增大、心态较为浮躁、精神压力大无法专心教学；教育经费的不足和教学设施（多媒体、课桌、实验器材等）的不完善导致无法进行更高质量的教学；留守儿童问题较为严重，沟通存在困难，再加城乡二元结构的存在，使农村学生在城镇上学受阻。如果这些问题难以解决，那么城乡教育一体化也将难以进行。

三、城乡教育一体化发展的困境

（一）城乡学校资源严重失衡

1.城乡学校数量、教学设施、师资力量的对比

自"撤点并校"开始以来，农村的学校数量急剧缩减，据教育部数据统计，1997—2010年全国小学共减少371470所，其中减少的81.3%就为农

村小学，也就是说14年间农村小学减少了302099所，如此庞大数量的学校消失，对农村教育来说无疑是一次重创。农村学校布局的调整使得学生离得学校更远了，乡村没有城市那么便利的交通，所以很多学生上学都要走很远的路程，即便是选择寄宿在学校，条件也很艰苦，很多乡村学校都是多人挤在一个宿舍里，校舍也大都非常简陋。教室也是一样，大多数为土木建造，而且为建造时间较久的老房子，有着很多不确定的安全隐患。城镇学生上课课程多样化且拥有现代化的多媒体教学辅助工具、音体美器材以及专业的任课教师。而农村学校的课程单一化，主要学习语文和数学两科，教学工具只有黑板和粉笔，缺少专业的老师讲解。从师资力量来看：截止到2015年底，城镇专任教师人数为3649144人，农村专任教师为2035974人，而且农村教师的综合素质普遍低于城市，很多学历高的教师都会选择留在城市当老师，因为城镇和乡村老师的待遇也是有很大差别的。随着“移民并村”以及“撤点并校”的影响，很多农村居民进入城镇，所以他们的子女也进入城镇学校上学，目前很多城镇学校都存在班级大、学生多等问题，教师难以兼顾每个学生。

2.国家对城乡教育经费的分配差异。

在科教兴国战略的实施下，虽然我国的财政性教育经费投入连续几年达到占GDP的4%，但在世界排名来说还很低。公共财政教育预算人均经费能在一定程度上反映出教育的公平性问题，图6-2是2011—2015年全国普通小学生生均公共财政教育预算公用经费支出和农村小学生生均公共财政教育预算公用经费支出对比情况。

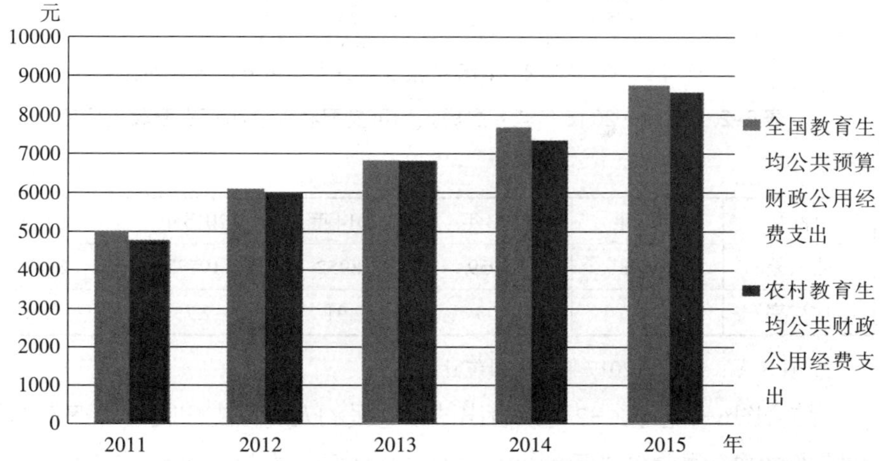

图6-2　2011—2015年全国和农村普通小学生生均公共财政教育预算公用经费支出

从图6-2中可以看出：生均公共财政教育预算公用经费连续5年来都呈现增长趋势，但农村普通小学的生均公共财政教育预算公用经费支出5年来却均低于全国生均水平，并且2015年来这种不明显趋势更加明显。2011年农村教育生均公共财政公用经费与全国生均的差距是201.39元，2013年差距达到5年来最低水平，但在2014年它们的差距又猛增到277.11元，2015年为216.69元，虽然差距较2014年有所缩小，但缩小幅度并不大，这说明国家在教育经费支出方面存在的不公平现象一直没有得到有效解决。教育经费是教育发展的基础，没有足够的教育费用，那么学生的教室、教学设备、校舍等均不能得到很好地满足，城乡之间的教育差距也必然会拉大。

（二）城乡居民收入差异给教育一体化带来影响

城乡居民受教育程度在很大程度上由城乡居民的收入水平来决定，据国家统计数据可知，2016年城镇居民的人均可支配收入为33616元，同比增长7.8%，农村居民人均可支配收入为12363元，同比增长8.2%，图6-3和表6-2分别表示2012—2016年城乡居民可支配收入情况及对比：

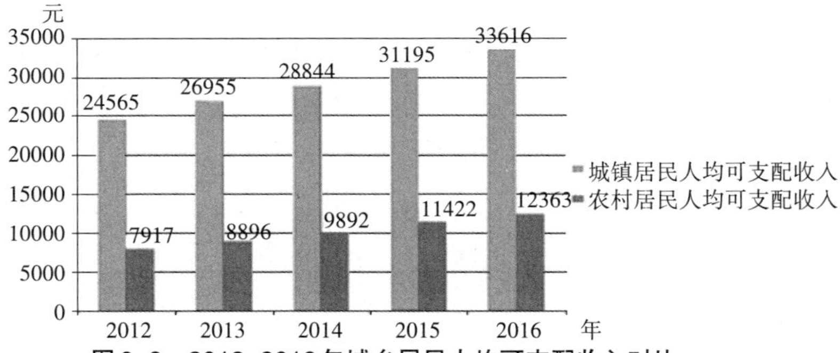

图6-3　2012-2016年城乡居民人均可支配收入对比

表6-2　2012—2016年城乡居民人均可支配收入差和可支配收入比率

单位：亿元

项目	2012年	2013年	2014年	2015年	2016年
收入差	16648	18059	18952	19773	21253
比　率	3.10	3.03	2.91	2.73	2.71

资料来源：2013—2017年《中国统计年鉴》。

结合图6-3和表6-2可以看出城乡居民的人均可支配收入均逐年增加，城镇由2012年的24565元到2016年的33616元，农村由2012年的7917元到

2015年首次突破万元，并且从城乡居民可支配收入的比率可以看出，城乡居民收入差距呈减小的趋势。但从城乡居民可支配收入的绝对差看，2012年两者收入差为16648元，2016年收入差为21253元。城乡收入差距较大的局面还是没有从根本上得以改变。城镇的社会保障系统（医疗、养老）较为完善，而农村的医疗、养老等社会保障系统还不够完善，并且由于二元户籍制度的存在，城乡居民在社会保障中享受的待遇也存在差异，所以城乡居民可支配收入比例应该比我们所得到的还要大一点。一般来说，家庭对教育的重视程度与家庭财富数量和收入水平之间存在某种正比关系。例如，城镇居民子弟去好学校接受现代化的教育，课后还要参加补习班，他们一般会去让孩子学习一种乐器或者发展自身的一些爱好，买很多书刊，参加各种课外活动增加自身的阅历等，这些都需要大量的资金支持并且他们也有这样的条件去满足自己的孩子。但农村就不一样了，农村的就业机会少，居民大多以传统的农业生产为生，收入水平较低，显然农村居民无法负担这样的消费支出，所以很多农村家庭的父母在孩子完成九年义务教育后，就不再期望孩子能够接受更高的教育，或者想要让孩子接受高等教育但由于无法支付学校的教育费用而让孩子选择放弃。

（三）“撤点并校”所带来的后遗症严重

“撤点并校”开始于2001年，为了解决教学资源分配不合理和提高中小学生的教学质量，国务院决定“按照小学就近入学、初中相对集中的基本原则，合理调整、规划学校布局”。这对于解决农村教育问题有很大帮助。可另一方面，随着“撤点并校”的进行，也出现了很多弊端，例如“陪读式”“空心村”等现象的出现。大多数乡村都较为贫困，村民的收入水平低下，没有能力送其子女到城镇上学，所以乡村“撤点并校”并不能彻底推行，被迫留下来的学生接受教育的教学质量则变得更差，有的学生甚至早早辍学。而大量乡村孩子进入城镇上学的结果就是“班级庞大”，很多班级的人数都在60—70人左右，有的学校甚至有百人班级。很多学者将乡村教育现状归结为：城挤、乡弱、村空。并且上学路途变远了，学生的安全隐患问题也将增大。例如，2011年11月16日，一起特大的校车交通事故发生在甘肃省庆阳市正宁县。当时，一个9座的面包车居然载了64人，很难想象发生事故的悲惨状况。其实像这样的事故每年都有很多。谁能想到上学路会变成一条不归路呢？寄宿在学校的大多数学生不具备照顾自己的能力，给学校的老师造成了很大的负担。如今15年过去了，情况依然没有得到更好地解决。在新型城镇化正敲锣打鼓进行的今天，教育作为其关键存在不能被忽视，“撤点并校”所遗留的问题或者说是乡村教育自身固有的问题将成为城乡教育一体化发展的最大困境和阻碍。

（四）城乡二元社会结构造成城乡教育公平差异

中国的二元社会结构是指在行政制度的基础之上逐步形成的城乡分治、隔离的二元社会。而这二元分别指的是城市居民和农村人口。众所周知，在我们的户口本上标有“农业人口”和“非农业人口”两种字样，它们就像两个相互独立的存在。笼统地来说：标有“农业人口”的就是农民，而有“非农业人口”字样的就代表城镇居民。虽然只有一字之差，但农民和城镇居民在享受社会待遇的同时存在着很大的差异。这种差异主要体现在医疗、养老、教育、工作、收入等方面。所以亦可以说这种二元社会结构的核心本质是一种通过行政手段强制性对我国人民进行分类的户籍制度。由于这种制度存在的本身就是畸形的，所以在其基础上建立的教育制度也是不公平的。比如农民子弟不能与城镇户口的子弟有享受同等程度的教育机会和待遇，很多进城务工的农民工虽然居住在城镇，但他们的孩子被挡在城镇学校的门外。即使少数农民工子弟通过某种特殊渠道可以享受优质的教学，但由于自身身份的原因，在找工作的时候还是会受到一定的影响。又比如城市学校开设的课程全面多样，使用的教学设备先进，教学环境优越，基本实现现代化和信息化教学，除此之外，还有较为丰富的课外活动。而乡村学校，课程单一，主要集中学习数学、语文两门课程，教学环境差，上课辅助工具还局限于粉笔和黑板，大多数优秀的教师也不愿意选择留在乡村任教等。因此，农民的很多权益和待遇较城镇居民差。城乡教育一体化的目的就是为了能够消除这种不公平，让所有国家公民都能享受同等的受教育机会与权利，但二元社会结构体系的存在与城乡教育一体化目的背道而驰。若使城乡教育能够稳健进行，这种不公平的户籍制度是首要解决的问题之一，同样它也是城乡教育一体化道路上的一大阻力。

四、推动城乡教育一体化发展的若干建议

（一）破除城乡二元结构，促进城乡教育均衡发展

城镇化的发展是依据我国国情和各省的基本情况所确立的总体决策，而新型城镇化是在城镇化经历了一段发展历史的基本条件下所提出长期发展策略。一直以来，我国都以农业生产为主，所以农民、农村在我国的社会结构中有着很特别的存在，工业的发展加速了城镇化的进程，相比于农村，城市有更加广阔的就业前景、发展空间和优质的教育，所以每年有大量农民涌入城市。这是城市发展的一般规律，也是一种不健康的社会发展模式。为了打破这种不健康的发展模式，国家提出新型城镇化发展的前沿观念，然而，长时间的二元户籍制度制约着新型城镇化的进程。它将城镇居民和农民进行分拨开来，形成两个相对独立的存在。所以打破原有的二元社会结构是促进城乡一体化发展的必然要求，也是城乡教育均衡发展的唯一出路。而要想打破城乡二元户籍制度，首要任务是解决农民的生活保障问题。二元户籍制度被消除的最直接体现就是农村居民市民化，虽说在根本上是为了能够缩小农村与城镇之间的差距，却也是最难以实施的一部分。长时间以来，农民都以土地为生，农村居民市民化就意味着可能要失去土地，他们担心在失去土地后的生活失去保障，所有在消除户籍制之前首先要明确居民的生活保障，完善医疗、教育、养老的制度，让原本的农村居民对城镇化的生活方式充满信心。城镇化向前迈进一步也就意味着城乡教育一体化多一分实现的可能，因为城乡教育一体化是建立在新型城镇化基础之上的。

（二）优化师资结构，继续加大乡村教育的帮扶力度和资源共享

首先，我们应该继续加大对农村教育的投资力度，提高财政性教育经费的支出和教育经费的保证能力，确保经费的每一分钱都能够在乡村学校得到落实，虽然从2012年到2017年连续6年来我国的财政性教育经费均占GDP的4%以上，但距离发达国家的差距还很遥远，很多发达国家的平均公共教育经费在1995年就达到占GDP5.5%的水平。另外，还可以通过媒体向社会各个阶层就重视农村教育进行宣传报道，呼吁成功人士、海外同胞等对农村教育事业进行资金支持和物质捐赠。其次，对农村的师资队伍

要进行整合。目前，农村发展相对落后，农村教育也存在疲软状态，据调查发现：许多老师在刚走上讲台的时候也是充满宏愿的，想要把自己的一生无私奉献给教育事业，但理想与现实的差距总是那么大。农村教师与城镇学校的教师付出的努力和艰辛是一样的，更甚者由于农村师资力量的缺乏，很多老师一人教很多门课程，较城镇教师付出更多的艰辛，但农村教师的薪资福利、住房补贴都要低于城镇老师。这种不公平待遇长期困扰着乡村老师，所以一些乡村教师随意应付，得过且过，对教育没有太大的热情和投入。为了加强农村师资队伍的建设，政府应该增加农村教师的工资待遇，优化乡村教师的进出制度，通过实行一些特殊的优惠政策来吸引高校毕业生投身于农村的教育事业，对于那些偏远乡村的教师要进行额外的补贴，制定乡村教师定期到城镇学习交流计划等。最后，在农村基础教育发展的同时，也要注重除基础教育之外的教育方式，如职业教育、成人教育等。如今多数高等职业院校的学生虽然接受了正规的理论教育，但在实践方面严重不足，如果像农业等方面的职业学校能够在乡村得到发展，一方面学校理论与实际脱节的现象能够得到转变，另一方面也能够培养出很多面向农村发展的人才。

（三）加快城镇化进程，借鉴国外小规模学校成功发展对策促进城乡教育一体化发展

乡村教育之所以不能得到很好的发展和我国的国情以及它自身的特点有很大的关联。就全国整体情况来看，农村学校最大的特点就是规模小、数量多、大多处在交通不便之地，如果每个这样的学校都配置上现代化的教学设施显然是不现实的，乡村学校学生数量一般较少，如果都配备现代化的教学设备在很大程度上是造成了资源的浪费，所以才会有“撤点并校”实践的发生，不过社会反响却不容乐观，还给农村教育留下很多后遗症，增加了新型城镇化发展的难度。据有关资料证明：美国曾经也有过类似的情况，虽然美国在这场运动中做了很充分的准备，但“撤点并校”并没有得到大家的认可，所以后来美国又兴起了一场为让办学更加多元化的“小规模学校”运动。政府加大对小规模学校的扶持与建设，并恢复了那些需要被保留的学校。如2000年一份名为农村教育成就项目的拨款法案由克林顿签署，包括“小型农村学校成就项目”和“农村低收入学校项目”。

在美国历史上它是第一部专门针对农村教育的拨款法案。旨在帮助边远地区的农村学校和为贫困指数较高的农村学校提供额外资金。目前，我国的农村教育问题与当时的美国所遇到的农村教育难题有很多的相似之处。小规模学校的优势在于规模小，教学时间安排、教学技巧等管理相对灵活，有利于学校师生之间的交流，缩短来自不同家庭孩子的成绩差距，达到教育的相对公平，这与我们的新型城镇化目标不谋而合，也与实现城乡教育一体化的目标相一致。因而我们可以借鉴美国的一些教育发展措施来改善我国的农村教育现状。未来新型城镇化发展的某一天可能会使户籍制度消除，使农村居民享受与城镇居民一样的社会待遇。但是它的发展不会使乡村消失，因为让所有人都居住在城市是不可能的，总有边远和核心城市之分。我国疆域辽阔，地貌各样，所以小规模居住地不会消失。即使新型城镇化发展到一个比较高的程度，小型学校依然有其存在的必要性，这和"撤点并校"不可能进行得那么彻底是一样的道理。城镇化的目的应该在于"人"而不在于"城"，所以新型城镇化将"人"作为其核心。一切改革都是以为了居民可以生活得更美好为前提，在这样的背景下，乡村教育需要一个长远的发展计划。借鉴美国小规模学校发展，结合我国国情，在废除二元结构的基础上，继续加大对乡村教育的资金投入，对贫困地区和边远地区的学校出台额外的资金补贴政策，并鼓励各校之间的合作交流、资源共享，共筑高水平的新型城镇化蓝图。

第二节　新型城镇化背景下山西省城乡义务教育均衡发展研究

一、山西省城市乡镇义务教育均衡发展现状

截至2015年底，山西省的总产值约1.27万亿元，同比增长了4.9%；公共财政收入达1820.1亿元，相比去年增长了7%；城镇居民人均可支配收入为25828元，同上年相比增长了7.3%，农村居民人均可支配收入为9454元，与上年相比增长了7.3%，城乡收入比例约为2.73；消费者价格指数1.7%；城市新增就业人口51.4万人，成功转型农村劳动力约37.7万人，城镇登记人口失业率达3.4%。随着统筹城乡发展工作的展开与深入，全省城

镇化水平得到显著提高。2015年的城镇化率为55.03%，比2014年的城镇化率提高1.24个百分点。此外，城镇基础设施不断完善，每千人拥有医院床位数、燃气普及率、农村人均住房面积、城乡居民储蓄存款等也有了可观的增长。但是，也应该认识到，在新型城镇化建设过程中，还存在着一些问题，例如城镇群规模偏小，城镇综合承载能力较弱，城中村问题严重，制约着山西省人口流动。在新型城镇化建设的大背景下，义务教育作为基本的国民普及教育，其城乡之间的均衡发展成了公共资源均衡配置的一个不可回避的重点问题。伴随着新型城镇化工作的推进，山西省城乡义务教育均衡发展在基础设施建设、教师质量、财政投入等方面有了喜人的成果。

截至2015年底，全省共有小学6403所，比去年减少了482所。一共招生376640人，同比上年增加了29221人；在校学生达到2269515人，比去年增加了24496人；毕业学生人数为341145人，比上年减少了46980人。适合上学年龄的儿童入学率接近99.87%。小学学校专任老师人数约172957人，在任老师学历资质同2014年相比下降约0.01个百分点，合格比例达到99.95%。小学学校共有寄宿学生约345706人，农村来城市务工人员的子女约210506人，在农村留守的孩子约有102876人，分别占到了全省在读学生人数总数的15.23%、9.28%与4.53%。截至2015年底，全省总共有普通中学校1895所，相比去年减了24所。一共招了335144人，比上年减少了43723人；在校学生1126840人，比上年减少了92112人；毕业学生427587人，比上年减少了21102人。初中专任教师人数为113107人，比上年减少了2815人。专任教师的学历合格率比去年提高了0.16个百分点，即99.52%。生师比是9.96：1。初中共有寄宿制学生512671人，进城务工人员的随迁子女共71215人，农村留守儿童共54337人，分别占全省在校学生总数的45.5%、6.32%和4.82%。学校的逐步合并和规范化，师资力量得以整合，实现了优化配置，使得基础教育和中等教育的学校数量呈直线下降的趋势。同时，在师资队伍方面，在山西省教育厅网站与山西省教育杂志和《山西青年报》开设了专刊重点讲优秀教师故事，促进社会形成尊师的好氛围。更进一步地实行农村教育研究生师资扶持计划和乡村义务教育老师建设岗位计划，总共招聘了特岗老师1701人（包括国家级贫困县1209人，省级贫困县492人），并签约了农村教育硕士29人。

同时，近些年教育公平一直是教育事业的重点。山西省教育厅原厅长张文栋在2015年全省教育工作报告中提到要优化资源配置，缩小城乡之间差距，建立帮扶机制，缩小校际差距，保障困难群体就学权利，提高资助工作水平等工作重点。

二、制约城乡义务教育平衡发展性原因实证分析

（一）研究内容

在介绍新型城镇化背景的前提下，首先提出了统筹城乡发展这一核心原则，分析了城市化和人力资本的关键性，随后研讨了在教育发展历程中，山西省的发展情况和城乡教育发展不同的地方，城乡义务教育在质量方面不均衡的问题，选择作用在一些与城乡义务教育平衡发展相关因素的量化指标，还分析了OLS的多元线性回归。在最后，针对目前存在的问题提出了具体并且可操作的政策建议。

（二）研究方法

依据制约山西省城乡教育发展的诸多因素，通过为山西省农村义务教育的财政投入与其他非平衡发展问题找到有效的解决办法，并进行较为全面、深入的剖析，下文将构建计量经济学模型对教育均衡发展进行实证分析。教育均衡发展的详尽测量是一个极其复杂的工程，但在义务教育发展的过程中，教育经费最直接的体现是教育经费投入，是判断教育服务提供是否公平、均衡的绝对指标，也是目前财政支出对教育支持水平的进一步具体化。因此，先利用城乡预算里人均教育费用的泰尔指数去衡量山西省城乡义务教育的不平衡化程度，然后，利用Eviews软件针对城乡间义务教育均衡发展的限制性因素开展多元线性回归分析。

（三）泰尔指数介绍与计算

泰尔指数，又被称作泰尔熵标准，是度量非平衡化的一个综合性指标。它起源于信息理论里面熵的相关概念，最初是由荷兰知名经济学家H.泰尔于1967年提出并将其应用在计算收入不平等性的方面。在国外，泰尔指数的相关运用较为普遍且较为关键。泰尔指数的最大优点就是有着其他不均等衡量技术指标所没有的可分解性特征，即总体的差距被分解成组间

的差距和组内的差距两个部分。除此以外，泰尔指数也有着诸如匿名性、齐次性、人口无关性与强洛伦兹一致性等作为较好相对指标所应有的诸多优点。泰尔指数的数值是介于0和1之间的，越靠近0表示财富的分配不平衡程度越小，越靠近1表示财富分配不均程度越大。在这里，选择了以生均预算内的教育经费作为相关主要指标的依据，计算山西省城乡义务教育费用的泰尔指数，具体的计算公式如下：

$$I(x)=\sum_{i=1}^{n}\frac{n_i}{n}\log\frac{\frac{n_i}{n}}{\frac{x_i}{x}}$$

其中，$I(x)$为泰尔指数，i=2表示把指标分为两组，i取1代表城市组，取2代表农村组；n代表山西省义务教育阶段的年度学生总数，n_i表示义务教育阶段内第i组（城市或农村）的年度平均学生数；x为义务教育阶段人均经费总和；x_i为第i组（城市或农村）义务教育层次的人均教育经费。所用数据和计算的泰尔指数如表6-3：

表6-3　2004—2013年山西省城乡预算教育经费、学生人数与泰尔指数

年份	城市教育经费/元	农村教育经费/元	教育总经费/元	城市学生数/人	农村学生数/人	总学生数/人	泰尔指数
2004	2450.61	2625.27	5075.88	1067893	3460338	4528231	0.003614
2005	3165.87	3470.81	6636.68	1113837	3034861	4148698	0.002501
2006	3920.83	4380.74	8301.57	1117799	2794651	3912450	0.001503
2007	4712.85	5635.43	10348.28	1154016	2519881	3673897	0.004516
2008	6183.80	7214.00	13397.80	1146637	2307434	3454071	0.003244
2009	8573.35	10857.71	19431.06	1165084	2129234	3294318	0.009876
2010	11783.85	14533.82	26317.67	1279674	1317778	2597452	0.039150
2011	15073.44	18316.53	33389.97	1252557	1125913	2378470	0.058045
2012	19480.35	24735.14	44215.49	1073846	1075423	2149269	0.053180
2013	23141.83	27316.54	50458.37	1057384	984621	2042005	0.084760

资料来源：由2004—2014年《中国教育经费统计年鉴》和《中国教育统计年鉴》整理所得。

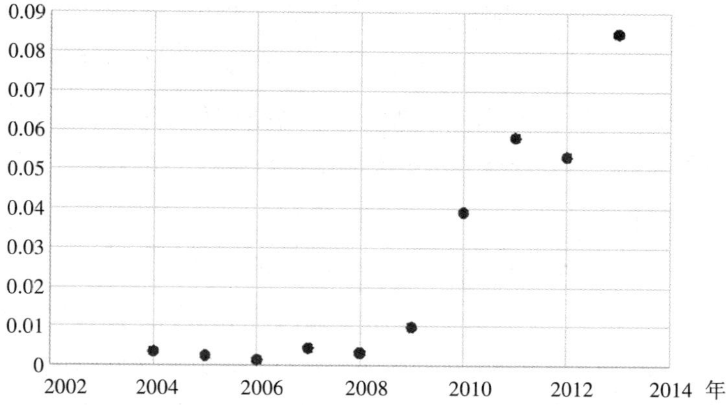

图6-4　2004—2013年泰尔指数散点图

分析图6-4的散点，可以得出：从2004—2013年的这10年间，山西省内的人均教育经费支出的泰尔指数值趋势总体是上升的。教育经费支出的泰尔指数值在2004—2006年这段时间里是逐渐削减的，并且维持在0—0.01这样小的幅度范围之内。然而，2008年到2013年这6年的变化范围相对比较大，最高值在2013年的0.084760。同时这6年中，泰尔指数指基本是上升的趋势，除2012年有不到0.01的下降幅度。这种变化趋势与大部分学者研究得出的结论大体上是相同的，但从城乡生均教育经费绝对差和泰尔指数比较的结果来看，城乡差距有增大的趋势，这表明因为财政教育投资体制存在较大差异，教育财政转移支付制度，教育资源的配置以及其他固有的分配体制存在欠缺。此外，鉴于山西省城乡经济基础的较大差异，新机制的实施对缩小城乡义务教育经费投入差距的作用由于受到了限制而没有充分发挥出来。

三、OLS模型运用及结论

（一）指标与模型构建

义务教育属公共产品中较为重要的组成，其影响原因以及分析办法类似于公共产品。这里借鉴了刘斌《我国地方政府公共产品供给现状案例研究——基于重庆40个区县的实证分析》里面的部分模型构建，建立了多元线性回归模型，使用的是2004—2013年连续10年的7项数据，其中Y值也就是上一部分已经整理运算得出的城乡生均教育经费泰尔指数，X指标选的是人平均GDP、城镇化率、城乡居民收入比（城镇居民家庭人均可支配收入比农民人均可支配收入)、城乡居民消费比（城镇居民人均消费性支出比上农村住户人均生活消费支出)、教育支出占公共财政支出的比例、国家财政性教育经费占了GDP比例等，各数据都是来自或者根据相应年份的《中国统计年鉴》计算得出，然后运用Eviews7.2软件回归分析，最后构建的方程如下所示：

$$Y=\alpha_0+\alpha_1X_1+\alpha_2X_2+\alpha_3X_3+\alpha_4X_4+\alpha_5X_5+\alpha_6X_6+\mu$$

其中，α_0、α_1、α_2、α_3、α_4、α_5、α_6为待估参数，μ为随机扰动项。自变量X指标选取主要来自三个方面：①为了衡量教育差异化与经济发展的相关性，选取山西省人均GDP这一具有典型代表性的指标作为测度经济发展因素的准则；②为了衡量城乡二元结构差异对义务教育投入差距扩大的影响，选取了城镇化率、城乡居民收入比、城乡居民消费比等指标来测度城乡因素对义务教育的作用；③为了权衡财政的政策效应对义务教育投入差距的影响，主要选用了包括教育支出占公共财政支出的比例、国家财政性教育经费占GDP比例这两项指标作为衡量教育财政体制效应的标准。具体使用的数据如表6-4所示：

表6-4　OLS模型分析所需各项数据

年份	人均GDP（万元）X_1	城镇化率X_2	国家财政性教育经费占GDP比例X_3	教育支出占公共财政支出比例X_4	城乡居民收入比X_5	城乡居民消费比X_6	泰尔指数Y
2004	0.908545	39.63%	23.90%	15.25%	3.05	3.45	0.003614
2005	1.285400	42.11%	23.94%	15.27%	3.08	3.38	0.002501
2006	1.473900	43.01%	26.42%	13.2%	3.15	3.18	0.001503
2007	1.810400	44.02%	25.44%	17.26%	3.15	3.02	0.004516
2008	2.183400	45.11%	26.63%	17.87%	3.20	2.84	0.003244
2009	2.151600	45.99%	34.91%	17.81%	3.30	2.83	0.009876
2010	2.624900	48.05%	32.36%	17.01%	3.30	2.67	0.039150
2011	3.129200	49.68%	31.41%	17.84%	3.23	2.48	0.058045
2012	3.366600	51.26%	36.75%	20.22%	3.21	2.19	0.053180
2013	3.498400	52.56%	35.15%	17.90%	3.14	2.19	0.084760

资料来源：计算整理2004—2013年《中国统计年鉴》和《山西省统计年鉴》所得。

（二）回归结果及讨论

表6-5　Eviews分析结果

Dependent Variable：Y				
Method：Least Squares				
Date：05/05/16　Time：19:33				
Sample：2004 2013				
Included observations：10				
Variable	Coefficient	Std. Error	t-Statistic	Prob.
C	0.263236	1.958816	3.233639	0.5583
X_1	0.022478	0.139583	3.314192	0.5391
X_2	0.003055	0.054468	2.285108	0.4963
X_3	0.007677	0.060623	-0.994914	0.4188
X_4	-0.048052	0.010605	-0.578333	0.7058
X_5	0.002172	0.336290	2.642907	0.4112
X_6	0.001388	0.104611	0.753104	0.4653
R-squared	0.944553		Mean dependent var	0.026043
Adjusted R-squared	0.833658		S.D. dependent var	0.030410
S.E. of regression	0.012403		Akaike info criterion	-5.745782
Sum squared resid	0.000461		Schwarz criterion	-5.533972
Log likelihood	35.72891		Hannan-Quinn criter.	-5.978136
F-statistic	8.517547		Durbin-Watson stat	2.413686
Prob(F-statistic)	0.053396			

可以看出，总体模型的R^2=0.944553，且调整后的R^2=0.833658，可以看出，方程的拟合优度很高；模型显著性检验（F检验）由回归分析的结果看，F检验值8.517547且它的相伴概率接近零，说明方程整体非常显著。

利用Eviews7.2软件，对以上数据进行OLS拟合后得到方程：

$$Y=0.263+0.022X_1+0.003X_2+0.008X_3-0.048X_4+0.002X_5+0.0013X_6$$

（3.234）（3.314）（2.285）（-0.995）（-0.578）（2.643）（0.753）

___$R^2=0.945$　$R^2=0.834$　F=8.518　D.W.=2.41

该结果显示模型的拟合优度系数较高，表明模型整体拟合度较好，方程的解释能力较强，但在5%显著水平下，自变量X_4、X_6的系数的t统计值未能通过检验，考虑到指标中有类似因素，可能模型中出现了多重共线性，且X_5、X_6的相关系数达到了90.2%，故选择剔除X_4和X_6再进行逐步回归，得到了新的模型回归结果，列方程如下：

$$Y=-2.550+0.012X_1+0.025X_2+0.055X_3-0.043X_5$$

$$(-2.328)\ (5.595)\ (4.355)\ (2.456)\ (-2.284)$$

$$R^2=0.936\quad R^2=0.885\quad F=13.683\quad D.W.=1.52$$

新的模型所得的可决系数为0.936和修正的可决系数为0.885，说明拟合优度系数也较高，F统计量显著提高，且各变量系数通过了t检验，模型的有效性得到支持。根据以上回归结果，以及与前文的城乡教育对比分析可得出以下重要结论：

1.制约山西省教育均衡化发展的主因是城乡二元分化

回归方程说明代表城乡义务教育非均衡化的程度即Y值与X_1人均GDP、X_2城镇化率，变量的相关系数分别为0.012、0.025，这10年的数据显示在山西省经济水平上升，且城市化率逐渐增加的情况下，没有达到理想的城市和农村义务教育均衡发展的预期，反而是扩大了二者之间的非均衡指数。城市和农村的收入比和泰尔指数之间的正相关的关系也从侧面反映出，尽管这10年山西省在相关政策的支持下经济迅速发展，虽然城镇化率的绝对指标有了提升，但城镇化的质量不高、区域内和城市与农村之间还没有统筹兼顾，农村地区的经济发展水平还是落后于城市的经济发展水平，造成义务教育不平衡的主要因素是城市和农村的二元结构导致的收入水平和各种公众性福利的差异，因而，加强新型城镇化建设就显得非常重要。在城市和农村两个封闭的系统下运行的分割的义务教育的细分将不可避免地出现二元性。这种在二元经济条件下，由于城乡政府的经济差别性、分割性以及封闭性，政府在作为承担义务教育的投资主体时，造成义务教育经费在城乡间使用不均衡，并且由此引发的一系列城乡教育之间的不对称，叫作二元教育。

2.制约教育均衡化发展的次因是经费投入总体不足

山西省的经费总体水平和财政教育政策效应的影响都被X_3和X_4两个指标衡量，其中X_4反映的是公共财政的支教比重，它与泰尔指数呈负相关，并且在方程中影响程度比较大，系数为−0.048，表明了相比经济发达的其他地区而言，山西省经费投入的上下浮动或降低，是制约教育均衡化发展的次要原因。在正常情况下，当义务教育财政框架建立在金融体系的基础上时，由行政区划造成的经济差距将不可避免地导致义务教育差距。而义务教育的出发点和城乡之间的差距又导致了社会弱势群体发展的不公平，维持并进一步拉大了他们的经济差距。在现行的规章制度下，财政投入对教育重心的划分有失公平，地方各级政府作为义务教育筹资的责任主体，财政能力有限，财政转移支付并未达到预期效果，收效甚微。并且因为义务教育所具有正外部性的特征，造成投资回报周期比较长，地方政府不会把义务教育财政支出列为优先支出类尤其是在地方财政资源匮乏的地区，更有甚者还会把义务教育财政资金转移到其他投资回报周期较短的利益性项目中去。因此地方政府对投资缺乏热情是由于教育财权和事权的分化造成的，并进一步加剧了义务教育投资水平的不平衡现状。

3.教师队伍建设与教育改革发展的新形势不相适应

一些学者分析，今天的中国，城乡差距比较大。城市教师的学历和教育质量明显高于农村，并且女教师在大城市的比例较大，老师负担的学生较多，也就是生师比比较高，与此同时，农村男教师相对城市而言人数多，农村老师负担的学生数也明显少于城市。教师资源的极端不平衡：发达城市和地区，教师岗位人浮于事，有的已经严重过剩；在偏远地区，教师的数量少，质量也不高，有些地区严重缺少美术、体育、音乐、电脑和其他专业的教师。并且发达城市和地区，老师学历高、教育水平也较高，知识更新速度较快，能够紧跟时代步伐，与此相反，在偏远的农村地区老师的学历和教学水平都比较低，教学方法简单粗糙，知识的更新速度比较缓慢。在义务教育期间，同一地区农村教师资源质量低，集中反映在低水平的教育、低比例的优秀教师、较高的年龄结构、专业教师的严重空缺、在职培训机会较少、人才流失严重。此外，农村学校工作条件较差，相对大城市而言老师出去进修或学习的机会比较少，工资待遇远远低于城市，使得农村优秀教师大批涌入城市。农村的中小学教师数量不足，还有师范院校毕业生不想在农村中小学任教这方面的原因。

四、实现城乡教育均衡发展的对策

（一）打破二元结构的限制，统筹城乡经济发展

（1）要调整国民经济收入的分配模式，大幅增加国家关于农村基础设施改造与社会事业建设的投入，并建立起农业与农村的联合投入体制，更要解决好农民的生活基本设施与建设，加速推进农村社会事业建设的发

展，鼓励改善农村教育水平，促进农村公共卫生建设和基本医疗服务水平提高等。

（2）要逐步实现改革发展取得的成绩由全体人民共享，逐年显著增加农民粮食补贴。为了促使价格维持在一个较为合理的水平需稳步提高粮食的最低收购价钱，优化进出口的农产品质量，从而提高农民收入。

（3）为促进城乡经济一体化的发展并建立起一个新的系统，需促进城乡间公共资源的平衡分配；城乡生产因素的自由流动，城乡土地利用的总体规划将促使经济与社会发展的城乡一体化。地方各级政府应在部署城乡产业发展的同时，重点考虑的方面是：村落分布、农田保护、生态涵养、市县域城镇建设等。考虑大量农村劳动力流入城市的背景，吸引劳动力回归要通过引导城市资金、人才、技术与管理等多方面生产要素向农村转移实现。为逐步建立起一个城乡统一的公共制度，需部署城乡基础设施建设与公共服务。逐步解决城乡劳动就业这个问题，加快建设城乡相统一的人力资源市场。统筹城乡之间的社会管理，逐步放宽在中小城市落户条件，使得在城镇稳定就业和居住的农民有序成为城市居民。

（二）促使学校师资均衡配置，加强师资队伍全面建设

（1）首先应着手优化教师的培养方式。为确保各中小学教师的质量和来源，进一步加强和巩固师范类专业建设，师范类院校坚持面向、适应和服务基础教育，还应扩大师范专业的招生比例，优化专业结构的整合，对师范类教育课程的体系进行全面改革，努力提高教学的质量。确定一批具有良好师范基础的地方高职院校或综合性高等学校专为农村培养教师资源，坚持做好高校毕业生到农村的教育工作，引导并鼓动高校的毕业生去教育资源比较匮乏的农村、山村去支教。

（2）在提高贫困地区教师补偿的同时，要重视农村教师进修、培训，通过进一步加强训练的方式来达到缩小农村和城市在教师质量上的差距这一目标。尽管教育部和相关部门在历年来高度重视基础教育和中等教师的建设，农村教师培训的关键是强调针对性与实事求是。在培训方案和内容开展前，首先应该进行本地调研，切实深入地掌握本地区教师的长处和短板。其次是设计的培训课程设计要保证生动性的同时兼具科学性，围绕薄弱环节，以案例为支撑，辅之以丰富的语言。同时，加强对农村音乐、艺

术、体育、信息技术等学科教师的培训工作，注重培训基金的拨付。古人云“善之本在教，教之本在师”，如果老师在他们的专业及素养上不合格，当然也就不能希望农村学生在音、美、体等方面有好的表现。再次，要注重对农村中青年教师的精神鼓励和支持。为了推动山西省城乡义务教育质量的提高，引导农村教师借助远程技术掌握新的教学理念和方法，继续保持钻研业务的好习惯，这也为培养其成为学校教师的中流砥柱提供了保障。

（三）加大财政支教投入总量，健全教育财政制度

1.增加教育经费的投入总量，合理调整资金的架构比例

为了解决这一问题，首先要从源头上寻找门路，就是保证教育经费的投入。为此，与教育有关税收的征收要适当增加，保证用于支教的财政占比实现年年上升，保证教育经费投入在国民生产总值中所占比例年年上升，达到并超过4%的法定要求；建立中央和地方教育资助委员会，负责教育预算，以及监督政府财政拨款，逐步健全、完善教育资金投入架构，并新增中央财政转移支付方式；与此同时尽力适当调整资金的结构，适当缩减高等教育、现代职业教育资金所占的比例，增加义务教育投入比例。作为个人教育的产品，由于非义务教育（高等教育和职业教育等），其个人的收益率与社会的收益率相比有明显提高的趋势，应通过其他各种路径来争取经费，防止挤占小学教育和初中教育的成长发展空间。

2.拓宽义务教育的资金来源渠道，通过多种途径吸纳社会资金

作为纯粹的公共物品义务教育，一般不是靠市场经济来提供，而是政府主导的。然而在山西省这样的中部地区，义务教育是教育结构中的薄弱环节，也是提高全省人民综合素质的关键，其潜在的经济效益和社会效益很大，所以，在国家和地区财政投入和供应有限的基础上，多种途径吸收社会资本现已成为补充义务教育资金的重要渠道，修订后的《义务教育法》给了明确的支持。政府作为调控的主体应该主动指导鼓励社会组织、资金实力雄厚的企业等为各地区的贫困中小学生和农村留守儿童等弱势群体提供资金支持，以社会捐款或发行教育公债、体育彩票等方式筹措义务教育经费和基础设施建设费用。

（四）确保农村务工子女等弱势群体能平等地接受义务教育

1.保证来城务工人员随迁的子女及留守儿童接受平等的义务教育权利

要坚定“以归为地政府管理为主要，以全日制公立中小学就读为主要”的法则，落实解决农民工子女的教育问题。我们不但要将农民工子女接受义务教育的问题纳入教育发展规划，还要大力支持和规整民办学校。运用多种方式解决未注册但适龄的儿童义务教育的问题，进而提升农村留守儿童的教育质量，努力解决留守孩子们在思想、生活和学习上的各种困难。

2.保护特殊孩子和青少年能够平等地接受义务教育

依照国家法律规定，地级以上市人数在30万以上、“三残”孩子比较多的县（市、区）应当建立一所标准化的特殊教育学校。并从多方面改善提高特殊教育学校的办学条件，努力健全普通学校接纳残疾孩子和青少年的具体实施机制。为进一步促进特殊教育的健康有序发展，要制定并健全特殊教育学生的公共经费补贴标准。依特殊教育学校人员的标准，配足够的特殊教育人员，加大对特殊教育教师津贴补贴。为没有能完成义务教育的少年刑事犯和被采取强制硬性教育规定的未成年人员创造更好的学习氛围，并为他们多次开展义务教育。

五、结论

教育资源作为典型社会公共资源，它的合理配置是实现教育公正的重要体现。由历史因素造成的山西省城市和农村地区之间的二元结构，导致农村学校基础设施明显落后于城市。随着新型城镇化建设不断深入，城乡居民无法公平地享受以教育、医疗等为代表的基本公共服务的问题已遭各界诟病，因而本节着重介绍在新的城镇化背景下，探讨山西城乡义务教育平衡化发展的现实问题，探讨了影响山西省城乡义务教育的主要原因，最后，在理论要求与路径实现这两个方面提出了促进山西城乡义务教育平衡发展的解决办法。

第七章　城镇化进程中农民工就业问题研究

第一节　新型城镇化背景下新生代农民工的就业问题

一、新型城镇化背景下农民工就业的基本情况

（一）新生代农民工就业的规模

1.新生代农民工的含义

在20世纪八九十年代出生在农村的，成年之后原先在农村劳动，之后由于某种原因转移到城市的这部分劳动力就是新生代农民工。这部分劳动力在我国务工人员中占有很大比例，2016年新生代农民工大约有1.40亿人占农民工总数的49.7%。新生代农民工基本都是青年，“三高一低”是他们的主要特征，即受教育程度较高，职业期望值较高，物质和精神要求较高，而对工作的承受力低。

2.新生代农民工的规模现状

国家统计局2017年数据显示，全国农民工总量比2016年增加了481万人，总量达到2.8652亿人，比上年增长了1.7%。这其中有外出农民工17185万人，比2016年增长251万人，同比增长1.5%；本地农民工11467万人，比2016年增加了230万人，同比增长了2%。但对于新生代农民工来说，2017年新生代农民工的人数达到1.447亿人，占农民工总数的50.5%，首次超过老一代农民工的数量。从以上数据能够看出，新生代农民工在当今社会中或已成为不能缺少的一部分，其增长速度之快、崛起之猛，使其在社会发展过程中起到了至关重要的作用。

（二）新生代农民工的工作现状

由表7-1可以看出：新生代农民工大部分来自中部地区，总人数比例占到了将近一半，并且大部分新生代农民工把目光放在了东部地区，比例为72.3%。从表7-1中得出的结论是：东部地区是这类新群体的主要流入地区，他们主要来自中部地区，西部地区流出量较少。

表7-1　2015年新生代农民工的地区分布格局

新生代农民工的地区分布	流入比例	流出比例
东部地区	72.3%	31.4%
中部地区	12.9%	38.2%
西部地区	30.4%	14.4%

表7-2显示，新生代农民工与传统农民工在就业选择上有区别，越来越多的新生代农民工不再选择进入危险又辛苦的建筑业。大多数新生代农民工就业还是趋向制造业和服务业。而对于要求较高知识技术的行业，由于新生代农民工知识水平不高，很少有人选择。

表7-2　我国新生代农民工在城市工作主要选择行业

行　业	新生代农民工	老一代农民工
制造业	48.4%	32.5%
建筑业	9.8%	27.8%
交通运输、仓储和邮政业	5.0%	7.1%
批发和零售业	8.4%	6.9%
住宿和餐饮业	9.2%	5.9%
居民服务和其他服务业	12.4%	11.0%
其他行业	10.8%	9.8%

二、新生代农民工在现代城镇化建设过程中的就业困境

（一）新生代农民工社会地位低，经常遇到歧视

农民从古到今的社会地位低是我国的一个现状，转移变成新生代农民工同样面临这样的问题。

具体表现在以下几方面：

第一，进城务工的新生代农民工所面临的就业机会与城镇居民不同，

有很多企业设置的门槛高，例如在户籍方面限制新生代农民工就业等，企业拒绝接收新生代农民工为自己企业的员工。新生代农民工来到城镇之后，各种人力、物力资源都很少，无法及时获得招聘信息，也没有专门的指导机构指引，很多因素导致新生代农民工不能及时找到工作。

第二，自己孩子的教育方面在城镇中得不到较好解决。大批新生代农民工进城务工，其子女受教育情况得不到重视，很多国家教育部门公办的学校因户口原因不招收新生代农民工的子女，加上教育体系的不完善，使得其只能选择在没有门槛的私立学校，但私立学校得不到政府的支持，只能靠招收经费带动运转，所以昂贵的学费更是加重了新生代农民工的负担。

第三，他们即使是从农村到了城镇，工作质量低。与城镇居民相比，大部分新生代农民工所从事的都是脏、累、苦的活，而且对体力要求较高，但是有时候收入不及城镇居民的一半。可以说，没有农民工就没有城市如今的面貌，但在就业方面新生代农民工依然会遭遇很多的不公平。

（二）城镇的社会福利不对新生代农民工服务，新生代农民工生活水平低

第一，在城镇中，新生代农民工的各种权利得不到很好的保证。政府即使发布了许多法律法规，没有落实或者落实不到位，并且长期有效的机制没有形成，新生代农民工的权利得不到保护。国家统计局2012—2016年对新生代农民工有关社会保险的调查报告显示（见表7-3），新生代农民工养老保险、失业保险、生育保险还不到18%。要保障农民工在城镇的合法权益，政府必须采取有效的措施，还要落实在行动上。

表7-3　2012—2016年新生代农民工取得社会保险的比重

保险内容	2016年	2015年	2014年	2013年	2012年
医疗保险	19.3%	18.5%	17.6%	17.1%	16.9%
养老保险	17.5%	17.3%	16.7%	16.2%	14.3%
工伤保险	28.4%	27.3%	26.2%	25.0%	24.0%
失业保险	12.3%	11.4%	10.5%	9.8%	8.4%
生育保险	8.5%	8.1%	7.8%	7.2%	6.1%

第二，新生代农民工在就业方面应享有的权益没有得到保证。2008年

开始实施的《中华人民共和国劳动合同法》不仅对劳动力市场产生了深远影响，并且对新生代农民工权益的保障方面也产生了很大影响，尤其是在工资问题的解决上有明显的效果。新生代农民工被拖欠工资的情况有了一定改善，这部分人数比例直线下降，渐渐由2008年的4.1%下降至2012年的0.5%。但是合同签署率仍存在较大问题，用人单位与新生代农民工签订合同的占比较低，而且即使是签了合同，往往也会出现合同期限很短、内容不规范及履约不理想等现象。国家统计局2014年调查显示，新生代农民工没有与所在企业签署劳动合同的人数比例偏高，这肯定会使其权利不能得到很好的保障。同时新生代农民工被欠薪问题比较严重，2014年在整个新生代农民工群体中还有0.8%的农民工被拖欠工资，比上一年度仅仅下降了0.2个百分点。

尽管新生代农民工的社会保障意识、法律意识都在不断提高，但是新生代农民工的社会保障权利依然得不到很好的保障，这还需要得到政府的重视。

（三）我国政府对新生代农民工的就业培训体系建设依然不够健全完善

伴随着时代的进步发展，我国对就业培训愈加重视，但是在新生代农民工就业培训方面的重视程度还是不够全面，并且新生代农民工就业培训体系制度也不够健全，根据国家统计局《2015年全国农民工监测调查报告》数据，即表7-4正表明了这一点。

表7-4　2015年我国新生代农民工进行就业培训的基本状况

年龄	进行过农业技术培训	进行过非农业技术培训	都未进行过
16—20岁	5%	20%	76%
21—30岁	6.2%	31.6%	66%

在我国，没有一个较好的新生代农民工就业培训体系，原因有以下几条：

第一，我国政府在资金投入方面，工作做得不够到位。尽管一直以来政府和国家已经提高了对新生代农民工就业培训的重视程度，但政府在新生代农民工就业培训资金投入这方面的工作仍然没有做好，并且企业为了减少损失，避免新生代农民工在接受培训后又离开，让新生代农民工负担高额的培训费用。这严重打击了新生代农民工进行培训的信心，他们面对昂贵的培训费用，苦不堪言，很多新生代农民工因此退出培训，进一步说明了我国在新生代农民工就业培训体系的建设上不够完善。

第二，政府的监管监督力度不够，导致新生代农民工就业培训出现很多问题。正是因为政府对培训机构没有进行有效的监督管理，在很多培训机构中，存在着许多欺诈性、缺乏公益性的现象。新生代农民工本身没有足够高的文化素质，所以那些有欺骗性的培训机构便有机可乘了。新生代农民工在被欺骗之后，更加远离了就业培训。

第三，没有设立专门的有关新生代农民工的就业培训。在我国，没有新颖的培训内容，有的只是一些各行业的基本知识和基本技能培训，而这对于一些行业要求必备特殊技能的培训却很少。不仅如此，在我国也没有专门的服务机制。这也是很多新生代农民工不愿意接受就业培训的原因。因此，就业培训体系也很难完善，新生代农民工参加就业培训的意义也无法较好地体现出来。

（四）新生代农民工没有有效安全的就业途径，很多职业中介机构专业性也不够强

我国新生代农民工需要一个稳定的生活环境，而稳定的就业是前提，到目前仍然有很多新生代农民工无法就业。导致其无法就业的原因大多是没有找到合适的就业途径以及没有找到合适的专业职业中介机构。这就需要我们去思考如何正确解决。出现这样的问题，主要有以下两个方面的原因：

第一，新生代农民工需要安全有效的就业途径。新生代农民工本身就业就很不容易实现，如果就业途径再不合理，新生代农民工就业变得更加困难，选择一条合适的就业途径决定着新生代农民工能否更好就业。如今在就业途径方面，新生代农民工能够选择的有两种可行方式：制度化和非制度化的就业途径。制度化就业途径是指新生代农民工可以通过正规劳动力和人力资源市场找到合适的工作，但这个途径只有少数新生代农民工会选择，因为新生代农民工凭自身能力，还是没有办法进入人力市场的大部分公司，对他们来说，非制度化的就业途径也许是更好的选择。不够正规的就业方式就是非制度化的就业途径，即通过亲朋好友介绍等非正规途径来实现就业。这足以说明新生代农民工还没有完善的就业方式。

第二，职业中介体系的建设还不够完整。对于新生代农民工来说，他们自身文化素质不高，所受教育程度有限，对职业中介体系认识不够深入，甚至存在偏见，导致很多职业中介机构不能完全发挥出自己的能力。而且很多职业中介机构能力有限，新生代农民工遇到的就业问题没有办法解决，导致很多新生代农民工直接放弃职业中介机构，自己去找工作。新生代农民工的就业机会因此受到了很大影响。

新生代农民工有着特殊的成长背景，从小在农村长大使得他们在还未进城之前就已经对城市生活进行了一些了解，并且对城市生活有憧憬和向往。在新生代农民工即将离开家乡踏上去往城市的道路的时候，他们心中已经有了对大城市生活的想象，即一些学者所说的“想象世界”，对城市已经有了好的印象。与老一代农民工进城务工不同，新生代农民工进入城市，一方面是为了能更好地生活，但更多的原因，是为了实现自己的梦想，为了能在城市找到更加广阔的发展空间，进一步在城市中站稳脚跟，不断和城市生活融为一体，最终成为城市居民中的一员。新生代农民工对城市的美好憧憬，还有他们进城务工的动机已经严重影响了他们的就业观念。因此，我国城镇化进程要想进一步发展，就必须在新生代农民工就业问题上多重视。这需要政府的不断努力，同时也需要新生代农民工转变自己的就业观念。只有这样，才有可能打拼出属于自己的一片天地。

三、合理解决新生代农民工就业问题的一些主要对策方法

近年来，随着社会经济不断向前发展，新生代农民工已经逐渐取代传统农民工走上了时代的舞台，成为我国农民工群体中的主要力量，所以要解决好新生代农民工的就业问题。怎样解决好新生代农民工就业问题已经被提上我国政府的日程，可以从以下几方面考虑：

（一）努力创新我国户籍政策，让新生代农民工能够因此转变身份

二元户籍制度在我国无法改变，它的存在使新生代农民工在就业时遇到很多问题，因此解决新生代农民工就业问题的关键，就是创新改革我国的户籍制度。

二元户籍制度决定着新生代农民工是不是可以全面融入城市，首先，

它使公民之间存在着以户籍为标准的身份差别，造成了农村居民和城镇居民身份不平等。其次，它妨碍了农村向城市的正常转移，违反了刘易斯定律，导致我国如今城市化比较滞后的局面。最后，它间接造成大量农村剩余劳动力及现在的新生代农民工问题。所以能不能很好地解决新生代农民工就业问题就在于能不能创新户籍制度。但是这种改革不能急于求成，要与城镇自身发展能力相适应，否则很容易引起新型城镇化发展过程中的“城市病”。第一，各个城镇政府要认识到推进户籍制度改革的必要性，适当地把农村劳动力引向城镇，不能只把眼光放到城镇居民身上，统筹城乡，协调发展，只有这样才能进一步推动城市化进程不断向前发展。第二，政府要适当放宽政策，使得农村居民进入城市更加便捷，减少限制条例。新生代农民工本身学历不高，知识面窄，如果不能更改进入城市的限制条件，城市的大门是没有办法为新生代农民工打开的。第三，要为新生代农民工步入城镇后提供比较平等的就业机会，保证大部分新生代农民工都能就业，甚至可以在城市落地生根。总之，新生代农民工就业问题如果能得到合理解决，户籍制度能够创新成功，让更多的新生代农民工进入城镇，城市化的进程才会更快，新生代农民工才能为城市化的发展做出更好的努力。

当前我国一些户籍制度创新改革的效果已经体现出来，首先，户籍制度包括的政治不平等正在消失。例如，以“山东模式”为代表的许多省份，包括安徽、浙江、河南等地的户籍制度改革是最具代表性的，其改革就是撤销了农村户口与城市户口的差别，使其成为一个完整的整体，统一为居民户口。其次，户籍制度不再是政治支配和法律惩戒的手段。如今注销户口虽然不在我国刑法的记录中，却是一种较为严重的惩罚，因为它在事实上夺取了户籍上带有的所有社会权利和人身权利，所以这种惩罚甚至比刑法更严重，现在这种不合理的规定已经被废除，并且颁布了一系列合理的规定，可以说这一措施真正保障了农村居民的人权，在城镇化进程中是很有代表性的成果。

（二）尽最大的努力来改善农民工的社会福利

新生代农民工是城市建设中最基层的组成部分，是核心建设力量之一。但是在待遇方面与城镇居民相差太远，这种局面滞后了经济建设，农民工在城市受到不公平的待遇给他们心理上带来了不利影响，最后延缓的是社会整体的发展速度。完善的社会福利体制、公正的福利待遇是当下国家工作的重要突破口。工作是所有人稳定的重要因素，没有工作意味着不稳定因素，解决好社会福利问题有助于社会稳定和谐。第一，当地政府要从思想上提高这个问题的重要性，要处理好农民工在社会福利问题中出现的矛盾，及时处理问题，避免矛盾激化带来严重后果。第二，公民的权利依靠法律保护，如果要想真正解决这个问题，政府国家要从法律角度出发，制定有关法律，做到有法可依，以法律形式赋予农民工与城镇居民同等地位的权利。同时也要监督法律贯彻的程度，使法律意识深入人心。第三，政府要随时检查监督法律的实施进度，及时维护法律的权威。同时要树立尊重每一个职业、职业没有贵贱之分的观念。持续不断地进行制度改革，经常对农民工进行调研，积极总结经验与不足。只有这样，新生代农民工在城市中才能享受到平等的福利，才有家的感觉。农民工在心里有了归属感才会在此处定居，这样既解决了社会稳定问题，也有利于社会经济建设。

从图7-1、图7-2可以看出，从1998年以后我国国内生产总值和财政收入总值变化趋于平稳，而且比较高。从1998年到2015年国内生产总值增长率保持在10%左右，而财政收入保持在20%左右。现阶段我国经济实力的不断强大，表明国家政府对经济的调控在不断加强，解决新生代农民工的社会保障问题已经不再是一个难题。当前，我国已经慢慢完成了建设有国家特色的社会保障体系，而新生代农民工也已经成长为一支建设繁荣社会的强大力量。

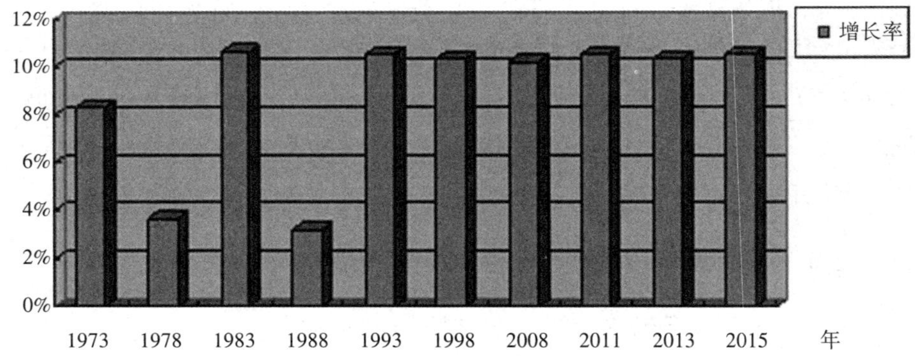

图7-1　1973—2015年国内生产总值增长率

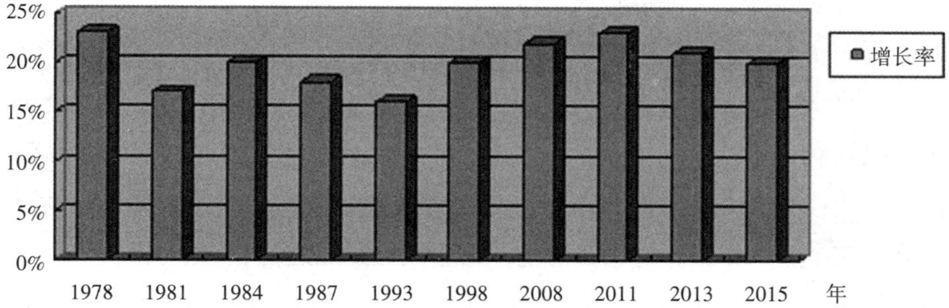

图7-2　1978—2015年我国财政收入增长率

（三）在就业服务和培训模式上创立自己的特色，进而促进新生代农民工就业

新生代农民工是二、三产业的主要组成力量，其知识技能的掌握程度与我国经济发展速度有很大关系。随着时代的不断进步，二、三产业对人才的需求越来越注重技能方面，因此新生代农民工要不断注重自身技能的掌握与提升。另外，为了能保证新生代农民工的就业稳定性，农民工就业的服务要努力搞好，主要从以下几方面进行：

第一，新生代农民工就业培训需要足够的资金，这就需要政府不断提供。首先，政府要为新生代农民工建立一个公平的就业平台。这就要加强对于劳动力市场的管理，完善劳动力市场的管理机制，要依法去除那些坑骗新生代农民工的非正规劳动力市场，对那些合理合法的劳动力市场要大力推荐。政府还要不断把那些合理合法的就业服务和中介机构引入劳动力市场，使新生代农民工得到更多的就业机会，以促进新生代农民工稳定就业。其次，政府在网络建设方面也要不断健全完善。在这个网络信息时代，网络已经成为人们日常生活中不能缺少的东西，新生代农民工也可以从网上获取更多的就业机会，所以政府要在新生代农民工就业的网络系统上多下功夫，对于一些单位的招聘信息要及时颁布，方便新生代农民工可以快速、准确地获取所需要的就业信息，进一步稳定其就业。最后，要及时记录新生代农民工与用人单位签订合同的情况，避免新生代农民工与企业之间产生不可调和的矛盾，同时也要避免因此导致的新生代农民工失业。

第二，企业在人力资源方面也要做出改变。大多数新生代农民工的工作都是以体力活为主，而由于缺乏技能，导致其工资待遇低。因此新生代农民工就业转移的可能性较大，导致很多企业留不住员工，企业竞争力下降。因而企业应当加强技能培训，尤其对于新生代农民工，企业可以制定相关的培训内容，提高新生代农民工的技术能力以及专业知识。同时企业也可以开展一些特定的关于新生代农民工的活动，例如技能展示大赛等来提高新生代农民工的工作积极性。工作积极性提高了，新生代农民工也就更愿意在企业工作，同时也就稳定了新生代农民工的就业率。

第三，在新生代农民工的培训方面，一些特殊的高等技术学校也要做出改变。很多高等技术学校对新生代农民工有不同的想法，甚至会拒绝接收新生代农民工。高等技术学校应该摒弃这种想法，不仅要接收新生代农民工，而且要制定具有针对性的培训计划，使新生代农民工掌握更好的技能，有利于就业。高等技术学校可以实行校企模式培训，以便新生代农民能够更好地达到企业要求，实现稳定就业。

（四）帮助新生代农民工提升他们的维权意识，需要维权组织不断健全

在现实生活中，常常会出现用人单位侵犯新生代农民工权益的事情发生，例如没有给予新生代农民工应该享有的保险权利以及随意被辞退等现象，但是在发生这样的事情时，如果新生代农民工的维权意识不够，就只能看着自己的合法权益被侵犯而不能维护。新生代农民工提高了自身的法律意识，遇到侵犯自身权益的事情就可拿起法律武器去维护。首先，政府要建立健全关于新生代农民工的法律政策，保证在新生代农民工权利受到侵害时，其能够用有效的法律条文来保护自身权益。其次，城镇执法队伍也是新生代农民工维权路上的一个重要环节。有了健全的执法队伍，新生代农民工就能够拥有一个安全的法律环境，而城镇执法队伍对新生代农民工的看法也要去除，这样才能保证新生代农民工可以寻求到有效的法律保护。最后，新生代农民工的权利要得到有效维护，政府要把维护新生代农民工权利的法律进一步完善。对于我国来说，新生代农民工是一个很重要的群体，有法可依是新生代农民工最需要的，对那些侵犯新生代农民工权益的不合法行为要依法严惩。

最近几年，新生代农民工就业问题一直受到广泛的关注，新生代农民工已经成为新型城镇化建设过程中的主要建设力量，关系着我国的经济发

展和社会的繁荣稳定，所以越来越多的学者将这个问题列入研究日程，并且对之进行深度探讨。希望通过本章的阐述论证，可以为我国新生代农民工就业问题提供一些合理的意见，使得新生代农民工能够更顺利地融入城镇，为我国经济发展贡献自己的力量。

第二节　新型城镇化背景下新生代农民工非正规就业问题研究

一、核心概念界定及分析

（一）新生代农民工

1.新生代农民工界定

近年来，农民工这个特殊群体内部发生了转变，新生代农民工逐渐取代了父辈农民工，占主体地位。因此应着力解决新生代农民工问题，让新生代农民工市民化。

本节中新生代农民工指的是1980年之后出生的农民工，即出生于20世纪80年代以后，16周岁以上的在本地从事非农产业或外出从业6个月及以上的农业户籍青年劳动者。

2.特征分析（对比老一辈农民工）

（1）受教育程度普遍较高。据国家统计局公布的《2013年全国农民工监测调查报告》表明：有1/3的新生代农民工拥有高中及以上文凭，而老一辈农民工比其低了19.2个百分点。

（2）大部分农民工在我国东部区域及大中型都市工作。就地域来看，2013年东部地区占64.8%；中部地区占17.7%；西部地区占17.2%。从就业地点来看，在大中城市劳动的新生代农民工比老一辈农民工高出28.9个百分比。

（3）更倾向选择外出从业。2013年外出就业的新生代农民工占80.3%，本地从业的占19.7%。此年间，近九成的新生代农民工从来没有从事耕地等体力劳动。

（4）以从事制造业为主。2013年间，新生代农民工务工于制造业的占

39%，务工于建筑业的占14.5%，此比例不到老一辈的半数，建筑业占比大大下降。

（5）生活方式倾向于城市居民生活，在外地工作青睐当地消费。2013年的新生代农民工，月生活消费高出老一辈农民工的19.3%；在外地工作喜欢租房住，比例约为40.4%。

（6）心智相对不成熟。新生代农民工没有相关的城镇生活经验及抗压能力，心理承受力不足，心智不够成熟，表现为频繁跳槽甚至犯罪。在2010年半月谈网中曾写有《警惕：新生代农民工犯罪率呈上升趋势》一文，揭示了这一点。

以上，（2）（3）（5）体现了新生代农民工思想观念的不同。进城动机不同于第一代的“养家糊口”，而是为了追求个人的发展，需求层次也有所提高，不再像老一辈那样关注生理上的需要。

（二）非正规就业

1.非正规就业界定

非正规就业首先由国际劳工组织提出，之后国内学者又分别发展出多种解释。而非正规就业的统计一直以来都是个难题，本节根据现有的调查统计数据结合比较权威的解释将“非正规就业”界定为：未签订劳动合同，但已形成事实劳动关系的就业行为。

2.非正规就业的特征

（1）灵活性强，包容性强。非正规就业对从业人员的准入资格（如年龄、性别、技能、学历、素质、经验等）较正规就业更灵活、不苛刻、准入门槛低，可以接收许多被正规就业淘汰在外的待业者。

（2）劳动关系通常不稳定、不规范。非正规就业多是在劳动力流动性很强的行业（如服务业、劳动密集型的制造业等），多为临时工、小时工、季节工，非正规就业者与雇主通常并未签订正式的劳动合同。

（3）劳动报酬较正规就业低且没有额外福利，属于税务监管的未知区域，基本不容易被纳税。

（4）缺乏相关制度支持，没有被我国现在已有的社会保障体系纳入其中。非正规就业者不能享有同正规就业劳动人员同样的保障和工作环境，绝大多数没有养老、失业、医疗保险等基本保障。

（5）择业的非自愿性。我国非正规就业者不同于国外其他国家劳动力出于避开纳税、想要自由等动因，而是出于无奈，为满足生存需求，被正规就业排挤而选择非正规就业。

二、新型城镇化与新生代农民工非正规就业的关系分析

（一）新生代农民工与非正规就业的关系

改革开放至今，由于耕地面积减少和农业技术进步，农村剩余劳动力日渐增多，出现了供大于求的状况，户籍制度松动导致农村剩余劳动力涌向城市。近些年，由于受金融危机的影响以及国家倡导经济新常态，经济增长放缓，就业市场需求相对收紧，而劳动力供给却相对增加。对于新生代农民工来说，出现了大学毕业生、下岗失业工人等竞争对手。我国的劳动力市场现在被分割为三个部分：农村就业部门、城市非正规就业部门和城市正规就业部门，直接造成缺乏竞争优势的新生代农民工久居低水平的非正规就业状态。

由此看来，新生代农民工进城以后的首要谋生途径即非正规就业，近几年来的统计数据也证明这一说法。通过对非正规就业的界定，简而言之，农民工中未签订劳动合同的就业为非正规就业。资料显示，2013年有61.9%的农民工就业属于非正规就业；2014年有62.0%的农民工属于非正规就业，同比高出了0.1个百分点，基本不变；2015年非正规就业的农民工占比63.8%，同比上涨了1.8个百分点。其中，外出农民工和本地农民工非正规就业的比重分别为60.3%和68.3%，分别比上年提高了1.7和1.6个百分点。可见，近年来绝大多数农民工都采取非正规就业，非正规就业中农民工的规模在不断扩大，非正规就业逐渐成为农民工就业的主要方式（见表7-5）。而随着农民工组织年龄构成的改变，新生代农民工逐渐成了主导力量。资料显示，截至2013年底，在20世纪80年代之后出生的农民工（即新生代农民工）有12528万人，占据总量的46.6%，接近一半（见表7-6）。截至2015年底，此群体仍以青壮年为主，结合年龄结构来说，一半以上的农民工在40岁以下，同比减少1.3个百分点（见表7-7）。虽然此比例近年来有所下降，但仍在半数以上，说明新生代农民工正在取缔老一辈农民工占据主体地位。因此，足以说明非正规就业是新生代农民工进城务工极为

重要的就业途径，成为新生代农民工在城市就业的主要方式。

表7-5　2013—2015年农民工签订劳动合同情况

项　　目	无固定期限劳动合同	一年以下劳动合同	一年及以上劳动合同	没有劳动合同
2013年农民工合计	13.7%	3.2%	21.2%	61.9%
其中:外出农民工	14.3%	3.9%	23.2%	58.6%
本地农民工	12.9%	2.1%	18.2%	66.8%
2014年农民工合计	13.7%	3.1%	21.2%	62.0%
其中:外出农民工	14.6%	3.7%	23.1%	58.6%
本地农民工	12.5%	2.3%	18.5%	66.7%
2015年农民工合计	12.9%	3.4%	19.9%	63.8%
其中:外出农民工	13.6%	4.0%	22.1%	60.3%
本地农民工	12.0%	2.5%	17.1%	68.3%

资料来源：国家统计局发布的《2014年全国农民工监测调查报告》和《2015年全国农民工监测调查报告》。

表7-6　2013年农民工规模

单位：万人

指　　标	合　　计	外出农民工	本地农民工
新生代农民工	12528	10061	2467
老一代农民工	14366	6549	7817

资料来源：国家统计局发布的《2013年全国农民工监测调查报告》。

表7-7　2011—2015年农民工年龄构成

年　　龄	2011年	2012年	2013年	2014年	2015年
16—20岁	6.3%	4.9%	4.7%	3.5%	3.7%
21—30岁	32.7%	31.9%	30.8%	30.2%	29.2%
31—40岁	22.7%	22.5%	22.9%	22.8%	22.3%
41—50岁	24.0%	25.6%	26.4%	26.4%	26.9%
50岁以上	14.3%	15.1%	15.2%	17.1%	17.9%

资料来源：国家统计局发布的《2015年全国农民工监测调查报告》。

（二）新型城镇化与非正规就业的关系

1.城镇化是非正规就业发展的缘起与动力

中国特殊的经济二元结构，导致劳动力市场在城乡之间是完全分割的，户籍制度及其种种限制，使农村劳动力难以向城市流动。直到实施城镇化建设之前，非正规就业并没有明显的成长。城镇化建设包括人口职业的转变、产业结构的转变、土地及地域空间的变化等。城镇化建设实施以来，非正规就业得以发展，其原因有三点。一是建设期间，经济转轨、产业结构的调整。此间，国有企业冗员大量失业，下岗人员骤增，国家鼓励个体私营企业等一些非正规部门的发展，刺激了许多的就业需求，人们就此选择灵活的、低要求的非正规就业，促进了其发展壮大。二是城镇化建设中，户籍制度逐渐放松，大量农村剩余劳动力可流入城镇进城务工，非正规就业则成为他们的主要谋生渠道。三是城镇化进程加速推进，出现了扩镇、建镇的热潮，大大刺激了就业市场，催生了大量临时就业岗位，吸引了广大农村劳动力不断涌入城镇以及下岗职工等待业人员通过非正规就业来谋生。总之，城镇承载了非正规就业，没有城镇化就没有非正规就业的产生与成长，城镇化是非正规就业发展的源泉。

2.非正规就业发展对新型城镇化战略具有积极意义

（1）非正规就业具有很大的职位供给，极大缓和了农村剩余劳动力的就业矛盾，改善我国城镇就业形势。其强大的包容性和灵活性为农村劳动力拓宽了就业空间，提供了更多就业机会，对农村脱贫工作起到推力作用，推动了新生代农民工的市民化进程，提高了城镇低收入者的生活质量。

（2）我国的非正规就业效率很高，尤其在城市建设以及繁重的体力劳动方面。非正规就业者对城市居民日常生产生活做出了不可磨灭的贡献，推动了城镇化进程。相对于正规就业，非正规就业的成本较低，节约了国家投资，极大地推动了经济发展，其灵活的就业机制有助于经济结构调整。

（3）非正规就业的健康发展有利于避免过度城镇化。目前我国第一产业和第二产业给劳动力提供的就业供给率还是较低，依然存在过度城镇化的可能。在新型城镇化战略下，非正规就业要在保证城镇化质量的前提下发展，合理掌控其规模，适时发挥其优势，扬长避短。如此一来，更加有利于避免掉入拉美式过度城镇化的深渊。

（三）新型城镇化与新生代农民工非正规就业的关系分析

新生代农民工非正规就业的发展对新型城镇化建设至关重要，其作用具有两面性。一方面，新生代农民工非正规就业的发展助力于我国新型城镇化建设；另一方面，新生代农民工长久从事非正规就业对城镇化建设的质量会有不良影响。

1. 正面关系

我国正在推进的城镇化是以人为核心的新型城镇化，人口城镇化是我国推进新型城镇化发展的核心内容。2014年发布的《国家新型城镇化规划（2014－2020年）》指出我国常住人口城镇化率高出户籍人口城镇化率将近20个百分点，这说明超过2亿人的城镇常住人口（主要是农民工）没有完全城镇化，只是半城镇化。因此，当前我国城镇化最为紧急的工作是实现农民工的市民化，特别是鼓励有主动意愿的并且有城镇化基础的新生代农民工市民化。而此问题的关键是新生代农民工的就业问题，特别是其主要就业方式——非正规就业。因此新型城镇化建设的关键在于新生代农民工非正规就业的健康发展。分析近年来相关数据也可以发现，新生代农民工非正规就业与新型城镇化建设呈现共同发展的状况（见表7-8）。

表7-8　中国2013—2015年城镇化率与农民工非正规就业率

年　份	城镇化率	农民工非正规就业率
2013	53.70%	61.90%
2014	54.77%	62.00%
2015	56.10%	63.80%

2. 负面影响

新型城镇化更加要求城镇化的质量，是人的城镇化，应以人为核心。新生代农民工的非正规就业多处于非体面就业状态，多为服务型、劳动密集型（零售、餐饮、建筑等），知识文化水平要求不高，工资福利水平、生活水准低下、技术落后的非正规部门。而非正规部门所能提供的条件对新生代农民工个人成长并无大的帮助，而且存在相当程度违反正式劳动制度、打破劳动力市场正常秩序以及恶意避税等不良现象。如果他们滞留在非正规部门的话，就业的不稳定、不充分、不正规就强化了新生代农民工的流动迁徙者身份，以及劳动无保障导致新生代农民工无法获得在城里的最低生活消费，只能被迫返回农村。这严重阻碍了新型城镇化建设和新生代农民工市民化进程，很难达到新生代农民工真正意义上的市民化，将会影响城镇化质量水平的提高，也会拉大我国城乡收入差距。

三、新型城镇化背景下新生代农民工非正规就业存在的问题

（一）非正规性问题

非正规就业规范化程度不高，处在法律法规边沿区域，有的存在违背正式劳动制度，扰乱劳动力市场正常秩序，以及恶意避税、劳动关系松散、缺少劳动和社会保障、劳动条件差、劳动保护不足、收入待遇低等问题。当前相关规定缺乏具体实施性，不切合实际。在现行法律体系中缺乏相关的法律政策及规定，已有的一些法规政策不够科学、涵盖不全面，不具普遍适用性。

（二）违规问题

五证[①]不齐全问题突出。烦琐的审批手续导致60%以上新生代农民工证件不齐全，成了违规人员，只能面临查抄和罚款。新生代农民工非正规就业在城市无法立足，政府对其缺乏引导和支持。

（三）多部门交叉管理，没有专门的部门管理

政府多个管理部门（如公安、法律、环保等）基本上都对非正规就业具有管理职责，而现行的政府组织结构没有清晰的部门职责划分，缺乏专门的部门来管理非正规就业，导致出现多部门交叉管理、审批时间长的不良后果。

（四）缺少就业服务支持

非正规就业的新生代农民工技能低，缺少职业培训，缺乏政府提供的完善的就业服务，经常遭受各种非法的职业中介组织的侵害。

四、新型城镇化背景下新生代农民工非正规就业问题原因分析

（一）新生代农民工从事非正规就业的原因

1.新生代农民工的自身特点与非正规就业特征相互适应

①暂住证、出租房屋安全合格证、就业证、婚育证、经商许可证。

非正规就业的灵活性强、包容性强，准入门槛较低，正好适合文化水平低、职业技能不佳、在城市里缺乏工作经验、没条件进入正规部门的新生代农民工。

2.制度的排斥

（1）二元户籍制度的排斥。随着城乡二元户籍制度的产生，为了保障城市居民的就业，以法律形式严格限制农村劳动力进入城市。之后经过一定的改善和变化，虽然减弱了对农村劳动力进城的限制，但从主要集中新生代农民工的大中型城市的情况来看，户籍制度的改革并不彻底。二元户籍制度的实质并未撼动，城市居民与农民工比还是具有很多福利（就业优势以及享有社会保障等），而且经过多年的积累，在就业方面，新生代农民工仍然处于劣势，遭到歧视，受到排挤，从而推动了新生代农民工选择非正规就业。

（2）劳动力市场二元分割的排斥。①劳动力市场城乡二元分割。农村劳动力市场与城市劳动力市场之间厚墙高筑，只支持农民在临近的小城镇就业、定居，而新生代农民工主要集中的大中型城市的门槛依然无法跨越。近年来，大城市将劳动力群体分为城乡的、本地的、外来的，对没有正规证件的外来农民工不提供就业支持，只有符合条件证件齐全的才可以进入城市的劳动力市场，而新生代农民工更倾向于外出工作。②非正规劳动力市场和正规劳动力市场二元分割。我国的劳动力市场被划分为三个部门：城市正规部门、城市非正规部门和农业部门。正规部门包括国有企业、规模较大的私营企业，招聘人员必须通过签订正式的劳动合同才能入职；非正规部门通常以个人或家庭为单位，采用简单容易的技术进行生产，进入门槛低。城市非正规部门被归为非正规劳动力市场，而城市正规部门则归为正规劳动力市场。如此分割，造成新生代农民工走出农村之后，只能走向城市的非正规部门。

3.与城市居民相比不具优势遭市场淘汰

新生代农民工在城市正规就业的竞争对手包括毕业大学生、城市居民等，相比之下不具竞争优势，容易被正规劳动力市场淘汰，被排挤到非正规部门。

4.新生代农民工进入城市暂时的选择

新生代农民工受教育程度较老一辈农民工有所提升，生活条件得到改善，观念也有所改变，他们向往城市的生活以及有利于个人发展的工作，渴望成为真正的城市人。然而，大部分人没有从事过农业生产劳动，因此不如老一辈农民工那样具有勤劳吃苦的品质。他们流动到城市之后，一时无法进入正规就业体系，一般也不愿在特别脏、累、险的行业劳作。出于生存的需要，他们被逼暂时走进了非正规部门就业，大多选择小型私营企业、个体户等城市非正规部门。

（二）影响新生代农民工非正规就业健康发展的因素

（1）政府缺乏对新生代农民工非正规就业的支持和监管。受传统就业观念以及长期城乡二元结构的影响，一些政府漠视新生代农民工的价值本位和诉求，对非正规就业的发展缺乏重视，认识不到位，导致对新生代农民工非正规就业缺乏认同，存在误解和偏见，不予非正规就业部门支持和引导，更缺乏对非正规就业部门的约束、监督和管控，使其朝着不良方向发展。

（2）非正规部门的企业为追逐利益及自身发展，对新生代农民工缺乏人道主义管理。此类企业自身发展能力较差，往往通过缩减必要费用来实现利益最大化，无视新生代农民工的尊严和权益保护，把他们视为赚钱的工具，规避劳动契约责任，恶化劳工标准，导致违规现象频频发生，成为新生代农民工非正规就业健康发展路上巨大的绊脚石。

（3）劳动力市场监管不力。我国非正规劳动力市场普遍存在非法劳动中介和非法企业用工的坑蒙拐骗现象，地方政府及相关部门对此监管不严，使许多不能辨别是非、没有法制观念和维护权益意识的新生代农民工上当受骗，阻碍了我国新生代农民工非正规就业的健康发展。

（4）新生代农民工各方面素质低，就业培训机会少，缺乏自我提升能力。新生代农民工受义务教育的影响，受教育程度普遍提高，在农村属于高素质群体，但他们知识和技能的基础远远达不到城市现代行业发展的要求，只能沦为就业市场的弱势群体，而且他们的维权意识普遍较差，法律知识不够，过多的采用暴力手段来解决纠纷，不利于社会治安的稳定以及新生代农民工非正规就业的发展。

五、针对新型城镇化背景下新生代农民工非正规就业健康发展的建议

（一）从制度创新角度

（1）继续强力改革户籍制度，消除身份歧视，保障新生代农民工平等就业的权利。户籍制度是导致农民工就业不公的最主要祸源，严重影响了新生代农民工市民化，所以要继续强力改革户籍制度，做到真正的户籍一体化，转变人们常年以来形成的身份歧视的错误观念，为新生代农民工的就业营造一个舒适、平等的环境。

（2）建立统一的劳动力市场。要使新生代农民工非正规就业健康发展，建立规范的劳动力市场至关重要。多年来，我国劳动力市场的分割在相当程度上阻碍了新生代农民工的市民化。为此应统一劳动力市场，逐步规范完善规则，增进两个劳动力市场之间的流动，增强监管，积极引导非正规劳动力市场走向规范化。

（3）以加强劳动保护为前提来完善农民工社会保障体系。由于非正规就业的劳动关系存在松散、不规范等特征，更加明确应该重视新生代农民工等非正规就业者的劳动保障。据调查，新生代农民工非正规就业存在的问题之一就是缺乏劳动保护。这威胁到了他们的人身安全，而现行的社会保障体系不包含非正规就业，与其不相适应。所以要延伸社会保障的覆盖范围，将非正规就业者纳入其中，使得新生代农民工能稳定就业，更加接近市民。

（4）完善农民工就业服务体系。通过网络以及电视、电台、报纸等媒介进行宣传，建立针对农民工的网络就业服务平台，全面提供就业方面的信息，全力为新生代农民工提供就业方面的服务。同时建立政府支持体系，为农民工非正规就业提供各种支撑工作。

（5）建立针对农民工的职业技术认证制度。新生代农民工可通过锻炼提升职业技能来得到公众的认可，提高自身的社会地位，有效帮助自己的职业发展。

（二）从教育深化角度

（1）大力提供专业技能教育，以达到提高新生代农民工自身实力的目

的。以市场需求为导向，实行按需培训，保证职业教育与市场需求相衔接，以增强培训的针对性，解决“民工荒”的问题。

（2）继续加强教育，积极帮助新生代农民工树立现代正确的择业观。通过再教育，刺激新生代农民工对自身发展和职业规划的要求，树立正确的人生观、价值观，对自己的未来充满希望，把握好自己的人生，而不只是浑浑噩噩地“飘”在城市中。

（三）从政府职能角度

（1）在新型城镇化战略下统筹规划非正规就业。协调非正规就业发展与新型城镇化其他政策方针相一致，不互相冲突，以有效刺激城市经济活力为基础，合理控制新生代农民工非正规就业的规模，适度地加快我国新型城镇化建设。

（2）针对多头管理问题，加设专门部门来管理非正规就业的部门。避免众多政府部门对新生代农民工非正规就业的过度干预，营造适宜的管理环境，重视非正规就业。

（3）加强对非正规就业的监督和管理，完善或制定有关法律法规。要加强对新生代农民工非正规就业方面法律法规知识的普及，不断完善法律制度。为此，首先，要对该方面的权利做出明确的法律规定，在社区建立工会组织，保障农民工的权利不受侵犯，并为其提供舒适的生活、工作环境；其次，成立有助于提升新生代农民工专业技能的培训机构和组织；再次，出台一些防止就业歧视方面的法律法规，维护新生代农民工平等就业的权利；最后，应该加强对法律法规执行方面的监督。

（四）从社会发展角度

（1）大力发展第三产业，为新生代农民工非正规就业增加途径。研究表明，国民经济每增长1个百分点，就能解决100万人口就业问题，第三产业每上涨1个百分点，就可以增加130万个就业岗位。可见，第三产业对新生代农民工非正规就业发展带来的机遇更直接。截至2015年底，我国农民工在第二产业中从业的比例是55.1%，在第三产业就业的比例是44.5%，所以新生代农民工非正规就业在第三产业还有很大的发展空间。

（2）大力创新，发展新生代农民工聚集的制造业，从“中国制造”走向“中国创造”，进一步提升他们的社会地位。

第八章　城镇化进程中农村信用社扶贫问题研究

第一节　新型城镇化背景下农村精准扶贫相关政策

一、新型城镇化背景下农村的精准扶贫科学内涵

精准扶贫不同于扶贫开发，是一项政府任务，有利于实现小康社会。精准扶贫并不是一件小事，而是事关全局的大事，事关中国的长治久安，事关5000多万名贫困群众的如期脱贫，也事关中国梦的实现。党的十八大召开以后，习总书记在河北省考察时指出："帮助困难乡亲脱贫致富要有针对性，要一家一户摸情况，做到心中有数。"并且在2013年12月，在中国共产党中央委员会办公厅、中华人民共和国国务院办公厅印发《关于创新机制扎实推进农村扶贫开发工作的意见》，明确提出工作机制和资助机制的要求。所谓精准扶贫就是运用科学的方法对不同贫困地区和贫困农户进行精确识别、精确帮扶、精确管理的一种治贫方式。简单说，就是谁贫困就扶持谁。精准扶贫就是一个科学的体系，扶持对象要精准，项目安排要精准，脱贫成效要精准，采取的措施要精准，使用的资金要精准，因村派人要精准，确保各种政策要恰好落到正确的地方。同时精准扶贫要把扶贫攻坚与全局工作相结合，走统筹扶贫的道路；坚持把整体开发与分类帮助相结合，走精准扶贫的道路；坚持利用资源与保护环境相结合，走生态扶贫的路子。

二、新型城镇化背景下农村精准扶贫相关问题研究

自20世纪70年代末以来，中国在改革开放进程中大规模减贫取得了长足的进步，为实现"千年发展目标"做出了重大贡献。但是，国家还面临收入差距大、贫困线相对较低、人口众多及缺乏有针对性的扶贫措施等问题。在这方面，需要进一步加大力度实施"精准扶贫"战略，加快大规

模减贫工作。

（一）精准扶贫的进展

目前，中国的贫困状况已有了较大改观。联合国在2000年提出了千年发展目标，确定了以1990年的数字为准将穷人人数减半的目标。中国是第一个达到目标的国家。据联合国《2015年千年发展目标报告》显示：2002年，中国极端贫困人口的比例降至30%，1990年为61%，2014年进一步降至4.2%。在此期间，中国对全球贫困率下降做出的贡献已超过70%。几十年来的快速经济增长大大增加了收入和消费，对大规模减贫工作起到了决定性作用。这种大规模的减贫源自各种因素的结合。第一农业的增长对扶贫特别重要。根据世界银行发布的研究报告，中国农业部门的增长是第二、第三产业增长方面的四倍。第二，有针对性的工作有助于缩短不同区域之间的差距，从而加快地区经济和社会的发展。第三，2007年中国开始建立农村社会保障制度。新型医疗制度和养老保险制度确保了公共服务的提供。第四，包容性农村政策使农村贫困人口大片化。2003年，国家在贫困地区推出"绿色粮食"运动，退耕还林的农民已经获得了补贴。2006年农业税已经废除，实施了农业发展综合补贴政策。从2008年开始，全国范围内为所有儿童开展了九年免费义务教育。第五，基本的土地制度和土地经营格局确保了穷人从农业增长中受益。20世纪80年代初，农民以基本平等的方式分配农田，使贫困户也能从农田和农业发展中受益。

（二）减贫的挑战

经济发展和减贫已取得巨大进展，但不可否认贫富差距仍然很大。中国的基尼系数从1981年的0.288增长到2014年的0.469。由于救济措施加速了贫困地区的经济增长，这些地区的收入差距持续拉大。在实施《中国农村扶贫开发纲要（2001—2010年）》和《中国农村扶贫开发纲要（2011—2020）》的过程中，重点扶贫农户收入与收入最高的农户之间的比例从2006年的21.59%，降至2016年的17.38%。农民的收入越多，进而净收入增长的也越来越快。从2005年到2015年，收入最低的农民的净收入年均增长率为11.1%，而收入最高的农民年均增长率为14.1%，收入差距进一步扩大。从2002年到2009年，重点扶贫农村及其农户年均收入增长率分别为2.75%和11.76%，前者比后者低9%。贫困家庭平均收入占全国家庭平均收入的比例继续下降，从2002年的1/3下降到2009年的1/5。收入的不平等主要归因于以下几种原因。第一，中国经济结构由劳动密集型农业向制造业和服务业转移，从而导致收入差距不断扩大。由于国家采取平等分配的土地制度，农业部门的收入分配比较平等，资本和技术密集型的第二、第三次产业的收入差距越来越大。第二，收入的不平等主要是由城乡之间的人口和劳动力流动所导致的。由于教育水平较低、综合能力较差、资金短缺，贫困农村地区的农民工比城市农村劳动力更难在城市找工作。第三，改善贫苦地区的生产条件和生活环境的举措增加了地区的收入。第四，穷人难以享受有效的金融服务，从而阻碍了他们收入的增长。他们主要是利用基础设施的改善，但是与富裕家庭相比，想要大大增加收入仍然很难。因此，应该通过更有针对性的救济政策来直接帮助贫困人口。

（三）精准扶贫战略

2013年11月，习近平总书记提出了“精准扶贫”战略。该战略旨在提高扶贫工作的相关性和有效性，以抵消经济增长对减贫的影响。精准扶贫的关键内容是通过对穷人进行有针对性的援助，进而消除造成贫困的一切因素和障碍，使自身发展，从而实现可持续减贫目标。简单说，精准扶贫主要是识别、协助、管理和评估的精确性。精准识别就是指确定导致特定的家庭和人口贫困的因素，这是精准减贫的基础。精准的协助是指制定和实施有针对性的措施，帮助不同的贫困家庭消除贫困的因素，保障基本生计，实现自身发展，实现可持续的减贫。精准管理就是指更新登记的贫困人口和家庭状况，导致贫困因素以及采取的措施等细节。精准评估意味着，一方面是评估扶贫项目成果，确保贫困户摆脱贫困；另一方面是评估地方政府的扶贫工作，督促他们优先重视减贫，改善民生。

据中国国家统计局的调查显示，截至2017年底，全国处于贫困线的农村人口下降到3000万人。政府采取了一系列措施，进一步创新救灾机制，促进实施精准的扶贫战略，到2020年确保消除贫困。此外，政府还采取了一系列措施推动精准扶贫。第一，通过产业发展和就业扶持一批贫困户，解决技术、资金、营销方面的困难。第二，把生活在恶劣的自然条件或偏远地区的1000万名贫困人口转移到经济相对比较好的村庄或小城镇，以改善环境和发展条件。第三，通过生态补偿政策帮助一些家庭减少贫困。第四，帮助一批贫困家庭通过加强教育来减轻贫困。措施包括发展贫困地区的幼儿教育，为贫困家庭的学生提供免费高中或职业学校教育和生活津贴。这不仅可以减少贫困家庭的教育支出，而且有助于结束跨代贫困。第五，通过各种各样的社会保障措施，确保到2020年让贫困人口都摆脱贫困。

三、新型城镇化对农村精准扶贫的作用

新型城镇化对我国农村精准扶贫的作用表现在：第一，新型城镇化对于精准扶贫的间接作用是推动了区域经济的发展；第二，新型城镇化对精准扶贫的直接作用是有利于增加贫困家庭收入。

（一）新型城镇化促进地区经济增长，进而对扶贫起到间接作用

根据英国一位银行专家的研究显示：基础设施改善程度和经济产出增加程度是同步变化的。前者是后者的重要前提，它对国民、地区以及地方经济具有重要的推动作用。据测算，在中国基础设施投资每增加1元，国民生产总值就可以增加3元。因此，新型城镇化能有效地拉动贫困地区经济的发展。

（二）新型城镇化对于贫困地区及贫困人口的直接作用

新型城镇化建设能够增加就业机会，从而增加收入，而且可以使贫困人口的受益得到时间上的保障。新型城镇化建设能刺激市场的需求，带动相关工业的生长，并且基础设施又能刺激那些提供产品和服务的企业和居民进行消费。新型城镇化的建设具有投资密集和劳动密集的特点，可以带动产业的发展。具体的作用体现在以下几个方面。

（1）目标市场的可达性是产品顺利、快捷地进入目标市场供应的前提，所以要有效地增强贫苦区域的产品到目标市场的可达性。这种可达性对于贫苦地区农副产品的销售来说特别重要。

（2）扩大了贫困地区产品的市场范畴，同时还要降低市场产品的成本。贫困地区在相同线的条件下，可以降低产品的费用，扩大市场的范围，以缩短产品到目标市场的距离。

（3）降低贫困地区企业、组织和贫困人口的消费成本。消费成本主要由商品价格、交易费用、运输费用、旅行的时间成本构成。其中，交易费

用包括商品信息搜索费用、谈判以及因谈判而发生的费用、履约费用等。

（4）新型城镇化建设有利于方便交通，可以减少人们的出行成本，促进与外界的信息交流，增加人们的就业机会。贫苦区域的交通不便、繁重的出行资本，导致贫苦人口流动小。长此以往，最终导致贫苦区域的信息闭塞。相反，交通方便可以形成信息畅通与扩大就业的良性循环。

四、新型城镇化背景下农村精准扶贫的规划、措施以及建议

（一）新型城镇化背景下农村精准扶贫的规划

扶贫是中国实现全面建成小康社会的重大任务。在实施区域发展战略的同时，要落实国家的精准扶贫措施，重点是老革命基地、少数民族地区和边界地区。在政府、市场和社会协调的基础上，制定了一系列扶贫项目，旨在打破贫困地区的发展瓶颈，帮助穷人提升自身实力。中国计划到2020年将使所有贫困人口脱贫，主要工作包括确保人们有足够的食用和穿戴能力，并拥有适当的教育，保健服务和住房。

（二）新型城镇化背景下如何做到精准扶贫

1.解决扶谁的贫的问题

只有先把精准扶贫的对象选择好，才有可能实现农村的精准扶贫。为此，我们要坚持看房子、看粮食、看农民的劳动能力、看农村家庭中有没有知识分子的原则，从而更加科学地计算出农民的确切收入，并且可以使选择的对象更加精准。

2.利用各种各样的资源，解决用什么扶贫的问题

在选择好扶贫的对象以后，就应该切实的开展扶贫工作，从而真正帮助贫苦人口脱离贫困。主要从以下两个方面开展工作：一方面要整合各个部门和各种社会力量帮助人财物等资源，调整产业结构，大力发展各地区有特色的农业。另一方面，要不留死角形成到村、到户、到人的新的扶贫攻坚格局。

3.根据导致贫困原因确定政策，解决如何扶贫的问题

一是根据贫苦人口导致贫困的原因落实帮助贫苦人口摆脱贫困的措施。要根据每户人口的具体情况进行登记，建立档案和卡，认真地分析原因，从而量身定做各种计划和措施。

4.制定各种各样的标准，使精准扶贫覆盖到方方面面

对于贫困人口，我国一直采用自上而下和逐步分解的方式开展扶贫工作，并且以年均纯收入为唯一的界定标准。但是精确地统计农民收入是一件非常复杂的事情，因此我们要建立一个多维的标准，使精准扶贫覆盖到全方位，真正做到对贫困户和贫困人口的精确选择。只有那些适合目前农村和农户客观情况的客观标准，才可以在具体的实施过程中产生较好的效果。

5.扶真贫和真扶贫协同发展

扶真贫主要是解决精确识别的问题，真扶贫主要是就解决精确帮助和精确管理的问题。只有两者协同发展，才能够达到帮助贫困人口脱离贫困的目的。在对象方面，要做到全面；在方法方面，要做到多种多样；在措施方面，要做到量身定做。整合各种有优势的资源，力求从基层做起，从而实现扶真贫和真扶贫协同发展。

（三）新型城镇化背景下农村精准扶贫的建议

1.加大扶贫力度，巩固扶贫成果

随着我国的综合国力越来越加强，帮助贫苦地区脱离贫困的力度也在不断增强，使经济的发展更加稳定健康。农村贫困人口从1978年的7.7亿人减少到2017年的3046万人，在这40年间，我国解决了几亿贫困人民的温饱问题。但是目前存在一个问题，贫困区域的人们素质不高，且有逐渐下降的趋势；贫困区域越来越愿意集中到环境较为恶劣的地域，并且生活条件也相对落后；而且这些区域市场环境不怎么好，各种设施也比较落后；不但存在着绝对贫困，而且还存在相对贫困的趋势。因此，目前最为重要同时也是长期要解决的问题是要从本质上改变贫困地区落后的状态，不断地改善或完善贫困区域的生产条件，使农民能够得到更高的收入，具体有以下几个方法。第一，在各级党政领导下，多个部门加强合作，形成强有力的合力。第二，拓宽筹集扶贫资金的方法。资金的短缺是帮助贫困地区脱离贫困中遇到的最大的问题，除了让各部门的财政尽量向扶贫倾斜外，还应创造条件，多利用其他的各种资金，特别是有偿的资金。第三，科学地对项目进行决策，并对这些决策进行论证。帮助贫困人口脱离贫困仅仅有钱是不行的，金钱仅仅是起到了输血作用，更重要的是要通过项目

的开发起造血的功能。要达到这一目标，就要通过科学的方法解决选择建设项目的有关问题，并且解决应该干什么和如何干的问题。第四，提高经济效益，加强管理工作。目前，可以从很多的方面为帮助贫苦地区脱离贫困进行资金的投入，比方说用各种贷款、外资帮助贫困地区的农民筹集资金或各财政部门对贫困区域进行投资等方法。第五，在总结经验的基础上，因地制宜地推广小额信贷。小额信贷是指，以低收入阶层为服务对象的小规模金融服务方式，它旨在通过金融服务为贫困农户提供贷款，使他们获得自我就业和自我发展的机会。

2.创新扶贫方法，提升工作水平

随着精准扶贫的工作不断推进，各级政府应创新扶贫工作的方法，提升工作水平。具体从以下几个方面入手：第一，整个村都要推进扶贫的工作，同时还要突出重点。要以村为基本单位，依靠贫困群众和社会的普遍参加，对重点村进行分批扶贫。这一方法可以极大地提高扶贫工作的针对性和时效性。第二，扩大市场，大力发展贫困地区的各种产业。要积极地扩大农业的发展，充分发挥农业对工业生长以及增加农民收入的牵引动员作用。但是，一定要按照市场计划来推进产业扶贫工作，切忌出现当局包办的现象。应该注意的是政府不仅应起到知识指导的作用，而且应该尊重群众的想法，让群众自身选择应该开发什么，如何开发，更要重视重点的培植。第三，对各方面进行协调，进行移民扶贫的工作。要从根本上解决深山区、库区、地质灾害频发区贫困群众温饱问题，移民扶贫就是一条有效的方法，也是民生工程的重要内容。第四，提高学习的能力，付诸实践，不停地提高扶贫干部的思想素质。首先，要不断地提高帮助贫困地区脱离贫困的工作人员为群众服务的能力。其次，要制定学习的制度，丰富学习的知识。最后，要不停地增强自身的建设，使软硬件都要上一个新的台阶，改善工作环境，提高服务的效率。

3.破解革命老区产业扶贫难题，寻求最佳的扶贫途径

破解革命老区产业扶贫的难题，不仅需要加大政府的投入，更要利用金融和社会资本，形成有效的利益联结机制，实现产业发展与资源优势相统一，生产链条与科技创新相统一，进而推进贫困户脱贫致富与贫困地区的经济发展相统一。第一，产业选择与当地规划、资源特色相统一。从区域资源环境实际出发，制定开展农林牧渔，农工旅复合发展的特色产业，

打造绿色品牌，开发销售优质产品，发展无公害产业，发展高附加的基础设施农业、休闲旅游农业、绿色农业，培育新的增长点。第二，技术创新与科技应用相统一。首先，应该创造新的品种、应用新的技术。通过应用优良产品，并通过其带动，加快建设农产品生产基地。其次，要建设贫困村技术服务站。建立电子信息和互联网平台，从而使农民不管是在生产过程前，还是生产过程中，或生产过程后都能够享受一体化的服务。最后，创新农村科技培训。充分利用农村设施以及现实条件，以通俗化语言、针对性的方式，开展不同渠道、不同形式的科技培训，为产业科技扶贫提供更多合格的劳动者。第三，把消除贫困与贫困地区经济发展相统一。地区经济发展是革命老区扶贫开发的基础，需要构建多元化的产业扶贫体系，并把当地主导特色产业做优、做强。主要的是要促进一二三产业高度融合，加快新型农业现代化与新型工业化以及新型城镇化互动融合，在优先解决民生问题的同时，加快基础设施和生态环境建设。把脱贫致富与发展贫困地区的经济融为一体，实现革命老区人民一同奔向小康。

4.强化医疗精准扶贫和健康扶贫，着力解决贫苦人口看病就医的问题

我国目前要打赢脱贫攻坚战就要尽力解决贫苦人口看病就医的问题，强化医疗精准扶贫和健康扶贫。

首先，要树立系统的理念，全面地实施精准扶贫，并走好“四步棋”。要提高贫困地区的卫生服务水平，让贫困群众“看得上病”；要建立多层次的医疗保障体系，主要包括医疗保障、医疗保险和商业健康保险，让贫苦群众“看得起病”；要提高医院的服务质量，转变医院的运营方式，让贫苦群众“看得好病”；要养成健康的生活习惯，重点抓贫困人口的健康教育，让贫苦群众“更好防病”。

其次，健康扶贫主要是要给贫困户建立“四道防线”，即成立新型医疗农村合作社，开展新型农村的大病保险，对于农村有重大疾病贫困人口进行贸易弥补保险，医疗救助。国务院已经明确指出，对参与新型农村合作社的贫困人口在私人缴费部分给予津贴，从而减轻他们的医疗负担，加大对患有重大疾病患者提供保险的支撑力度。同时，还要允许农村贫困人口可以在指定医疗机构住院先就诊后付费，实现各种各样医保，形成“一站式”及时结算。

最后，实施健康扶贫工程，对于普及了互联网互通的国家、省、市、

县四级，建立人口健康信息平台。主要是有效地应用和大力得发展健康医疗大数据，优先整合运用现有资本，倡导社会各类资金参与各地区扶贫工作，切实掌握当地的健康状态，真正将健康扶贫的工作落到实处，切实地实现农村精准扶贫的目标。

第二节　城镇化与扶贫的关系研究

中国是一个贫富差距较大的国家，为了帮助贫困地区脱贫，以城镇化推动扶贫是减贫的一个重要手段和途径。我们主要研究中国范围内城镇化与扶贫情况，以及分析贫困发生率与城镇化率的关系。研究的目的是探索出适合我国城镇化扶贫的新途径，深化城镇化扶贫的相关理论。对我国贫困数据和贫困原因的分析有利于丰富城镇化扶贫的相关案例，并为今后城镇化扶贫做出相应的贡献。研究不仅有利于改善当前的贫困现状，更能为中国的城镇化提供一些新的发展思路。

一、城镇化与扶贫的关系

城镇化是实现扶贫的重要手段。随着中国城镇化的迅速推进，城镇化率从2000年的36.22%增长到2016年的57.35%，平均每年增长1.32%，城镇化水平大大提高，农村居民人均可支配收入和城镇居民人均可支配收入也大大提高。到2016年，农村居民人均可支配收入和城镇居民人均可支配收入分别为12363元和33616元，相比2000年的2253元和6280元翻了好几番。《中国农村贫困监测报告2016》显示，扶贫标准不断提高，2000年中国的贫困线为865元，贫困人口数量9422万人，而到了2015年中国的贫困线为2800元，贫困人口数量5575万人。扶贫标准提高而贫困人口数量减少，意味着我国扶贫开发取得了显著成效。

城镇化在推进过程中把农村劳动力转移到制造业、采掘业等第二或第三产业。土地的城镇化为其提供居住方面的条件，加快城乡人口流动的速度。城镇化提供了大量的就业机会，为转移农村大量剩余劳动力，提高农民收入做出了重要贡献。同时经济发展导致农业化进程加快，农民生活方式发生改变，文化素质得到提高。贫困农民在不断寻求发展的过程中，市场意识、经营意识和创业创新意识也不断增强，精神生活不断丰富。城镇化在这个过程中减少了农民数量，转移了农村剩余劳动力，使得农民富裕，提升了贫困人民的生活水平，在潜移默化中改变了贫困现状，对扶贫产生了很多积极的影响。

二、城镇化背景下扶贫存在的问题和误区

（一）在城镇化推动扶贫的过程中，我们会遇到各种各样的问题

要实现以城镇化推进减贫的目标，必须有效规避城镇化陷阱，即认为以城镇化推动扶贫就是把贫困农村变成城市。这是非常不明智的观点。“就地城镇化”是一种理想状态，但大部分情况下会带来更多的贫困人口，闲置的劳动力以及对城镇空间的监管不到位，对农田的肆意侵占和城镇的迅速蔓延，可能会造成浪费与紧缺并存。而对农业经济的忽视，使解决“三农”问题动力不足，农民的收入水平和生活质量都无法得到提高。

在以城镇化推动扶贫的过程中，就地城镇化不能作为普遍经验来推广，更重要的是我们要认清农村存在的必要性，并在此基础上增加农民收入。农业作为第一产业，是一个国家的根本，是国民经济的基础。农村是农业的载体。农业现代化可以推进工业化、城镇化的进程。农业是工业，特别是轻工业原料的主要来源。以农产品为原料的轻工业、食品加工业和食品制造业大力发展，是工业产业结构中的重要组成部分。为保证农业的可持续发展和粮食安全，农村必然要存在。城镇化意味着城市建设用地的增加和农田数量的减少，所以就地城镇化可能会给农业带来沉重打击，进而影响粮食安全。

（二）脱贫标准向中等收入看齐，盲目激进

贫困发生率是指低于贫困标准的人口占全部人口的比例。贫困标准即贫困线是每个国家根据自己的发展水平确定的以维持本国居民基本生存需求所必需消费的物品和服务的最低费用，所以每个国家的贫困线都不相同。贫困线制定的高低与贫困人口呈同向变动，贫困标准越高，贫困人口越多，反之亦然。国家在制定贫困标准的时候要考虑经济发展的状况、人民的收入水平等情况，不要盲目制定高标准。否则将为国家扶贫增加许多压力，长期以来如果看不到扶贫的效果的话会打击政府的积极性。

设立脱贫的标准使得目标容易实现，给人鼓舞。在现有的贫困标准下，贫困标准的上调意味着扶贫对象大量增加。要认真做好扶贫对象扩大后的认定工作，以便准确和高效利用扶贫资源。在此基础上，对扶贫对象进行分类。对于那些具有劳动能力与可持续发展能力的贫困对象，较低成本就可以帮助其脱贫致富；对于因为所处环境恶劣开发不易的贫困对象，我们大多采用易地扶贫的方式；对于完全没有劳动能力的贫困对象，要完善最低生活保障制度。扶贫标准设立的高低意味着脱贫的难易。设立一个合适的脱贫标准不仅会降低社会扶贫的成本，而且会相对容易实现，给人鼓舞。

（三）摆脱资源依赖即完全放弃优势能源，使得经济停滞

以山西省为例：山西省煤炭资源丰富，为山西省经济发展提供了重要的能源支撑。然而，随着煤炭资源储量的减少以及科学技术的发展，煤炭行业大大减产，与煤炭相关的产业也关闭了不少，山西省一直在寻找经济增长的方法。在经济转型阶段山西省仍然需要保留煤炭产业，维持经济的发展，使得社会平稳运行。在这个阶段，城镇化速度比较缓慢，扶贫的效果可能并不显著，甚至会出现返贫现象，却减少了治理过度城镇化的成本，又不会使经济停滞。因此，对于资源依赖程度比较深的地区，产业转型并不意味着完全放弃利用资源优势。

（四）因地制宜，一切从实际出发

中国贫困地区的贫困原因各不相同，具体扶贫的措施也要根据实际情况来定。如自然环境恶劣、交通不便、难以改变现状的贫困地区，大多采用易地搬迁的方式来进行扶贫，并通过政府资助、就业培训、以工代赈、教育等帮助贫困对象获得劳动技能和就业机会。政府救助不能从根本上解决贫困地区贫困对象长期持续的贫困状态。靠政府救助解决一时贫困问题容易，解决永久脱贫问题困难。只有通过扶贫开发，赋予贫困地区和贫困对象可持续发展的能力，才能从根源上解决贫困问题，并预防返贫。

三、城镇化与扶贫关系的量化分析

（一）当前中国的贫困现状

1. 资料来源与分析

城镇化率为常住人口而非户籍人口城镇化率，而贫困发生率指的是低于贫困线人口占全部总人口的比率。贫困线的制定标准每个国家不同，每个国家的各个时期也不相同。表8-1中我国的贫困发生率基于贫困标准的不断上升而呈现断层现象。

表8-1　中国贫困数据表

年份	贫困线/万人	贫困人口/万人	贫困发生率	城镇化率
2007	1067	4320	4.6%	44.94%
2008	1196	4007	4.2%	45.68%
2009	1196	3597	3.8%	46.59%
2010	1274	2688	2.8%	49.68%
2011	2300	12238	12.7%	51.27%
2012	2300	9899	10.2%	52.57%
2013	2300	8249	8.5%	53.70%
2014	2300	7017	7.2%	54.77%
2015	2800	5575	5.7%	56.10%

资料来源：《中国统计年鉴2016》。

表8-1显示，中国的城镇化率逐年提高，意味着中国的城镇化发展较好，稳步提升。而贫困发生率和贫困人口则呈现出不规律的变化，究其原因则是不同的时期中国的贫困标准不同，但在同一标准下，贫困人口和贫困发生率是下降的。我们发现由于2011年的扶贫标准大幅度提高，导致贫困人口和贫困发生率大幅度提高，这并不代表中国更贫困了，而是追求更高水平的脱贫。由于扶贫标准的不同，贫困数据不可比，我们只能比较同一标准下的贫困数据。

2. 中国的贫困与发展现状

中国2016年的GDP740061亿元，世界排名第二，GDP增速6.7%。2016年中国居民人均可支配收入为23821元，扣除价格因素，比上年实际增长了6.3%。农村居民人均可支配收入为12363元，城镇居民人均可支配收入为33616元，城乡之间差距大。按照全国居民五等份收入分组，2016

年低收入组人均可支配收入5529元，中等偏下收入组人均可支配收入12899元，中等收入组人均可支配收入20924元，中等偏上收入组人均可支配收入31990元，高收入组人均可支配收入59259元。通过比较，我们发现低收入组和高收入组差距悬殊。我国2016年扶贫标准为3000元，远远低于低收入组的人均可支配收入，我们国家的贫困状况不容乐观。2014年我国仍有14个集中连片特困地区，592个国家扶贫开发重点县。贫困地区的城镇化发展停滞已经成为制约我国城镇化进程的重要因素。尽管近年来扶贫开发取得了显著成绩，贫困地区面貌发生了很大变化，但总体上看，中国贫困地区农业环境恶劣、资源匮乏、基础设施薄弱、交通不便、农民收入低，农村面貌落后的基本国情还未彻底改变，特别是在实现全面建成小康社会的紧迫形势下，扶贫攻坚仍面临许多挑战。从长远的发展趋势看，扶贫开发将是我国一项长期且艰巨的历史任务。

（二）中国城镇化比较

1.衡量中国的城镇化水平不仅要看人口城镇化率还要看土地城镇化水平

在我国土地城镇化速度快于人口城镇化的速度，而人口城镇化中常住人口城镇化率也一直大于户籍人口城镇化率。土地城镇化使得有的城镇规模迅速扩大，多余的土地被侵占，造成了土地的利用效率低下。中国出现了土地资源闲置浪费和供不应求的双重矛盾，更甚者出现或加剧了房地产泡沫经济。同时，地区之间的城镇化差异更加明显，根据《中国统计年鉴2016》的各省的城镇化率对比可知，先进如北京、上海、天津，2015年城镇化率均达到80%以上，落后如贵州、云南，城镇化率则低于45%，更甚者如西藏仅不到28%。地区之间发展差异使得其贫困程度不同，国家对各地的扶贫力度也不相同。而多数情况下，导致某地区城镇化率低和贫困发生率高的原因中有大部分是相同的，如环境、资源、教育等条件的匮乏。这些不仅导致地区贫困，也导致地区推进城镇化困难。

2.基本公共服务作为衡量城镇化的软性指标，应该得到重视

衡量城镇化的软性指标包括接受义务教育比例、城镇失业人员等等。据《中国统计年鉴2016》抽样调查数据显示2015年中国文盲人口占15岁及以上人口的比重为5.42%，男性文盲比重比女性文盲比重小，经济发达的地区文盲比重小于经济欠发达的地区。即使在经济发达地区，女性文盲

比重高于男性文盲比重，中国重男轻女的观念仍然存在。影响中国贫困的诸多因素中，教育往往不受重视是其中之一，事实表明受教育程度低的地方经济大多欠发达，所以要实现扶贫的目标就要考虑教育对其的影响。据《中国统计年鉴2016》就业失业情况统计数据显示：中国各地区城镇失业人员登记显示各地区的失业率呈现出不规律的变化，但大部分地区城镇失业率提高，这说明中国当前就业情况不容乐观，失业人数时有增加，城镇就业对于扶贫并没有发挥充分的作用。

3. 人口城镇化率逐年提高

城镇人口所占比重即人口城镇化率逐年提高，而城镇就业按产业划分第一产业就业比重虽有降低，但仍然很高。到2015年第一产业就业比重仍有28.3%，第一产业产值占国内生产总值的8.9%。第一产业就业比重与产业产值占比的差距表明了农业发展的效率低下和农村劳动力的富裕，这就导致一部分人贫困。第二产业就业比重没有太大变化，略有增加或减少。第三产业就业比重增加，源于第一、第二产业劳动力的转移。而劳动力仍然大量集聚于第一产业。当前的就业比重显示出我国的城镇化仍有发展的空间，而城镇化的发展既要重视数量也要重视质量。城镇化数量的增加解决了一部分贫困问题，城镇化质量的提高则维持了扶贫的成果。

（三）构建模型

1. 选取线性回归方程

贫困发生率与常住人口城镇化率具有简单线性相关关系，应用一元线性回归方程：

$$Y=C+aX$$

2. 变量定义和取值

模型中Y代表贫困发生率，为因变量。X代表常住人口城镇化率，为自变量。

表8–2　变量的定义和取值范围

变　量	变量定义	取值范围
Y(贫困发生率)	贫困人口/年末总人口	(0,1)
C(常数)	不随时间变化的因素	
X(常住人口城镇化率)	城镇人口(常住人口)/总人口	(0,1)

表8-3　变量的取值

年份	贫困发生率	常住人口城镇化率
2010	17.2%	49.68%
2011	12.7%	51.27%
2012	10.2%	52.57%
2013	8.5%	53.70%
2014	7.2%	54.77%
2015	5.7%	56.10%

注：贫困发生率的取值是以2010年贫困标准为依据，所以变量的选取以2010年及以后年份的数据为主。

资料来源：2010—2015年《中国统计年鉴》。

3.运行Eviews得到结果

将贫困发生率作为因变量，常住人口城镇化率为自变量进行回归，回归结果如表8-4所示：

表8-4　Y关于X的一元线性回归结果

Dependent Variable：Y

Method：Least Squares

Date：05/07/17　Time：21:01

Sample：2010 2015

Included observations：6

Variable	Coefficient	Std. Error	t-Statistic	Prob.
C	1.030532	0.092243	11.17192	0.0004
X	-1.750508	0.173853	-10.06891	0.0005

R-squared	0.962043	Mean dependent var	0.102500
Adjusted R-squared	0.952554	S.D. dependent var	0.041803
S.E. of regression	0.009106	Akaike info criterion	-6.298653
Sum squared resid	0.000332	Schwarz criterion	-6.368066
Log likelihood	20.89596	Hannan-Quinn criter.	-6.576521
F-statistic	101.3829	Durbin-Watson stat	1.232916
Prob(F-statistic)	0.000547		

Y关于X的回归方程为：$Y=1.031-1.751X$

（0.092）（0.17）

从Eviews回归结果看，t检验效果比较好。拟合优度和可调的拟合优度都接近1，说明模型的拟合程度较高，F检验值也比较大。模型的整体回归效果较好，通过了检验。

4.分析模型结果

由模型结果可以得出：贫困发生率与常住人口城镇化率呈负相关，说明城镇化率越高，贫困发生率越低，城镇化的推进对扶贫有正面影响，能减少贫困数量。因此，在以城镇化推动扶贫的过程中，扶贫可以从提高城镇化率的方面进行思考。而常住人口城镇化率是城镇化的一个重要方面，其中包含着关于农村劳动力转移到城市，城市是否能够提供足够的就业机会和居住条件。城市需要有坚实的产业基础，创造更多的就业机会，转移的劳动力要有可持续发展的能力。对于每个贫困地区因地施策，制定可行性目标，确立扶贫重点，精准扶贫。

四、以城镇化推动扶贫的思路

（一）提高城镇化率和城镇化水平

（1）根据模型的结果，我们发现以城镇化推动扶贫可以通过提高城镇化率来进行思考。人口城镇化是城镇化的一个重要部分，是城镇化的关键和核心。我国连片特困地区资源贫乏、教育水平落后、农民文化素质低、劳动力技能水平低、精神生活和物质生活水平低，导致这些地区人口城镇化率要比全国平均水平还低。要提高贫困地区的人口城镇化率，除了户籍制度的改革以放宽城乡人口流动的限制，还可以通过加强对贫困地区贫困对象的技能培训，重视教育的作用，增加教育经费的投入，鼓励有能力的劳动力进入城镇。一方面可以增加户籍人口城镇化率和常住人口城镇化率，另一方面也提高了城镇化的质量。

（2）要通过城镇化来推动扶贫，提高城镇化率，就要解决好贫困人口的就业问题。如可以通过降低第一产业就业比重，增加二、三产业就业比重。降低第一产业就业比重除了要提高贫困对象的技能水平，还要保证非农产业有足够的就业岗位容纳贫困地区的劳动力，这就需要我们大力发展工业化和城镇化。工业化有利于增设新的就业岗位，容纳更多贫困地区的转移劳动力，增加贫困对象劳动收入；城镇化则侧重于扩大总需求，以期形成新的经济增长点，从而转移更多的贫困对象。城镇化有利于工业化的发展，工业化也推动城镇化进程，这是一个相互促进的过程。同时一部分贫困人口从第一产业向二、三产业转移，也有利于扶贫。

（二）三化协调，夯实城镇产业基础

城镇化的发展离不开工业化的支持，缺乏工业化的城镇化是难以为继的城镇化，是不可持续发展的城镇化。工业的发展和集聚，为城镇化提供了发展所需的环境、资本和就业机会。而仅仅依靠政府力量增加城镇人口、推动城镇化发展，是不可持续的。为此，新型城镇化应是与新型工业化协调发展、共同促进的。推动产业转型与产业结构优化升级是新型工业化的内在要求，也是实现新型城镇化可持续发展的必经之路。要建立合理的适应发展要求的现代产业体系，优化产业结构，延伸产业链条，推动传统产业转型升级，重视发展战略性新兴产业，强化城镇化发展的产业支撑。

1.以城镇化推动扶贫要求“城镇化、工业化、农业现代化”三化协调

“三化协调”发展中，工业化是主导，农业现代化是基础，为工业化提供保障。没有工业化，城镇化和农业现代化就会缺乏产业支撑、技术支持；而没有农业现代化，工业化、城镇化就会缺乏安全载体和坚实的基础。农业现代化为工业化和城镇化提供支持与保障。因此城镇化、工业化、农业现代化应该协调发展。农业现代化如果不能适应工业化、城镇化的发展，将会阻碍工业化、城镇化发展，进而影响经济的总体发展。在“三化协调”中，农业、工业、服务业要尽量实现“低污染、低排放、低能耗”低碳循环目标。在第一产业方面重视对农林牧业的专业化、集中化、规范化、现代化发展。在第二、第三产业注重构建本地区的支柱产业。农业现代化、工业集群化、新型城镇化都朝着可持续发展的目标迈进，是更科学的以科技为驱动的“三化协调”。

2.深度开发延长产业链

实践证明，中国依靠人口红利和资源优势已经不能够促进经济增长和城镇化的发展。现阶段，我们要依靠创新驱动城镇化发展，在原有基础之上深度开发，延长产业链，提高资源配置效率，增加产品的附加值。

（1）延长产业链条要依靠科技的力量。首先，要制定科技规划，促进

科技与生产相互结合，要引进先进的科技，增加对科技的投入，提高创新能力。其次，重视制度建设，对各行业各产业规定统一的质量要求和技术要求，促使企业采用新技术、新生产工艺、新配套设备，以降低能源消耗，提高能源利用效率，实现低碳经济循环发展。

（2）延长产业链条要依靠人才的力量。企业要不吝于培养或引进懂专业、搞技术和善于管理的人才。更要留住人才，最大限度地发挥其在延长产业链中的作用。因此企业需要建立人才引进、激励、培养机制。创新人才培养、吸引机制对于一个产业长久发展具有重要作用。

（3）提高可持续发展能力。延长产业链条要依据绿色低碳、安全健康、集约高效的循环经济理论，坚持经济建设与环境保护相结合。除此要认清延长的产业链条与主导产业的关系。主导产业是基础，延长产业链条主要是与主导产业密切相关的。主导产业为其提供资本积累、人才培养、基础设施。主导产业发展良好有助于产业链条向纵深延伸。同时要加强主导产业与延伸产业之间的关联性。

（三）可持续发展

1.培养农业、农村、农民的可持续发展能力

城镇化并不必然带来农村经济的发展，相反，假如没有公平的机制作为基础，城镇化不仅可能不会促进农村经济发展，还有可能导致农村发展滞后，出现农村利益受损。因此，为了使城镇化可以促进扶贫工作的深层开展，就需要我们从社会建设的视角来看城镇产业发展问题。就是在产业发展过程中，需要在农民的合作、组织、履约能力等多方位能力建设的基础上，将农民看成一个整体参与到产业的发展过程中，而不是简单地将农民视为原料生产者、生产工人、打工者。只有这样，才能保证农民可以公平地享受到资源开发带来的产业发展的成果，通过提升农民能力，从根本上解决发展动力不足的问题，最终实现农村的可持续发展。

培养农业、农村、农民的可持续发展能力的必要性在于城镇化确实解决了一部分贫困问题，减少了贫困人口的数量，但是脱贫以后返贫的现象频发。而扶贫对象脱贫后返贫并非个别现象，主要原因是扶贫对象缺乏市场经济条件下的可持续发展能力。进行扶贫的目的是为了使其脱贫，脱贫的标志是扶贫对象具备了在市场条件下自主发展的能力。而且，要实现扶

贫到脱贫的过程，就要求扶贫方法不仅要科学，还必须具体针对性很强，具有可持续性。有的地区城镇化推进速度快，但当地劳动力供给主要以低技能劳动为主且数量庞大，迫使企业选择了有利于实现充分就业的产能决策，造成了制造业过剩、资源浪费、城镇化的可持续发展能力低，不利于解决贫困问题。

2.摆脱“土地、资源、人口”三重依赖

中国作为人口大国，在廉价劳动力资源、土地资源、能源资源等方面具有很大优势。凭借着这些资源优势，中国经济迅速发展，综合国力不断提升。随着全球化的不断深入，这些优势变得不明显和不确定。国内劳动力成本不断上涨，各项能源资源储量也日趋下降，与其相关的能源采掘业开始衰败，山西省作为煤炭业的代表可以证明这一点。所以中国目前阶段的城镇化不能再依赖“土地、资源、人口”优势。如何摆脱三重依赖，主要靠创新推动。

创新推动要依靠引进借鉴之道，引进新的理论、先进技术、先进设备、创新工艺，借鉴先进经验，并通过不断的学习吸收新的技术、经验，进而将其转化为自己的东西。同时要培养企业的自主创新能力。随着经济的发展，依赖土地、资源、人口的行业，生产成本增加，土地和人口红利不再，资源枯竭，企业要想保持可持续发展，就要提高自己的自主创新能力，创新体制、机制。完善的体制催生创新动力，健全的机制激发创新活力。企业要充分考虑行业的特点、性质、产业布局、技术水平、研发能力，通过创新摆脱对土地、资源、人口的依赖。

3.评估现实差距，树立可行性目标，确定重点

中国每个贫困地区贫困的原因有其共性也有特性。每个贫困地区的贫困现状也不相同，有的地区只是一般贫困，有的地区特别贫困。所以每个贫困地区在以城镇化推动扶贫的过程中要评估本地区理想与现实的差距，确立一个可以达到的可行性目标，确定扶贫重点，精准扶贫。将精准扶贫落实到每个贫困地区，加强多方合作，打赢扶贫开发攻坚战。

第三节　城镇化进程中小额信贷对扶贫效果的分析
——以山西省沁源县为例

一、引言

全面的建成小康社会是党对人民的庄重承诺，同样也是我们人民的心中所想。然而，农村人口普遍贫困，扶贫脱困正是我们建设小康社会中最艰巨、最重要的任务。所以，我们要积极响应党的号召，为建成全面小康社会而斗争而奋斗，咬紧牙关，披荆斩棘，不到终点终不休。在这个过程中，扶贫的方式可谓多种多样，产业扶贫、就业扶贫、教育扶贫等都取得了一定成效，而信贷扶贫是对扶贫方式的重大突破，解决了扶贫资金难的问题，资金支持了正在努力寻求脱贫之路的农民，促进收入的增加，同时为建立农村金融的市场机制体制提供了一定条件，促进了农村地区金融的发展。本节用抽样调查、走访的形式研究沁源县具有代表性的四个乡镇，通过调查小额信贷的户数、信贷资金的使用状况、收入的变化，力图在对收入研究的基础上证实其对扶贫效果的影响；通过分析发现其中的意义，找出出现的问题，力图为其他地区实现信贷扶贫提供一定的借鉴，探究信贷扶贫对地区经济及产业的影响。

二、沁源县小额信贷的现状

沁源县位于山西省中南部，西北部呈隆起状，东南又逐渐倾低，是长治市中贫困较为严重的一个县城，占地面积有2549平方公里，平均海拔在1400米左右。沁河镇是沁源县的中心。全县有五个镇九个乡，有245个不大不小的行政村组成，人口约16万人（现人口比数据有所增加）。沁源县是温带大陆性季风气候，常年气候温和少风沙，空气湿润而不干燥，四季分明，雨水恰到好处，无旱涝。平均温度在8.6℃左右，适合多种农作物和名贵药材的生长。沁源县的矿产也有很多种，达18种，而储量较大的有煤、铁、铝矾土、石灰岩四种。其中煤炭的储量达128亿吨，可采的储量是90亿吨（主焦煤60亿吨，动力煤30亿吨），含煤面积占总面积的80%。沁源县野生资源也超级丰富，有各类乔木、灌木、草本植物600多个品种，盛产野生可食用蘑菇、苦菊菜、核桃等土特产品和蒲公英、黄连、柴胡、连翘等药材。野生动物有狼、豹子、野猪、山羊、野鸡等。2017年沁源县地区生产的总值达到了136.3亿元，比上年增长了10.3%，其中沁源县第一产业增加值2.6亿元，增长幅度为3.9%，占生产总值的比重为1.9%；第二产业增加值102.2亿元，增长幅度为10.7%，占生产总值的比重为75%；第三产业增加值31.5亿元，增长幅度为9.9%，占生产总值的比重为23.1%。沁源县依托地方特色，政府采取强有力的政策及资金支持小额信贷工作的开展，对农民小额信贷的扶持力度一直在不断地提升和加大，扶持畜牧养殖业、种植业的发展，拓宽农民增收渠道，帮助农民脱贫致富。大都是对那些有贷款意愿的贫困户发放，50000元以下的，期限为三年内免抵押担保、基准利率发放，由财政补贴利息和投保费用，工作方法就是以企业、农场、信用合作社、有资产愿意投资的投资能人等生产经营组织作为主体实施，然后通过小额贷款帮助贫困农民增加收入。其中具体模式就是政府的大力支持、银行投放保航、保险的安全保障、主体的使用、贫困户收益的模式，帮助贫困人民人均增加收入500—3500元。这在沁源县的扶贫工作里初见成效并持续增加。

三、沁源县地区调研结果分析

（一）数据的调查及样本选取

以下资料来源于抽样调查及走访调查。选取山西省沁源县具有代表性的四个乡镇展开调查，对2017年在沁源县五镇九乡抽取一镇三乡展开调研，在这四个乡镇中选出具有代表性的四十个村发放调查问卷，共计6576户，发放调查问卷2896张，有效收回调查问卷2350张，收回率81.7%。整理问卷及调查走访数据可知，共有贷款户数678户。

（二）样本地区基本状况分析

1.沁源县地区小额贷款人群的覆盖率

图8-1表明沁源县用于扶贫的资金投入逐年上升。从2014年开始，沁源县的财政局就高度重视扶贫的工作，每年用于扶贫的财政投入成倍增加，尤其是2017年用于扶贫的资金高达1亿元以上，其中用于信贷扶贫的资金占总财政投入资金的70%以上，强大的扶贫资金投入使得扶贫工作得到强大的资金支持，也为脱贫工作得以顺利开展，及脱贫过程扎实迈进打下良好的物质基础。

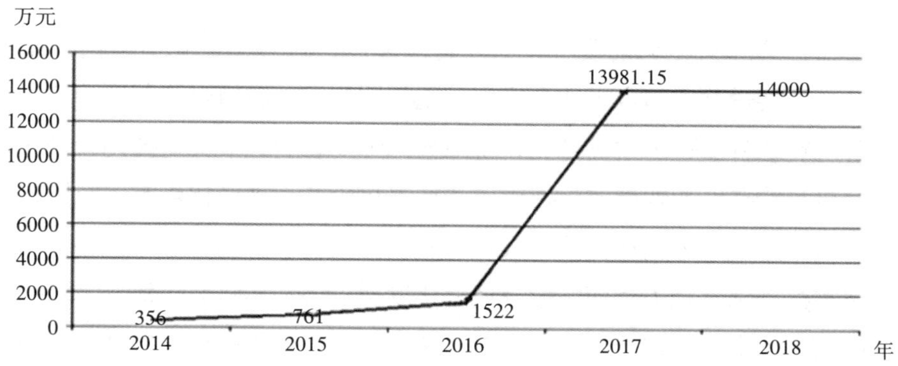

资料来源：2014—2017年《山西省长治市沁源县政府工作报告》。

图8-1　沁源县历年用于扶贫的资金情况

由表8-5可知近年来由于沁源县用于扶贫的财政投入资金逐年增加，县政府的重大政治任务就是扶贫和解决“三农”问题的有关民生的工程。有了强有力的资金及政策支持，贷款的户数也是逐年递增，2015—2016年获贷户数增加了19.4%，2016—2017年获贷户数增加了47.5%，无论从占比还是获贷涨幅都有所提升，说明这与政府的投入、政策支持息息相关。

表8-5　2015—2017年样本地区获贷户数占比

年份	乡镇/个	村数/个	户数/户	获贷户数/户	占比	平均贷款金额/元
2015	4	52	6447	287	4.45%	19000
2016	4	52	6436	356	5.53%	37000
2017	4	52	6451	678	10.51%	42000

资料来源：一镇三乡调查问卷及走访乡镇政府所得信息。

（三）小额信贷借款人资金的使用状况

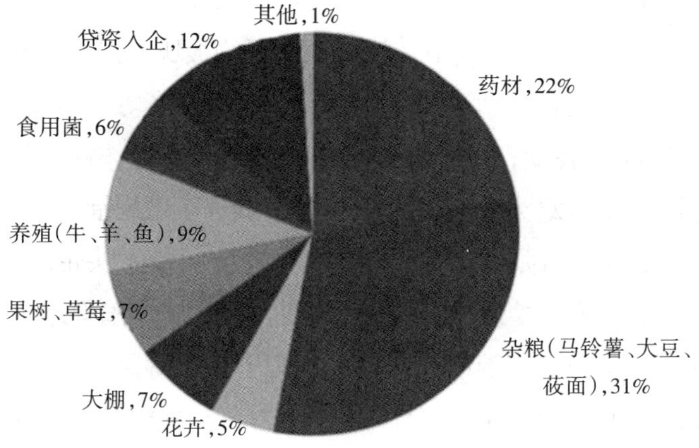

图8-2　贷款人资金使用方式占比

资料来源：据一镇、四乡调查问卷整理所得。

（1）沁源县委和县政府齐力共同推进“一村一品”和“一县一业”，走特色发展道路，结合当地海拔高、无霜期短、气候凉爽的条件特点，将无毒马铃薯种植作为主导产业，沁源县的沁丰薯业有限公司被列为唯一带动全县马铃薯产业发展的科技支柱和标准化生产、规模化生产、经济化生产的第一企业。公司在县委、县政府的大力支持下，出台了马铃薯加工扶持及种植补贴等相关政策，促进规模化发展，公司与研究院建立了紧密合作的关系，引进先进技术，在全县五镇十六村实施了马铃薯的种植与栽培基地。在政府支持与政策引领下，有近31%的贷款人选择了种植杂粮，其中27%的人选择将贷款用于马铃薯的种植，有4%的人选择种植大豆和莜面。莜面是沁源首屈一指的粗粮产品，营养价值极高，可清目、健脑、美容，是降血防癌的药物，在市场上处于供不应求的状态。无论是有政策支持的马铃薯种植还是供不应求的莜面，都为贷款人带来一笔不小的收入，马铃薯每亩投入的种子费、肥料费、农资费共计1250元左右，每亩的利润在1700元左右，相当可观。

沁源县海拔约1400米，海拔高，气候独特，属于山区农业县。土地集中连片性好，具备大面积种植的条件。种植的野生药材质地好，品种多样。对此，政府采取强有力的措施支持中药材产业发展，充分发掘当地中药材的发展潜力，发展“道地”中药材为引领，大力推广“公司+基地+农户”的发展模式，与晋莲中药材种植有限公司、臧畛种植专业合作社、长治市新康源种植有限公司、鑫泰农业开发有限公司合作。有了企业作为强有力的后盾，小额信贷的户数有所增加，其中有22%的贷款人将贷款资金用于药材的种植，全县共有六大中药材产业发展的板块，以沁源县晋莲中药材种植有限公司为龙头带动法中乡、沁河镇、中峪乡等区域发展黄芪、连翘种植基地约666.7公顷；以沁源县的臧畛种植专业合作社、长治市的新康源种植有限公司为龙头带动交口乡、韩洪乡等区域发展党参、柴胡、黄芩种植基地约533.3公顷；以卧龙农林牧有限公司为龙头带动景凤乡、官滩乡等区域发展紫苏种植基地约133.3公顷；以林溪种植有限公司、鑫泰农业开发有限公司为龙头带动赤石桥乡、聪子峪乡等区域发展金花葵、苦参、药用牡丹种植基地约333.3公顷；以康力尤农种植有限公司为龙头带动李元镇、灵空山镇等区域重点发展连翘、苦参种植基地约666.7公顷；以沁源县华晨农业有限公司为龙头带动王陶乡、王和镇等区域发展党参、苦参种植基地约333.5公顷。其中包括育苗费、肥料费、种植及管理采挖费、土地租用费每亩共计1300—2780元，利润在1500—3090元左右。

（2）贷资入企是一种“政府+银行+企业+贫困户”的新兴扶贫模式。贷款人将贷款资金交由龙头企业集中管理使用，按月进行利润分配。为实现扶贫有看得见的成效和有精准的改善，沁源县政府出台了《沁源县推进扶贫小额信贷工作实施办法》，由信誉度高、有实力的通州、黄土坡两大煤炭企业集团作为贷资入企、帮助贫困户人民脱贫的实施主体，由山西省农村信用合作社、中国农业银行、邮政储蓄银行、中国工商银行等四个银行向贫困户提供小额贷款，贫困户与两大煤炭企业集团签订帮扶的协议，将贷款资金交由这两个企业集中使用，企业每年向贫困户支付3500元的固定收益，以用来实现贫困户的增收而达到有效的脱贫。从调查数据来看，有20%的贷款人将资金交由企业管理，风险性低，长期收益高，从长远发展来看，能达到提高贫困户的收入与生活水平的目的。

（3）调查数据显示9%的贷款资金用于养殖业，其中羊的养殖占到90%以上，并且集中在赤某乡地区，赤某乡属于典型的山区地形，各种物产资源极其丰富，环境特别优美，有沁源小东北的美誉。当地因地制宜适合打造美丽乡村，发展特色农家产业，以合作社的形式发展山区养殖业。该乡有着丰富的草场优势，正好与某农牧有限公司合作，采用“公司+基地+农户”的发展实施模式，打造特色黑山羊品牌的发展基地，极大地调动了农户养殖的积极性。农户通过贷款将取得的资金投入黑山羊的养殖中，由企业作为强有力的品牌宣传及后盾，实现了一定的经济效益，年出栏1000头黑山羊，农户的收入相当可观。在养殖业中，有7%的贷款人选择将资金用于个体养殖牛、鸡、猪等，在短期内带来一定收入。由于其规模小、抵御风险性能差、缺乏品牌效益，存在极大的疾病风险，缺乏抵御风险的防控及资金，使贷款人面临破产，甚至无力偿还贷款的困境。

（4）贷款人将资金用于水果蔬菜种植的占7%，地区主要集中在景某乡。景某乡有沁源县最大的林区，有多处自然风光，党委跟着党的步伐秉承“绿水青山就是金山银山”的理念，积极向上地发展乡村生态旅游业，建立了多个草莓采摘、蔬菜采摘园区，形成了生态采摘、野营烧烤、垂钓游玩为一体的乡村休闲度假旅游模式，吸引周边多省游客前来观光。因此贷款人利用当地的旅游资源，将贷款资金用于水果、蔬菜的种植，形成特色采摘园区，尤其是每年的“景风好，好风景”特色生态运动帐篷节，吸引游客前来采摘，增收高达150余万元，人均增加收益500元左右。人们将资金用于修建民宿的占5%，建成农家乐服务点35处，满足了游客更高层次、更绝妙的体验需求。游客还可以住农家，吃绿色健康的农家菜，体验沁源不一样的风土人情。贷款人用于建民宿的成本在35000—50000元之间，年收入在20000元左右。贷款人将资金用于花卉种植的占5%，地区主要集中在交某乡及其附近村镇，主要是培育针叶、乔木、灌木类等90多种绿化树种。苗圃一方面聘请林业专家、教授为技术顾问，培育精品的小苗木；另一方面积极引导村民组建专业的合作社，形成规模化、标准化效应，并积极加入“北方苗木联盟”，与兄弟苗圃互通有无，置换成果，调余补缺，提供苗木快速配送发货服务，降低客户的风险，致力于打造具有区域特色的苗木产业群。苗圃的开发，让村民的收入越来越多，生活品质也得到了不少提高。

贷款人将贷款资金用于食用菌种植的占6%。沁源县发展食用菌具有劳动力廉价的优势，气候适宜，水资源优美，能够将玉米芯、秸秆、牛羊粪等废弃原料变废为宝，形成回收再利用的“资源—产品—再生资源”循环生态体系。农户通过政府引导、政策扶持、技术服务，使食用菌产业发展迅速，产值可观，平均每户农户可增收1.6万元，食用菌项目成为农村发展的新项目，成为农民发家致富的摇钱树。

（5）还有1%的贷款人将资金用于其他方面，具体包括个体建立乡村小超市、农产品初级加工厂、乡村小饭店等，贷款基金在20000—40000元之间。这些个体经营户自负盈亏承担的风险比较大，其中有70%的经营者能够为自身带来收入，同时也增加了当地的就业机会。总体来看，小额贷款为经营者带来了一定的增收、就业的机会。

（四）小额贷款对扶贫成效的分析

表8-6对2017年农户的农业收入及其他收入做了相关的数据整理及对比分析。

表8-6　2017年农户收入情况对比

单位：元

类　型	每户农业收入	每户总收入	每户人均农业收入	每户人均收入
获贷户	34560	44790	8640.0	11197.5
非获贷户	13890	21140	3472.5	5285.0

由表8-6可知，得到贷款的贫困户和没有得到贷款的贫困户的收入水平有一定差异，二者每户农业收入相差20670元，每户总收入就相差23650元，每户人均农业收入就相差5167.5元，每户人均总收入相差5912.5元，可见扶贫贷款对农民收入产生的影响也是比较明显的。

由图8-3可知，2015—2017年，人均收入每年处于递增的状态，获得贷款的人均收入明显高于未获得贷款的人均收入，由此说明扶贫信贷在一定程度上增加了农民的收益。从横向增长幅度来看，每年的涨幅也在增加。

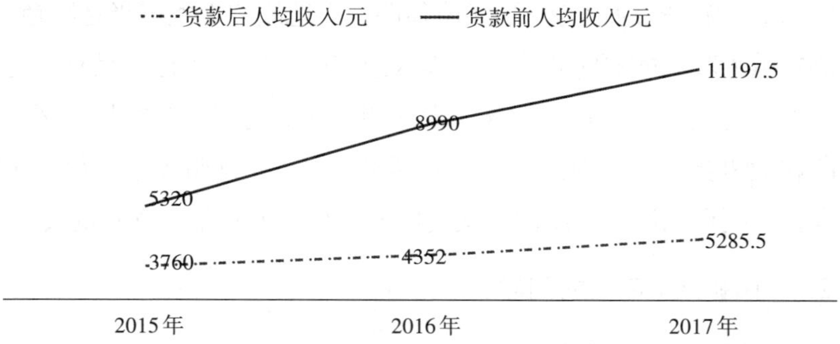

图8-3　2015—2017年贷款前后农民每户人均收入变化

2017年，沁源县农村家庭可支配收入在13714元，表8-7为678户获贷户的家庭收入增长分组状况。

表8-7显示，家庭总收入增加额度在20000元以下的有352户，家庭总收入在20000元以上的有326户，有82%的户数贷款后收入提高额度集中在15000元到25000元之间，在小于15000元的户数中有8户获贷人因管理不善、从事养殖业遭遇疾病风险而陷入困境，未对个人收入产生影响。由调查数据可知，超过90%的贷款人人均收入达到了农村人均可支配收入的标准，因此贷款起到了提高人们收入的作用。

表8-7　2017年获贷户数总收入分组情况

类　型	总收入≤20000元		总收入＞20000元	
具体分组	≤15000元	15000—20000元	20000—25000元	≥25000
获贷户数	47	305	251	75
占　比	9%	45%	37%	11%

通过调查及对以上数据的整理可知，小额信贷对提高农民收入水平具有显著的效果，为实现脱贫摘帽提供了强有力的资金支持。一是在扶贫模

式上进行了创新，以政府政策作为引领，银行为借款人提供资金，企业为农户提供技术以及销售平台，农户自主进行生产活动及经营活动，农户有了强有力的保障，参与生产的积极性更高；二是在产业发展方面，种植业实现大面积生产，土地可以实现集中连片使用，提高了土地的利用率，方式上以合作社的形式开展，机械化集中使用，在技术上培育良种，使生产的产量大、成本低；在政府的支持下产业结构发生转移，除了从事种植业、养殖业以外，开始大力发展第三产业，尤其是旅游业的发展，促进了沁源县的产业结构的转型与升级；三是在地区经济发展方面，倡导“一村一品”，利用当地的地形与气候环境条件，因地制宜地发展当地特色产业，在提高贷款人收入的同时也带动了地区经济的发展，为建设具有特色的乡镇打下扎实的基础；四是贷款人在发展特色产业的同时为农村地区提供了更多的就业机会，在实现自身发展的同时，也相应地带动了本村村民收入的提高，从而可以说明小额信贷扶贫模式具有一定效益，意义重大。

四、小额贷款存在的问题

（一）小额贷款对精准扶贫效果不明显，贫困户对小额贷款存在一定的思想障碍

小额贷款对于提高部分农民的收入起到一定作用，但贷款评级严，贫困户对使用小额贷款存在一定的思想障碍，因此参与贷款的积极性不高，会出现富农更富，贫农更贫的现象，小额贷款虽然对地区扶贫起到一定作用，但精准扶贫的效果并不明显，并且对实现精准扶贫采取的方式比较单一，为尽快实现脱贫以及巩固脱贫效果，就需要将小额贷款的使用对象变得更加明确清晰，贷款的主体向建档办卡的贫困户扩展。

（二）小额贷款人对资金的使用存在一定风险性，并且防范风险意识薄弱

贷款人在资金的使用方面存在一定的风险性，在从事集约化农业生产时，有可能会发生不可避免的农业风险。天有不测风云，农业生产会受到客观环境的影响，同时，农业生产的周期长也决定了贷款金额收回的期限过长，会受到多方面因素的影响与条件制约；对于自主从事养殖业的农户来说，存在疾病风险，并且防控意识较低，一旦发生，抵御风险能力差；

对于从事自主经营的个体户来说，全程缺乏有效的指导及监督管理，完全是自负盈亏，其经营风险也是无法转嫁的。因此，采取何种方式降低贷款人的风险，确保贷款人按期还款、有钱还款就显得至关重要了。

（三）政府通过直接补贴形式参与扶贫，形式过于单一，需要扩大扶贫主体

政府是当地经济发展的领跑者，是扶贫小额信贷政策的制定者和管理者。政府通过直接的财政补贴来解决地区扶贫问题的投入大、见效慢、扶贫的模式过于单一。扶贫的主体只是政府明显不能满足农户的需求，导致在实施过程中贫困农户处于犹豫观望的状态，担心发展大面积农业生产没有技术，缺乏销路。

（四）政府补偿贴息的机制还不够完善，不具备打消金融机构畏贷、惜贷、怕担责任的思想上不信任的顾虑

贫困户皆属于弱势群体，偿还债务的能力十分有限，并且各大金融机构的经营管理规模、管理体制、政策约束不同，在不良贷款承受能力上面也大不相同。地方政府部门在补偿贴息机制上的不细致和不完善，必然没有办法解决承担贷款银行的后顾之忧，同时又缺乏对贷款者资金使用进行跟踪和细节了解，从而就导致了这些金融机构怕担责任不敢放贷。虽然在名义上和政策上是要求持贷者把资金用于农业生产发展，用于脱贫发家致富的相关产业，但对于落实后的资金跟踪不到位，就导致了少数持贷人将扶贫贷款的部分公用资金用到个人消费享受、房屋装修上来，并没有实现资金的后续监管和跟踪了解。

（五）扶贫贷款持续推进的过程中，宣传力度远远不够

一些贫困户往往在评级授信时才开始了解扶贫小额农贷的基本政策，而我们的工作重点经常停留在解释“贷款由政府贴息，农户只承担还贷”的层面，导致贫困户没有充足的思想准备，没有把重点放到怎样能够结合自身条件更好地进行扶贫贷款创业脱贫上来，在选择扶贫项目的时候没有主见、盲目跟风、过于乐观、缺乏实际情况的评估，而且贷款人缺乏信用及道德品格的建立，存在主观上不愿意主动还款的现象。

五、城镇化进程中小额贷款扶贫的建议

（一）以“贷资入企”的方式实现扶贫的精准性

小额信贷扶贫中“贷资入企”的方式，为沁源县2018年实现精准扶贫专业化，巩固脱贫效果，提高脱贫质量打下了很好的基础。因此，要实现地区更快地完成脱贫工作，就需要加强与当地企业的合作，可以采用将贫困户、基金会、企业和信用社联合的模式，信用社给予建档立卡贫困户一定期限的贷款，而后通过基金会把贷款统一投入相关企业，让贫困户每年获得一定比例的分红。这种方式有利于提高扶贫的精准性，使农户尽快脱贫。

（二）通过合作形式有效降低贷款人的投资风险，减轻其面临的损失，有效保障贷款人利益最大化

贷款人在资金的使用方面存在一定的风险性，需要通过合作的形式有效降低风险，因此要鼓励从事种植业、养殖业的贷款人以合作社的形式从事种植与养殖。种植合作社集中各大农户进行种植技术指导，培育优良种子，集体使用农业生产机械，有效降低生产成本；养殖合作社为其提供技术指导，强化管理，通过技术创新，应用有效的疾病防控手段和方法，为从事养殖畜牧业的持贷人提供强劲有力的保障。同时也要加大对于信用合作社或大的养殖种植户的扶持力度，尽量满足农户在信贷上的不同需求，通过帮扶协议强化贷款人与合作社的关系，实现共担风险、共享利益，避免贷款人在发展过程中走弯路，减少贷款人面临的损失，使得贷款人实现收益最大化。对于从事个体经营的贷款人，地方政府需要提供一定的支持，为其提供必要的经营指导，在发展地方旅游业时将个体经营者数量控制在合理范围内，还要强化对其管理监督，帮助个体经营者营造良好的环境。

（三）拓宽扶贫投资主体，鼓励企业参与扶贫

政府直接通过财政资金进行扶贫投入大，短期内可通过直接补贴达到脱贫目标，但从脱贫的长期性、可持续性看效果并不显著，反而企业参与脱贫的方式更加直接，社会效果更好。因此，政府可以采取相应措施鼓励

企业参与地区扶贫，与农户建立长期合作关系，以此为农户选择合适的项目，提供资金支持和技术服务指导，由农户进行初级产品生产，由企业进行深加工及销售宣传。努力实现政府政策引领、银行提供资金支持、企业积极参与、农户自主生产的模式，在多方合作的情况下为贷款人提供更好的发展机会与发展空间，还可以有效结合地方特色打造本土的特色企业。

（四）强化小额信贷扶贫工作的跟踪监督，保障扶贫工作有效落实

强化小额信贷扶贫的管理制度，革除只发放贷款不跟踪的弊病，避免农户使用扶贫基金用于个人消费。贷款的期限较长，可能对于获贷户的后期监管不到位，很难掌握贷款的具体用途，所以要强化对贷款的长期监测与管理，严格监管贷款的用途和使用方向，引导贷款人将资金用于发展富农增收的产业，从而帮助贫困户实现脱贫，步入小康生活。

（五）加强对小额信贷扶贫的宣传力度，确保扶贫工作的时效性，帮助贷款者建立良好的信用体制

加强对于扶贫小额贷款的政策宣传和知识思想的传播，加强对农民进行的小额贷款目的、政策的宣传教育，对于贷款的使用方向进行指导，帮助农户选择适合自身发展又因地制宜的项目，提高农户对于信用评价的意识，促使农户能够完善个人信用等级评价，避免贷款人逾期还款；同时也要建立联户担保的制度，从而形成强有力的相互制约、相互监督、相互激励、共同成长的机制，从而达到共同脱贫的作用。

第四节　新型城镇化下农村信用社小额贷款扶贫的实证分析——以山西省盂县为例

一、引言

1980年之前，人们普遍觉得政府可以在农村金融业和小额贷款的市场上发挥主导作用，因此许多国家会通过创办国有的农业发展银行来直接管控农村金融市场，发放了大量的扶贫贴息贷款，但是金融机构本身的缺陷和存在的问题，使得它们都面临着不同程度的难以瞄准贫困农户和到期还款率较低等问题，难以真正达到扶贫的目标。而小额贷款扶贫是在对过去的扶贫方式反思后在金融工具、手段和组织方面进行的创新。小额贷款扶贫运行比较成功的有孟加拉国的乡村银行、玻利维亚的阳光银行等机构。小额贷款扶贫在国际上已经被认为是一个有效的扶贫和金融发展的手段，其目的是使贫困户直接得到稳定的生产性贷款，促使他们走上自我发展的道路。小额贷款扶贫从提出至今，已经在世界领域内获得了一致好评。而我国的小额贷款扶贫是由中国社会科学院杜晓山等学者1994年仿照孟加拉国的乡村银行模式引进，在河北省易县作为试点，之后不断扩大试点范围，同时一些国际组织也相继加入进来。2000年在中国人民银行的带领下，农村信用社开始全面推行小额贷款扶贫政策。小额贷款扶贫是根据贫困者的需求而设定的，因此解决了资金落实到户的困难以及到期回收的困难等问题，得到了社会的广泛赞誉，也因此获得了迅猛发展，目前已经成为我国新型城镇化背景下精准扶贫的一项重要措施。

新型城镇化是十八大提出来的全面建成小康社会的必由之路，其根本特征是用科学发展观来统领城镇化建设，以城乡统筹结合、城乡一体化建设、节约资源、生态环境和谐发展、适宜人口居住为基本特征，努力构建一个城市、城镇以及农村三者和谐发展、相互促进、共同繁荣的城镇化。它的核心在于不是通过以牺牲农业粮食、破坏生态环境为代价，而是通过农村的建设发展，努力实现城乡基础设施一体化和公共服务均等化，促进农村地区经济的繁荣发展，实现共同富裕。新型城镇化最突出的特点就是“新”，主要体现在由过去片面追求扩大城市空间规模，改变为以追求文化质量和文化素养为中心，使得城镇成为最适宜人口居住的地方，使农村人口逐步转移到城镇。如果农村人口转移不出来，不仅农业规模效益无法提升，扩大内需也就无法实现，更不需要去谈小额贷款扶贫目标的实现。

二、新型城镇化下盂县小额贷款扶贫概况

（一）新型城镇化下盂县经济社会状况

盂县坐落于山西省东部，太行山西侧，四周群山环抱、山脉纵横。20世纪七八十年代，随着改革开放的深入，盂县的经济全面活跃起来，不管是农业还是工业，都走在发展的前列，经济社会也有了长足的发展。然而

正是在发展的黄金时期，由于有着较为丰硕的煤炭、铁矿等矿产资源，盂县把精力全部用在了重工业的发展上，轻视了轻工业的发展，使得经济开始出现了大幅度的下滑，同时也使许多农民的生活苦不堪言。

随着21世纪的到来，国家开始为贫困地区的建设出谋划策，提出了许多有利于贫困地区发展的便民政策，并且由于国家新型城镇化目标的提出以及盂县新型城镇化建设的发展，盂县的经济形势开始有了好转，农民生活也正是由于这一系列扶贫政策的实施又开始走上了发展的道路。2016年盂县生产总值1282247万元，比上年同期增长3.2%。其中，第一产业38319万元，同比增长6.3%；第二产业779811万元，同比增长1.9%；第三产业464117万元，同比增长5.2%。

（二）盂县小额贷款扶贫运行机制

1.扶贫小额贷款的要求

（1）扶贫小额贷款的条件。

第一，农村年满18—60周岁，遵纪守法的贫困人口均可申请扶贫小额贷款，对具备生产经营能力和有劳动能力的优先考虑。

第二，能够支持低收入农户脱贫的各类合作经济组织，但需要签订帮扶协议。

第三，信用观念强，信用状况良好。

第四，有下列行为者不予贷：没有劳动能力和依靠救助为生的不予贷；好吃懒做有恶习的不予贷；还款意识差，贷款未还清的不予贷；智力低下、没有劳动生产能力的不予贷；不是常住人口、全家外出打工的不予贷；不愿意申请的不予贷。

（2）扶贫小额贷款的额度及期限。

小额贷款扶贫的政策是2000年开始在全国推行的，但由于推广力度小，政策措施等不完善，盂县在2005年开始推行小额贷款扶贫政策。贫困户初次贷款可以得到的额度是500元，之后随着政府以及相关政策的支持开始逐渐上调贷款的额度，到2013年贷款额度已经上调至5000元，2016年贷款额度更是突破1万元。这样的改变不仅体现了经济基础的改变，而且是农户在得到扶贫小额贷款之后，家庭收入增加的情况下所带来的更大的贷款需求。

贷款期限由生产经营项目的周期以及贫困户之前还款的信用度来确定，目前已由最开始的1个月逐渐延长至15个月，使得贫困户能够更好地利用这笔贷款来帮助自己逐步实现脱贫。

2.小额贷款扶贫的运行现状

（1）盂县整体小额贷款扶贫情况。

全县共计八镇六乡，2008年扶贫小额贷款总投放三个乡镇127户，之后农村信用社扶贫小额贷款投放数额逐渐增加，并且随着十八大的召开，新型城镇化建设的提出，农村信用社更是加大扶贫小额贷款的投放力度，从表8-8可以看出，到2013年扶贫小额贷款户数增至1348户，比上年增长509户，并且在2017年时农村信用社扶贫小额贷款的投放惠及全县14个乡镇，扶贫小额贷款户数增至2970户，说明小额贷款扶贫自实施以来取得了很大成效，实现了盂县进一步的脱贫致富以及新型城镇化建设，也为全面建成小康社会做出了贡献。

表8-8　2008—2017年盂县小额贷款扶贫情况

年 份	投放乡镇/个	授信户数/户	小额贷款扶贫户数/户
2008	3	512	127
2009	6	1070	300
2010	6	2590	482
2011	7	4920	671
2012	8	7179	839
2013	10	12627	1348
2014	10	15120	1780
2015	12	17760	2260
2016	14	20170	2600
2017	14	22879	2970

资料来源：根据盂县农村信用社报表、资料整理所得。

（2）农村信用社小额贷款扶贫情况。

从表8-9我们可以看到盂县农村信用社扶贫小额贷款的投放总额由2008年的10.4万元增长到2017年的2972.6万元。贷款需求的不断增加，一方面是由于贫困户自身通过贷款所获得的成功以及给周围人所带来的示范作用，另一方面也说明了最近几年政府对于小额贷款扶贫方面的扶持力度不断在加大。从总体情况来看，党的十八大至今，新型城镇化的提出，使得小额贷款扶贫的运行情况处于良好发展阶段，基本实现了政府预期扶贫目标。

表8-9　2008—2017年孟县农村信用社小额贷款情况

年 份	贷款额/万元	贷款期限/月	投放总额/万元
2008	0.08	1	10.4
2009	0.10	2	30.7
2010	0.15	3	48.5
2011	0.20	5	134.7
2012	0.30	6	251.9
2013	0.50	8	674.3
2014	0.60	9	891.1
2015	0.80	10	1808.3
2016	1.00	12	2601.2
2017	1.50	15	2972.6

资料来源：根据孟县农村信用社报表、资料整理所得。

（三）小额贷款扶贫存在的问题

近年来，在中共中央关于小额贷款扶贫的政策背景下，农村信用社的投入不断增加，小额贷款扶贫已经从以扶贫攻坚为主要目标扩展到为广大农村地区的农民提供更多更好的服务。虽然小额贷款扶贫已经得到了不断的创新和发展，但是在实际的操作和运行过程中仍然在一些方面存在着一定的问题和制约因素，这大大影响了扶贫小额贷款的投放力度。如何正确认识和化解这些存在的问题，是有效推广运用小额贷款扶贫支持新型城镇化建设的重要前提。从目前的情形看，小额贷款扶贫在运行操作中面临着下面的问题：

1.从贷款者的角度

（1）贷款、还款手续烦琐。通过调查了解到尽管扶贫小额贷款已经给大多数人带来了希望，但还有一部分人没有申请，其最主要的问题就在于申贷手续十分烦琐，致使扶贫小额贷款的普及率一般，并且申贷环节多且效率低下、时间较长，使得许多农户即使想贷也很难贷到。同时在还款时手续也十分烦琐，很多人因为担心超过还款时间，所以就会提前去还款，导致这笔贷款资金还没有真正发挥它的作用。

（2）贷款用途被改变。个别贷款者在获得扶贫小额贷款后，有的用作生活日常开销，有的用作偿还债务，甚至有的用作赌博，使得扶贫小额贷款并没有真正用到实处，并没有真正帮助贫困人群解决实际问题。

（3）冒名顶替，缺乏有效的监管。一些农户为了套取更多的扶贫贷款，采用“冒名顶替”的方式从农村信用社获取资金，由于借款人不是用款人，用款人不是还款人，给农村信用社的贷款回收工作造成了很大的问题和困扰。由于缺乏有效的监管措施，农户采取监管的漏洞去申请扶贫贷款，来满足自身的需要。

2.从银行的角度

（1）贷款利率低、期限短。贫困户在获得扶贫小额贷款之后一般都会用于农业生产，但是由于农业生产周期一般较长，特别是种植经济作物，其生产周期可能会更长，而从农村信用社获得的扶贫小额贷款的期限又是非常短，导致与农业周期不符合。另外，从农村信用社获得的扶贫小额贷款额度又普遍偏小，这些都使得扶贫小额贷款不能满足农户的生产经营所需，因而很难充分发挥其有效性。

（2）小额贷款扶贫制度不完善。由于小额贷款扶贫还处于发展阶段，因此在制度方面存在着一些问题，一是银行对小额贷款扶贫用户的档案建立不健全，包括档案内容不全或者贷款档案与合同不符合等。二是信用评级不规范，一方面农村信用社与农户之间的信息不对称，并且农户本身信用意识淡薄，另一方面农户很少去正规的银行获得贷款，所以贷款信息并没有录入个人征信体系中，这就严重影响了农村信用社对贷款者的管理与分类。同时农村信用社信贷人员在对贷款者进行信用评级的过程中，为了赶时间和完成任务所需，忽视了操作的规范化管理，从而增大了贷款风险。三是风险防范意识差，银行对于潜在的风险，无法进行实时的规避和防范，导致银行的投资资金链断裂，从而对其造成一定程度的经济影响。

（3）结构单一，难以满足需求。扶贫小额贷款发放之后，农户一般都用于种植业和养殖业的发展，贷款用途比较单一，已经很难满足多层次的需要。特别是在新型城镇化下，如果扶贫小额贷款的结构不能跟随时代的步伐，那么就很难在现代市场上发挥作用。

3.从社会的角度

（1）政府干预严重。由于小额贷款扶贫的对象是广大贫困人群，而地方政府部门为了完成上级要求的扶贫目标，忽略了操作过程中的有偿性和可持续性，对小额贷款扶贫干预严重，从而使其或多或少地带有了政府工作的影子；而且政府部门只督促农村信用社及时高效地发放扶贫小额贷款，而对后期贷款的收回不闻不问。这些不合理的政策，导致扶贫小额贷款资金的配置效率低下。

（2）市场环境的制约。由于市场不稳定，规避市场风险的手段不健全，也同样导致了一些问题。一是项目选择上存在盲目跟风，导致贷款人因价格变动、信息不灵等原因不能还款。二是贷款行业兴起，建立了许多贷款公司，导致农村信用社的小额贷款扶贫对象分散化，难以进行集中合理化的管理。

（四）原因分析

1.对小额贷款扶贫的了解不够，认识存在误区

小额贷款扶贫是国家为了支持贫困地区农户发展而提出的便民政策，而有一些人却将扶贫小额贷款认为是财政无偿资助的一部分，从而忽视了扶贫小额贷款的偿还性，并且一些信贷人员对扶贫小额贷款的目的了解不充分，在实际操作时过于守旧，不根据规定操作等都不可避免地带来了一些影响，使老百姓对小额贷款扶贫造成误会，信用意识严重降低，更有一部分人认为这笔贷款不用白不用，用了也不需要还，概念里变成了是“领”而不是“贷”，这些都使得小额贷款扶贫工作很难真正高效率的开展。

2.农村信用社工作人员宣传力度不足

通过前期的调查问卷反馈的结果发现，农村信用社工作人员对于小额贷款扶贫的政策宣传很不到位，有48.98%的人群对其有一定程度的了解，有46.94%的人群对其完全不了解，仅仅有4.08%的人群对其非常了解。尽管现在小额贷款扶贫的力度不断在加大，但是人们对于小额贷款扶贫的了解程度仍然不够，更有很多人是在不了解情况的前提下获得贷款的。由于宣传力度的不足，部分人误将扶贫小额贷款理解为是“救济款”，因此心安理得地享受政府救济款项，没有还款的意愿，更谈不上积极主动去偿还贷款，导致农村信用社扶贫小额贷款回收举步维艰，许多贷款形成呆滞，部分贷款甚至“石沉大海”。

3.经营管理方面存在问题

我国现行的小额贷款扶贫在经营管理的体制方面存在很多问题，这不

但造成了农村信用社管理能力差、经营效率低，还会因为有巨大的管理漏洞而让不法分子有可乘之机。扶贫小额贷款的主要特点就是授信额度小、贷款笔数多，并且贷款户数庞大且分散，难以集中进行管控，而工作人员又普遍较少，所以会导致工作量异常大，无法进行持续动态跟踪检查和信息反馈。

4.缺乏相关的法律法规以及政策的支持

相关的法律、法规不完善，信用环境不好，整体信用环境较差，征信体系建设不健全等问题，导致对贷款者的失信行为缺乏必要的约束力，贷款者的失信行为并没有对其社会生活造成不良影响。同时我国相关的法律不健全，导致对扶贫小额贷款的追偿成本高，农村信用社很难依靠法律手段来保障其债权和利益。

5.受外部环境的制约影响

由于扶贫小额贷款的自身特性，决定了其比其他性质的贷款更容易受外部环境的影响。一是信用环境相对较差。目前还有一部分农民信用意识较差，这是制约农村经济健康发展的一块心病。扶贫小额贷款是否能够放出并高效收回，完全依赖于借款者的信用意识。农民逃债、赖债依然存在于广大农村地区，并且很容易形成马太效应。二是政府支持力度不足。从目前调查的情况看，虽然各级村干部对小额贷款扶贫工作的推行力度都比较大，但仍然存在着一些村委会领导班子建设不健全，干部事不关己、不负责任，对待管理工作持消极的态度；或由于难以打破人情面，做好人；或出于为自己谋利方面考虑，不如实向农村信用社提供农户的信贷情况等现象。三是自然条件的影响。就目前情况来看，我国农业对于抵抗自然灾害的能力还相对较弱，更有一些地区还处于靠天吃饭的阶段，一旦遭遇自然灾害，就会导致广大农民的收成锐减，致使扶贫小额贷款很难收回，潜在风险难以控制。

三、实证分析

（一）计量分析模型

1.资料来源

对于数据的收集采取了两个阶段来进行：第一阶段采用实地调查采访的方法，通过对孟县农村信用社进行实际的走访调查之后，了解了农村信用社从2008—2017年小额贷款扶贫的实际情况，包括扶贫小额贷款的投放情况、贷款额度、扶贫户数等；第二阶段采用问卷调查的方法，因为盂县共计八镇六乡，所以采用典型抽样的方法，按照扶贫小额贷款投放乡镇的实际经济发展情况，选择了三个有特点的乡镇进行了问卷的调查与收集，共计获得调查问卷247份，其中有效问卷221份。

通过调查还发现，由于扶贫小额贷款的额度相对较小，所以很多户主也会采取其他的方法来获得贷款，其中，有22.45%的户主有向其他银行贷款；有10.20%的户主有向贷款公司贷款；有19.39%的户主会向亲朋好友贷款。

2.模型设定及变量描述

通过调查研究，本节采用计量经济学中的多元线性回归模型来分析扶贫小额贷款对贫困户家庭收入的影响：方程为 $Y=C+C_1X_1+C_2X_2+C_3X_3+C_4X_4+\mu$

方程中，Y表示获得扶贫小额贷款的贫困户的平均家庭收入；X_1表示扶贫小额贷款的户主平均受教育年限，X_2表示农村信用社每年发放的扶贫小额贷款额度，是模型中的关键变量；X_3表示农村信用社扶贫小额贷款的贷款期限；X_4表示其他形式的贷款额度，包括从其他银行、贷款公司和亲朋好友处贷的款；μ为误差项；C为常数项；C_1、C_2、C_3、C_4为未知参数。

在实际建模过程中，由于加入扶贫小额贷款的户主平均年龄这一变量，会导致方程出现多重共线性，所以将户主年龄这一变量剔除。

3.估计结果及分析

根据上述分析模型，将扶贫小额贷款对贫困户家庭收入的影响进行多元线性回归，将数据输入Eviews统计表中，结果见表8-10。

表8-10 扶贫小额贷款对贫困户家庭收入影响的模型估计结果

Dependent Variadle:Y

Method Least Squares

Date:03/24/18 Time:17:18

Sample:2008 2017

Included observations:10

Variable	Coefficient	Std. Error	t-Statistic	Prob.
C	0.201733	3.715180	1.181222	0.0301
X_1	0.107326	0.559900	3.489623	0.0110

续表

Variable	Coefficient	Std. Error	t-Statistic	Prob.
X_2	0.430125	3.346452	8.448182	0.0000
X_3	0.101203	0.656736	3.141561	0.0039
X_4	0.352006	1.051201	5.772494	0.0000
R-squared	0.979217	Mean dependent var		2.650000
Adjusted R-squared	0.962591	S. D. dependent var		2.758522
S.E. of regression	0.533538	Akaile info criterion		1.888280
Sum squared resid	1.423314	Schwarz criterion		2.039572
Log likelihood	-4.441399	Hannan-Quinn criter.		1.722312
F-statistic	158.8957	Durbin-Watson stat		1.894291
Prob(F-statistic)	0.000215			

根据上述估计结果，可以得到具体的方程为 $Y=0.20+0.11X_1+0.43X_2+0.10X_3+0.35X_4+\mu$

（1）统计检验。通过Eviews的估计结果发现，拟合优度R^2为97.9%，大于70%，说明拟合效果很好，而且可调整的拟合优度为96.3%，从而更进一步说明该方程的拟合效果很好。方程的F值为158.90，F值很大，并且当$C_1=C_2=C_3=C_4=0$时的概率几乎为0，说明方程是显著的，即方程是存在的。常数项C的t检验值为1.18，P值为0.03，说明常数项C是显著的；X_1的t检验值为3.49，P值为0.01，说明X_1是显著的；X_2的t检验值为8.45，P值为0，说明X_2是显著的；X_3的t检验值为3.14，P值为0.0039，说明X_3是显著的；X_4的t检验值为5.77，P值为0，说明X_4是显著的，因此方程的每个变量都是显著的。D-W检验的值为1.89，该值趋于2，说明该方程不具有序列相关性。

（2）经济意义检验。常数项C表示家庭自发性质的收入，包括耕地性的收入和其他类型的收入，该值为0.20大于0，说明常数项C是符合经济意义的；$C_1+C_2+C_3+C_4=0.99$，很接近于1，并且C_1、C_2、C_3、C_4的取值范围都在（0，1）之间，说明它们都是符合经济意义的。

（3）经济学分析。从上述结果可以看出，在其他条件都保持不变的情况下，受教育年限每增加1年，其平均家庭收入增加0.11万元；扶贫小额贷款每增加1万元，其平均家庭收入增加0.43万元；扶贫小额贷款期限每增加1个月，其平均家庭收入增加0.10万元；其他形式的贷款每增加1万元，其平均家庭收入增加0.35万元。

（二）研究结论

根据模型估计结果可以得到以下结论：

（1）扶贫小额贷款对贫困户的家庭收入具有显著的正向影响，贫困户在得到扶贫小额贷款后可以用以生产或者其他方面的投入，从而促进了收入的增长，使得贫困户的生活水平有所改进。

（2）贫困户其他形式的贷款对其家庭收入具有正向影响。根据前期的调查结果可知，贫困户获得的其他形式贷款中占比最大的是其他银行贷款。因其他银行贷款相比小额贷款门槛更高、条件更严格，所以贫困户使用从其他银行获得的贷款更加谨慎，基本都用于生产劳动，因而其他贷款同样促进了贫困户收入的增加。

（3）贷款者的受教育年限对其家庭收入也存在正向影响，通过调查发现，具有初中及以上学历的人群更愿意去获得扶贫小额贷款，这使得他们可以通过这部分贷款来用于生产劳动，从而缓解家庭收入的紧张。

（4）扶贫小额贷款的贷款期限对于贫困户家庭收入也同样存在正向影响，因为生产劳动的周期一般较长，所以当贷款期限的时间较长时，可以使贫困户用于生产劳动的时间变长，从而使得其家庭收入增加。

四、新型城镇化下进一步发展小额贷款扶贫的建议

（一）加大宣传力度，提高人们认识

农村信用社和政府部门要密切配合、集体行动，定期开展不同形式的宣传工作，通过多种方式来提高人们对小额贷款扶贫的再认识，引导人们正确使用扶贫小额贷款发家致富，使人们真正认识到扶贫小额贷款对于其增收的重要作用，从而扩大小额贷款扶贫的影响力。大力倡导诚实守信的道德风尚，让人们走出认识上的误区，使其认识到坚持“有借有还”，既体现出借款人本身诚实守信的人格魅力，又有利于农村信用社的业务发展，只有好的信用环境，才会有好的金融环境，最后才有好的经济环境，人们脱贫致富才不会成为空话。

除此之外，农村信用社的信贷人员也应该高度重视对小额贷款扶贫的认识，要充分体会到推行小额贷款扶贫给农村信用社带来的良好机遇，同

时加强对扶贫小额贷款的管控，为农村信用社发展小额贷款业务提供便利前提，也为农村信用社的发展开拓新途径。

（二）简化办理流程，提供及时、高效的服务

从前期的调查发现，扶贫小额贷款的办理和还款手续都十分复杂，而且审批时间很长。由于扶贫小额贷款受到国家政策上的支持和保障，因此在各方面都比较松动，但银行出于保证收回本金和利率的前提下，对申请扶贫小额贷款的贫困户进行多次的审核检查，流程多且手续复杂烦琐。扶贫小额贷款并不适于面对突然发生的紧急状况，同时缓慢的办理手续和复杂的操作流程也让着急用钱的贫困户驻足不前。因此将手续删繁就简，让贫困户能在较短时间内获得贷款，才能大大提高扶贫小额贷款的使用效率，同时简便还款手续，让更多的贫困户有机会、有能力去获得扶贫小额贷款。

（三）结合新型城镇化要求，制定相关的法律法规，增强风险防范意识

为了新型城镇化的建设、小额贷款扶贫的更好发展，政府一直在采用积极的政策鼓励和扶持，以此来改进需求结构，促进和谐发展，并且尽最大的努力去改变制约经济健康发展的突出矛盾。政府部门对于农民的脱贫致富问题不能只依靠农村信用社来解决，而是必须在政策上给予真正的扶持。同时还需要建立相关的法律、法规，从而保障农村信用社小额贷款扶贫的发展以及约束贷款者按时还款。农村信用社也要完善其内部风险防御机制，落实工作人员对于逾期贷款的追偿责任，并且强化监督管理职责，减少不良扶贫小额贷款的数额。

在开展小额贷款扶贫的工作中，农村信用社也应该积极探索既能满足贫困户对于脱贫致富的需求，又可以更好的防范可能出现的各种风险并且符合监管要求的扶贫新机制。努力去探究和完善小额贷款扶贫的条件，建立小额贷款扶贫的基本标准，并对全县贫困户进行信息的收集以及信用评价，通过制定一系列的措施来有效解决贫困户“贷款难”和银行“放款难”的两难问题。

（四）拓宽资金来源渠道，最大可能满足客户的需要

全面推广小额贷款扶贫政策，必须有足够的资金来提供支持，为此必须采用各种办法，从多个方面去解决资金供给问题。一是农村信用社自身要通过完善服务来加强对闲散资金的吸收能力，增加扶贫资金实力。二是应通过政府和扶贫办，加大对小额贷款扶贫的资金支持。完善中国人民银行的支持政策，实行“惠社惠农”的利率措施，实行更灵活的存贷款利率政策，提高农村信用社开展小额贷款扶贫工作的积极性。三是提倡政府提供财政拨款支持，进一步加大在国际市场上招商引资的力度，不断挖掘新的资金来源，增加商业性资金试点项目的数量。四是加强全国农村信用社之间的联系，通过建立资金的调动和流通平台来统筹管理小额贷款扶贫的资金。

（五）根据新型城镇化建设需求灵活改变政策，因地制宜，做到真正为人民服务

为满足贫困户脱贫致富的不同需求，农村信用社推出了各种新型扶贫产品，如“惠农贷”“扶贫家庭贷”“企业链接贷”等。这提高了贫困户贷款的能力，实现了扶贫小额贷款的有效投放，不仅支撑起了盂县特色产业的发展，而且改变了贫困户对于贷款难、风险大而不愿意去获得贷款的情况，激发了他们就业创业的决心。同时，政府也在积极探索金融支持新型城镇化建设的新途径，通过信贷政策引导，扶持重点企业、特色企业与创新金融扶贫模式结合起来，构建“政府+农村信用社+企业+贫困户”“四位一体”的企业扶贫新平台，将贫困户与现代企业发展有机衔接，形成“政府支持、农村信用社组织、企业带动、贫困户参与”的利益链条，从而提高生产效益，这样既解决了企业发展的问题，又可以帮助贫困人口在家门口就业创业，推动实现企业带动脱贫。

（六）优化金融环境，促进扶贫小额贷款的长久繁荣

当前我国银行业对小额贷款扶贫的重视程度还不足，必须不断进行改革创新，提供更优质、方便的金融环境，来为贷款者提供更优越和舒适的服务。营造良好的金融环境是进行一切工作的前提条件，一是要不断对农村信用社的工作人员开展定期学习的工作，从而提高信贷人员的综合素质

能力，并且完善相应的赏罚机制，有效提升他们工作的积极性。二是农村信用社也要不断做好人才的储备和建设工作，引进相关的复合型人才和专业人才，通过培养创新意识和创新能力来促进小额贷款扶贫工作的良性高效循环，为后期开展小额贷款扶贫工作提供了强有力的人才支持。三是政府还要树立“扶贫也要讲效益的观念”，不断优化和调整小额贷款扶贫的策略，提高扶贫小额贷款的使用效率，大力配合信用社清收到期、逾期贷款，严厉打击不按时偿还贷款的行为，提高贫困户的信用观念。四是农村信用社也要积极向有关政府部门实时报告工作情况，进行信息的沟通和交流，努力争取有关政府部门的理解和支持，从而营造一种良好的信用竞争的氛围。

附录1：

农村信用社小额贷款扶贫调查问卷

非常感谢您能在百忙之中抽出一点时间来参与此次问卷调查，请根据您的实际情况回答下列问题，谢谢合作！

1.户主年龄（单选题*必答）

○20岁及以下

○21—30岁

○31—40岁

○41—50岁

○51—60岁

○60岁以上

2.户主受教育程度（单选题*必答）

○未上学

○小学

○初中

○高中、职高或中专

○大专及以上

3.对农村信用社开展的小额贷款扶贫的了解程度（单选题*必答）

○完全不了解

○有一定程度的了解

○非常了解

4.您的家庭是否参与了农村信用社的小额贷款扶贫（单选题*必答）

○是

○否

5.除了农村信用社，您的家庭还有其他的贷款方式吗（单选题*必答）

○没有

○向其他银行贷款

○向贷款公司贷款

○向亲朋好友贷款

6. 如果有贷款需求，您希望的贷款金额是多少（单选题*必答）

○1万元以下

○1万—3万元

○3万—5万元

○5万—10万元

○10万元以上

7. 如果有贷款需求，您希望的贷款利率是多少（单选题*必答）

○5%以下

○5%—7%

○7%—10%

○10%—15%

○15%以上

8. 如果有贷款需求，您希望的贷款期限是多少（单选题*必答）

○1—6个月

○6—12个月

○1—3年

○3—5年

○5年以上

9. 如果有贷款需求，您希望的贷款方式是（单选题*必答）

○抵押

○质押

○担保

○联保

○信用

10. 您对信用社小额贷款扶贫执行情况的满意程度（单选题*必答）

○很满意

○满意

○较满意

○不满意

○很不满意

11. 您是否同意小额贷款扶贫的手续比较复杂（单选题*必答）

○同意

○一般

○不同意

12. 您希望的小额贷款扶贫的手续是怎样的（填空题*必答）

13. 您认为小额贷款扶贫规定的还款方式是否合理（单选题*必答）

○不合理

○一般

○合理

14. 您希望的还款方式是怎样的（填空题*必答）

15. 您认为，农村信用社小额贷款扶贫方面，迫切需要改善的是什么（单选题*必答）

○贷款金额太小

○是信用户，但还需提供抵押或质押品

○利率高

○申请手续复杂

○贷款审批花费的时间太长

○其他

附录2：

2017年山西盂县农村信用社小额贷款扶贫调查结果统计

1. 户主年龄

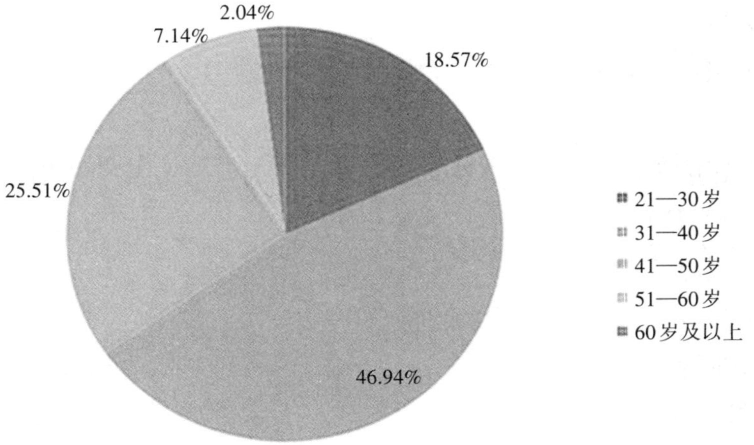

2. 户主受教育程度

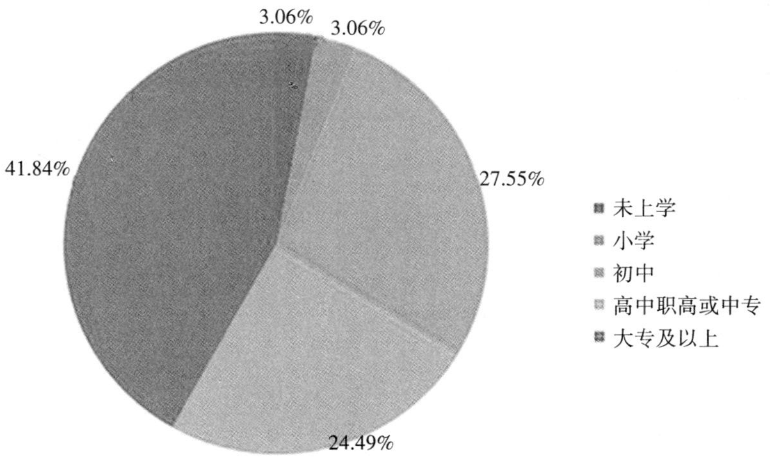

3. 对农村信用社开展的小额贷款扶贫的了解程度

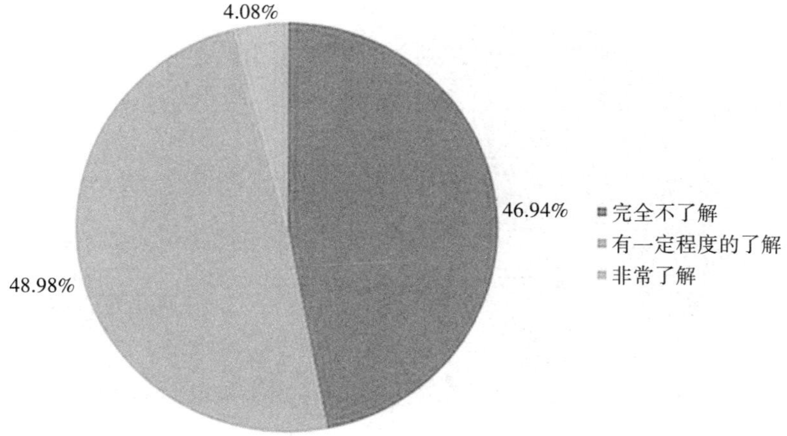

4. 您的家庭是否参与了农村信用社的小额贷款扶贫

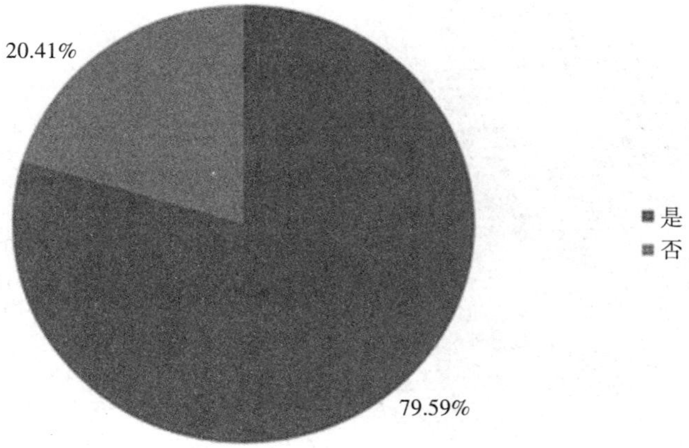

5. 除了农村信用社，您的家庭还有其他的贷款方式吗

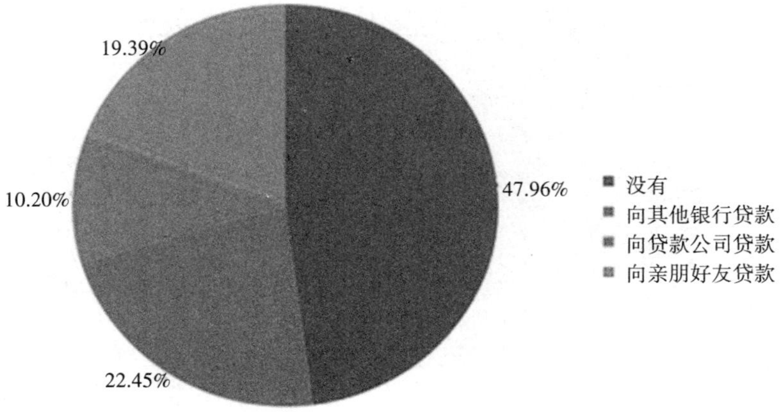

6. 如果有贷款需求，您希望的贷款金额是多少

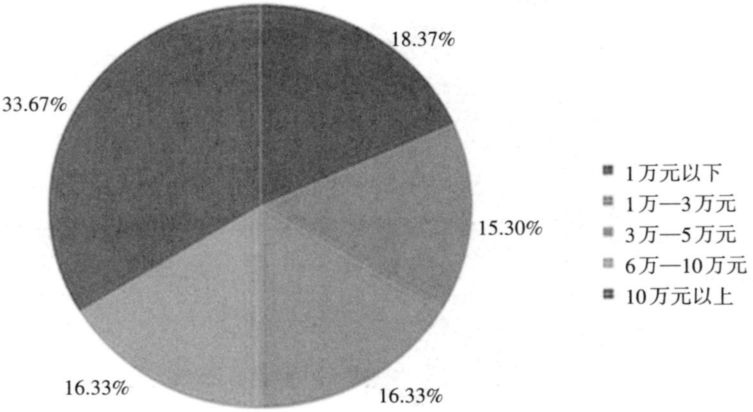

7. 如果有贷款需求，您希望的贷款利率是多少

8. 如果有贷款需求，您希望的贷款期限是多少

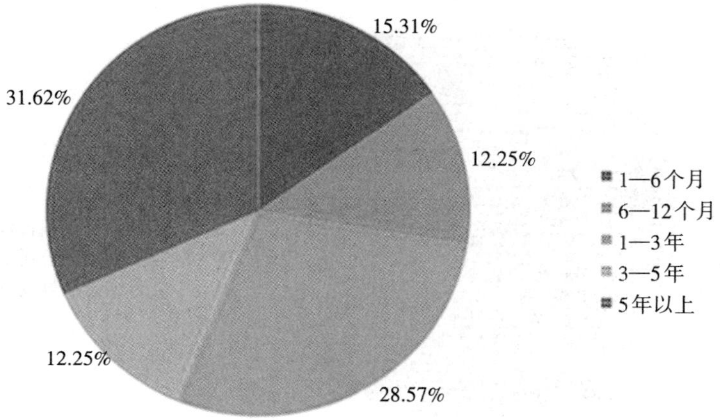

9. 如果有贷款需求，您希望的贷款方式是

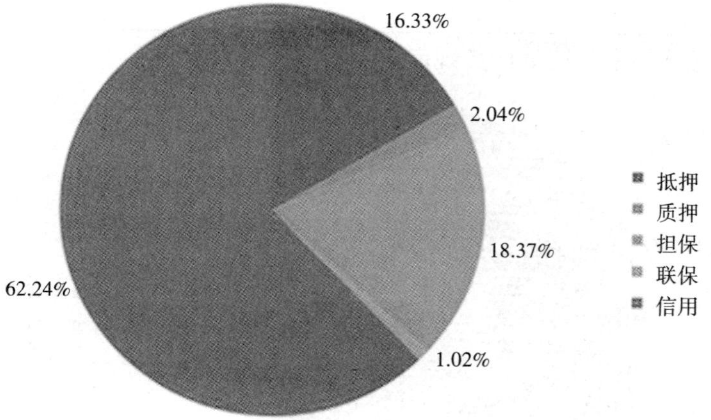

10. 您对信用社小额贷款扶贫执行情况的满意程度

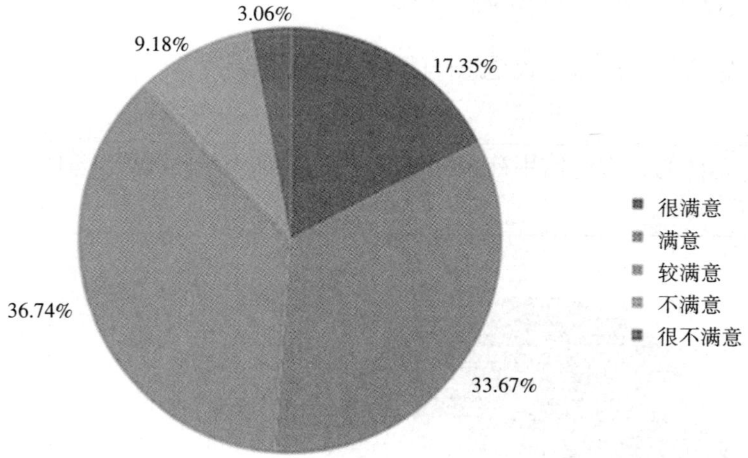

11. 您是否同意小额贷款扶贫的手续比较复杂

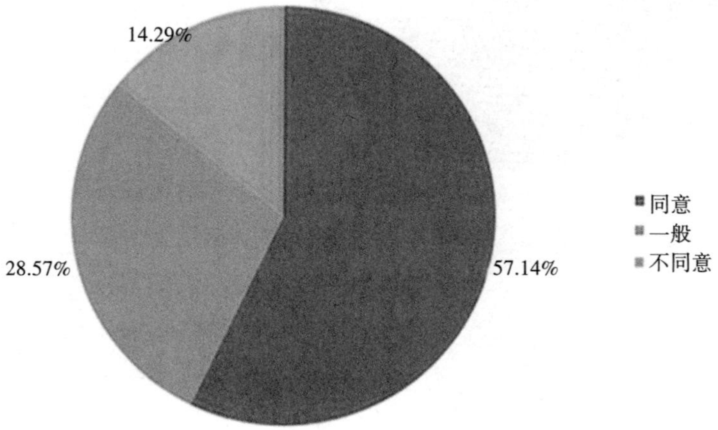

12.您希望的小额贷款扶贫的手续是怎样的

____

13.您认为小额贷款扶贫规定的还款方式是否合理

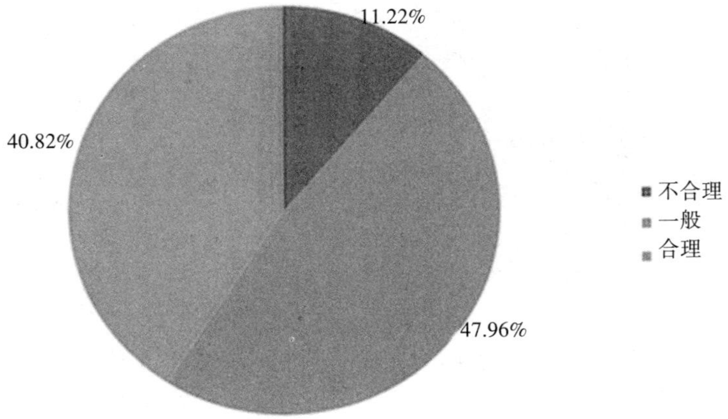

14.您希望的还款方式是怎样的

____

15.您认为，农村信用社小额贷款扶贫方面，迫切需要改善的是

____

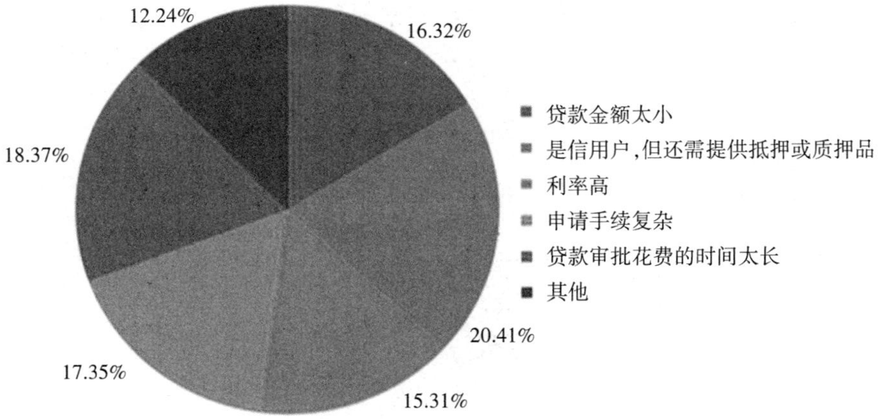

参考文献

［1］王国惠，赵新燕，等.新型城镇化和生态环境协调发展关系探究［J］.经济问题，2018（03）.

［2］王国惠，杨喆帆.以城镇化推动扶贫的思考［J］.经济师，2017（10）.

［3］王国惠，郭晓荣.城镇化水平与资源消耗关系探究［J］.经济问题，2014（10）.

［4］王国惠，韩克勇.资源型省份服务业发展与城市化进程间关系的实证分析［J］.技术经济，2011（07）.

［5］王国惠.农村居民消费差距的实证分析——以山西为例［J］.经济问题，2012（3）.

［6］戈大专，龙花楼，屠爽爽，等.新型城镇化与扶贫开发研究进展与展望［J］.经济地理，2016，36（04）：22-28.

［7］胡杰，李庆云，韦颜秋.我国新型城镇化存在的问题与演进动力研究综述［J］.城市发展研究，2014，21（01）：25-30.

［8］石忆邵.中国城镇化与小城镇发展［J］.经济地理，2013，33（07）.

［9］简新华，罗钜钧，黄锟.中国城镇化的质量问题和健康发展［J］.当代财经，2013（09）：5-16.

［10］季轩民，温焜.新型城镇化视域下我国农村精准扶贫困境及路径研究［J］.改革与战略，2016，32（05）：112-115.

［11］何舰.新常态下新生代农民工的诉求变化与保障［J］.中国劳动关系学院学报，2016（05）：65-68.

［12］李强.非正规就业视角下农民工市民化的现实困境与路径选择［J］.城市问题，2016（01）：99-103.

［13］周毕芬.农民工城镇非正规就业的社会效应分析［J］.内蒙古农业

大学学报（社会科学版），2016（06）：12-16.

［14］李莺莉，王灿.新型城镇化下我国乡村旅游的生态化转型探讨［J］.农业经济问题，2015（06）：29-34.

［15］张红.新型城镇化背景下乡村旅游发展问题探讨［J］.经济论坛，2016，2（02）：100-102.

［16］张建，李世泰.新型城镇化背景下的乡村旅游发展路径研究［J］.发展研究，2015，6：49-53.

［17］李爽.新型城镇化背景下我国城乡教育均衡发展问题研究［J］.高等农业教育，2015，4（4）：41-44.

［18］陈江涛.从经费视野看城乡义务教育均衡发展［J］.教育与教学研究，2009（12）：35-39.

［19］崔慧玉，刘国辉.基本教育公共服务均等化研究［J］.财经问题研究，2010（05）：81-87.

［20］翟博.教育均衡论：中国基础教育均衡发展实证分析［M］北京：人民教育出版社，2008：78-88.

［21］刘洋.新型城镇化进程中农村生态环境问题与对策研究——以沈阳市为例［J］.环境保护与循环经济，2013（11）：46-48.

［22］林昌华.生态文明下推进我国新型城镇化建设的策略思考［J］.改革与战略，2015（02）：126-128.

［23］朱维香.新型城镇化进程中的生态环境保护研究［J］.企业导报，2015（05）：53-54.

［24］吴璞周，卫海燕，杨芳.城市化水平与城市资源压力关系研究——以西安市为例［J］.城市问题，2008（01）：40-44.

［25］景彩娥，张福平，贺晓慧.太原市城市化水平与城市资源压力的关系分析［J］.陕西农业科学，2012（06）：213-217.

［26］宣国富，徐建刚，赵静.安徽省区域城市化水平综合测度研究［J］.地域研究与开发，2005（03）：47-51.

［27］赵静静.安徽省新型城镇化发展水平的区域差异研究［J］.平顶山学院学报，2015，30（05）：116-120.

［28］牛晓春.基于新型城镇化视角的区域城镇化水平评价——以陕西省10个省辖市为例［J］.干旱区地理，2013，36（02）：354-363.

［29］田静.新型城镇化评价指标体系构建［J］.四川建筑，2012，32（04）：47−49.

［30］赵红云.中国城镇化与服务业集聚发展关系研究［J］.商业经济，2014（2）：6−7.

［31］汤向俊，马光辉.城镇化模式选择、生产性服务业集聚与居民消费［J］.财贸研究，2016（01）：45−51.

［32］L.J.BATES，SANTERRE.Do agglomeration economies exist in the hospital services industry［J］.Eastern Economic Journal，2005（11）：617−628.